Wörterbuch für das **GESPANNFAHREN**

Dictionary for **CARRIAGE DRIVING**

Dictionnaire de la **CONDUITE D'ATTELAGE**

Dizionario sulla **SPECIALIZZAZIONE TECNICA DEGLI ATTACCHI**

Diccionario para **CONDUCIR COCHES DE CABALLO**

Hans A. Krasensky

Wörterbuch für das GESPANNFAHREN

Dictionary for CARRIAGE DRIVING

Dictionnaire de la CONDUITE D'ATTELAGE

Dizionario sulla SPECIALIZZAZIONE TECNICA DEGLI ATTACCHI

Diccionario para CONDUCIR COCHES DE CABALLO

Die Autoren
The authors
Les auteurs
Gli autori
Los autores

Die Idee und die Zusammenstellung der Fachwörter stammen von
The idea and compilation of the terminology was initiated by
Nous devons l'idée de cet ouvrage et la collecte des termes techniques à
L'idea e la raccolta dei termini specifici sono opera di
Este diccionario de terminología ha sido concebido y confeccionado por
Hans A. KRASENSKY, Austria

English:	Thomas RYDER, England
Français:	Jacques KÜNZLI, Suisse
	Alain BAHLICHET, France
	Rudolf SCHATZMANN, Suisse
Italiano:	Elvezia FERRARI-DORIG, Italia
Español:	Federación Hípica Española, España
	Rafael SOTO ANDRADE, España
	Dr. med. vet. Gabriela WAGNER, Austria
	Dr. med. vet. Robert STODULKA, Austria
Illustration:	Sandra RUST, Austria

Copyright © 2008 by Cadmos Verlag GmbH, Brunsbek
Layout und Satz: Ravenstein + Partner, Verden
Druck: AV + ASTORIA, Wien
Titelfoto: Dr. Jochen Becker

Printed in Austria

ISBN 978-3-86127-446-9

Inhaltsverzeichnis
Contents
Table des matières
Sommario
Contenido

Vorwort
Foreword
Avant propos
Prefazione
Introducción

Driving International

Einheitliche Fachausdrücke im Sport sind die Grundlage für eine gerechte Beurteilung und die zielgerichtete Weiterarbeit zur Leistungsverbesserung. Hans Augustin Krasensky, Österreich, hat mit profundem Fachwissen als Gespannfahrlehrer und viel praktischer Erfahrung als Internationaler Viererzugrichter die wichtigsten Fachausdrücke gesammelt und mit Unterstützung von Fachverbänden aus den Fédérations Nationales (FN) diese in den Sprachen Deutsch, Englisch, Französisch, Italienisch und Spanisch aufgelistet.
Möge dieses Nachschlagewerk zur Standardisierung der Terminologie beitragen, den Richtern und Ausbildenden als Richtschnur dienen und den Aktiven eine wertvolle Hilfe zur Leistungsverbesserung sein. Wenn alle involvierten Personen eine Sprache sprechen, kann der Fahrsport sich weltweit positiv weiterentwickeln.

Oberst Friedrich Schuster
(Präsident des Landsfachverbandes für Reiten & Fahren in Niederösterreich)
Biedermannsdorf, Juli 2007

Driving International

Standard terminology in sport forms the basis for fair evaluation and the purposeful endeavour for an improvement in performance. Hans Augustin Krasensky, Austria, has, based on his profound specialised knowledge gained as an instructor for carriage driving and from practical experience as an international judge for four-in-hand, collected the most important terminology and has listed these terms in German, English, French, Italian and Spanish with the help and support of professional associations from the Fédérations Nationales.
This reference book for the sport of carriage driving should contribute to the standardisation of terminology, be a guide for judges and instructors and a valuable asset for improving the performance of those participating in the sport. If all of the persons involved speak one language, then the driving sport can develop positively on a worldwide scale.

Col. Friedrich Schuster
(President of the National Professional Association for Riding & Driving in Lower Austria)
Biedermannsdorf, July 2007

Driving International

Dans le domaine du sport, l'utilisation de termes techniques uniformes est à la base d'une appréciation juste et permet de continuer à travailler conformément aux objectifs fixés afin d'améliorer les performances. Doté d'un vaste savoir technique en tant que professe/croupeur de conduite d'attelage et d'une importante expérience pratique en tant que juge international d'attelage à quatre, Hans Augustin Krasensky, Autriche, a réuni les expressions techniques les plus importantes pour la discipline et les a traduites en allemand, anglais, français, italien et español avec le soutien d'associations spécialisées appartenant aux différentes fédérations nationales.
Puisse cet ouvrage de référence pour la conduite d'attelage contribuer à l'homogénéisation des termes techniques, représenter un fil directeur pour les juges et les formateurs et une aide précieuse à l'amélioration des performances pour tous ceux qui pratiquent activement ce sport. Si toutes les personnes impliquées ne parlent qu'une seule et même langue, le sport hippique pourra alors continuer à se développer de manière positive partout dans le monde.

Col. Friedrich Schuster
(Président de l'association spécialisée régionale d'équitation et de conduite d'attelage de Basse-Autriche)
Biedermannsdorf, juillet 2007

Driving International

Espressioni specifiche uniformi nello sport stanno alla base di un giudizio equo e di un lavoro mirato al miglioramento delle prestazioni. Hans Augustin Krasensky, Austria, ha raccolto le più importanti espressioni tecniche, grazie alle sue profonde conoscenze nel settore come insegnante della specializzazione in attacchi e alla vasta esperienza maturata come giudice per trio a quattro, traducendole con l'aiuto delle associazioni di categoria delle Fédérations Nationales in tedesco, inglese, francese, italiano e spagnolo.
Ci auguriamo che questa opera di consultazione dei termini tecnici relativi agli attacchi possa contribuire all'unificazione delle espressioni specifiche ed essere una base per giudici ed istruttori, nonché un aiuto concreto a chi pratica questo sport per permettergli di migliorare le prestazioni. Se tutte le persone coinvolte parlassero una sola lingua, questo sport potrebbe svilupparsi positivamente in tutto il mondo.

Col. Friedrich Schuster
(Presidente dell'associazione di categoria regionale per l'equitazione & la specializzazione tecnica in attacco della Bassa Austria)
Biedermannsdorf, luglio 2007

Driving International

Una terminología uniforme es fundamental para la debida valoración y el eficaz trabajo continuo en pos de mejorar esta disciplina deportiva. Hans Augustin Krasensky (Austria) ha reunido aquí los términos más importantes en base a sus profundos conocimientos técnicos como profesor de este deporte y su experiencia práctica como juez internacional de cuartas y, con la colaboración de asociaciones profesionales de federaciones nacionales, los ha traducido a los idiomas alemán, inglés, francés, italiano y español.
La finalidad de esta obra de consulta para el deporte de conducir coches de caballos es contribuir a uniformar la terminología y brindar a los jueces e instructores un modelo de partida y a los que lo practican una valiosa ayuda para mejorar esta disciplina deportiva. Si todas las personas involucradas hablan un único idioma, este deporte podrá seguir desarrollándose positivamente en todo el mundo.

Coronel Friedrich Schuster
(Presidente de la Asociación Regional de Equitación de Baja Austria)
Biedermannsdorf, julio de 2007

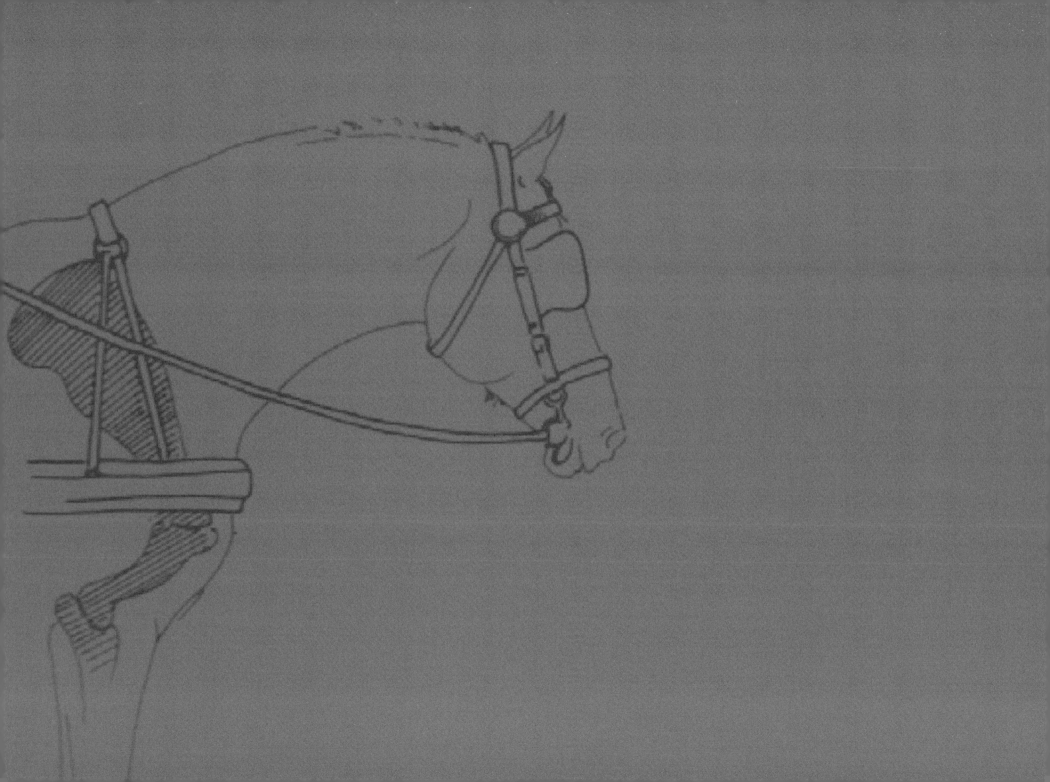

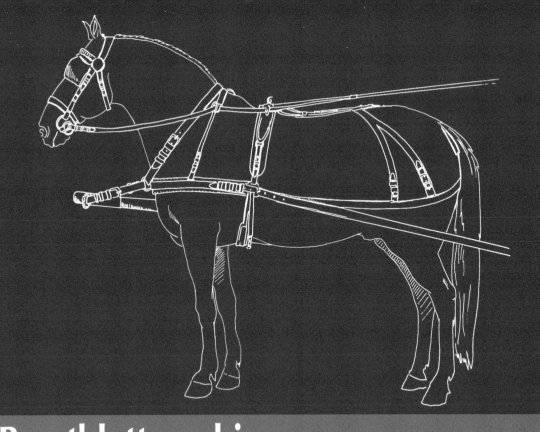

Zweispänner – Brustblattgeschirr

Pair breast collar

Harnais à bricole pour deux chevaux

Finimenti a pettorale per pariglia

Guarnición de pecho petral para troncos

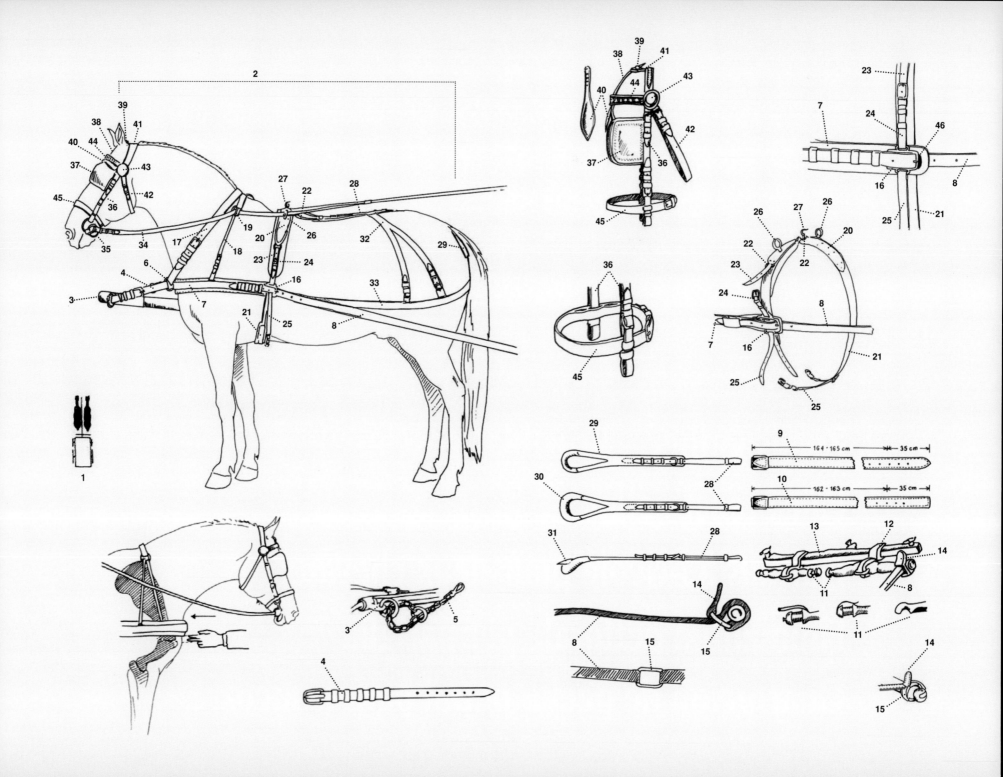

1

Zweispänner – Brustblattgeschirr
Pair breast collar
Harnais à bricole pour deux chevaux
Finimenti a pettorale per pariglia
Guarnición de pecho petral para troncos

	Deutsch	English	Français	Italiano	Español
Nr.:	Bezeichnung	specification	signification	termini	denominación
1/1	Zweispänner	pair, double-harness	attelage à deux	pariglia	tronco
1/2	Brustblattgeschirr	breast collar harness	harnais à bricole	finimento a pettorale	guarnición de pecho petral
1/3	feste/bewegliche Deichselbrille	rigid/flexible pole-head	crapaud de timon, fixe/mobile	nottola del timone con anelli fissi/snodati	punta de lanza rígida/flexible
1/4	Aufhalteriemen	pole-strap, pole-piece	courroie de timon/chaînette	giungola	correa de la lanza, cegadero
1/5	Deichselkette	pole-chain	chaînette	giungola a catena, chaînette	cadena de la lanza
1/6	Aufhaltering	pole-strap ring	D de bricole	anello reggigiungola del pettorale	arandela de la correa de la lanza
1/7	Brustblatt	breast collar	bricole	pettorale	petral, blanquilla
1/8	Strang	trace	trait	tirella	tiro, tirante
1/9	Außenstrang	outside trace	trait extérieur	tirella esterna	tiro exterior
1/10	Innenstrang	inside trace	trait intérieur	tirella interna	tiro interior
1/11	Ortscheit	swingletree	palonnier	bilancino	balancín
1/12	Ortscheitriemen	swingletree strap	courroie de palonnier	bracciale di cuoio reggi-bilancino	francalete del balancín
1/13	feste Bracke	splinter-bar	volée	volata, bilancia	vara de guardia
1/14	Aufziehleder	trace-loop, hand piece	tirant de carré de trait	linguetta di cuoio sbloccatirella	manoplillo del tiro
1/15	Strangring	trace-loop	carré de trait	attacco della tirella a ricciolo	lazo del tiro
1/16	große Strangschnalle	hame tug buckle, *Am*. trace-buckle	boucle à mancelle	fibbione a doppio orecchio	cangreja del collerón
1/17	Halskoppel	head collar, halter	tour de cou	sopracollo	quitipon
1/18	Halsriemen	neck-strap	courroie de surcou	reggipettorale	caídas, sobrecuello
1/19	Leinenauge	neck-strap terret	clé de surcou	chiave passaredini del reggipettorale	anilla del sobrecuello
1/20	Kammdeckel	pad	mantelet	sellino per pariglia	sobreaguja
1/21	großer Bauchgurt	girth	sangle	sottopancia del sellino	cincha
1/22	Fallring	back-strap loop, *Am*. crupper-strap loop	chape de croupière	mezza campanella per groppiera	porta-baticola
1/23	Oberblattstrupfe	pad-point-strap, tug-strap billet, *Am*. tug-bearer	contre-sanglon de boucle à mancelle	riscontro del reggifibbione a orecchio	correa de sujeción de la mantilla, portavaras

	Deutsch	English	Français	Italiano	Español
Nr.:	Bezeichnung	specification	signification	termini	denominación
1/24	Oberblattstrupfenstössel	pad-point-strap buckle	sanglon de boucle à mancelle	reggi fibbione a orecchio	hebilla de la correa de sujeción de la mantilla, hebilla portavaras
1/25	kleiner Bauchgurt	belly-band	sous-ventrière	sottopancia del boucleteau, contro sottopancia	hebilla de la correa de las campanas
1/26	Schlüsselring	pad terret	clé de mantelet	chiave passaredini del sellino	pasa-rienda del sillín, llave
1/27	Aufsatzhaken	bearing rein-hook	crochet d'enrênement	gancio dello strick	gancho engallador
1/28	Schweifriemen	back-strap, crupper-strap, *Am.* crupper-strap, turnback	croupière	groppiera	gruperín, tira de la baticola
1/29	Schweifmetze	crupper dock	culeron	forcella del sottocoda normale	baticola
1/30	dicke Schweifmetze für Leinenfänger	crupper dock, thick	gros culeron	sottocoda doppio	horcilla de la baticola
1/31	Schweifmetze mit Schweifträger	crupper dock, spoonform	culeron releveur	sottocoda a paletta	horcilla con elevador-baticolade
1/32	Kreuzriemen gegabelt	loin-strap, *Am.* hip-strap	barre de fesse/croupe fourchée	reggi braga a forchetta	caídas de riñón, caídas de grupa
1/33	Umgang	breeching	avaloire	braga	retranca
1/34	Leinen	reins	guides	redini	riendas
1/35	Doppelringtrense	Wilson snaffle, double-ring snaffle	filet à quatre anneaux	filetto ungherese, filetto Wilson, filetto a quattro anelli	filete de doble anilla
1/36	Backenriemen	cheek piece	montant	montante dell'imboccatura	carrillera
1/37	Scheuklappe	blinker, winker	œillère	paraocchi	anteojera
1/38	Blendriemen	blinker stay	support d'œillère	forcella del paraocchi	sujeta-anteojeras
1/39	Blendriemenschnalle	blinker stay buckle	boucle de support d'œillère	fibbia della forcella del paraocchi	hebilla del sujeta-anteojera
1/40	Spieler	face drop	poire	giocattolo del frontale	juguetillo
1/41	Genickstück	crown piece	têtière	sopracapo	cucarda
1/42	Kehlriemen	throat lash	sous-gorge	sottogola	ahogadero
1/43	Rosette	rosette	fleuron ou cocarde	rosetta	escarapela
1/44	Stirnriemen	brow band	frontal	frontale	frontalera
1/45	Nasenriemen	nose band	muserolle	nasiera, museruola	muserola
1/46	Strangauge	trace-eye	œil de trait	passante proteggitirella del boucleteau	ojal del tiro

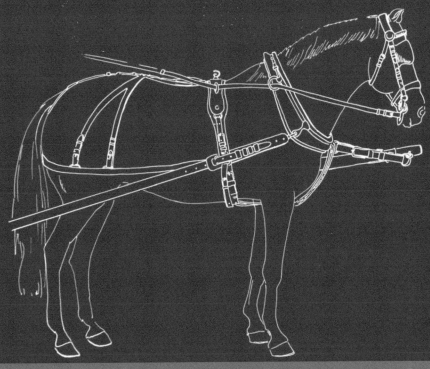

Zweispänner – Kumtgeschirr

Collar harness for pair

Harnais à collier anglais pour deux chevaux

Finimenti a collana per pariglia

Collerón para troncos

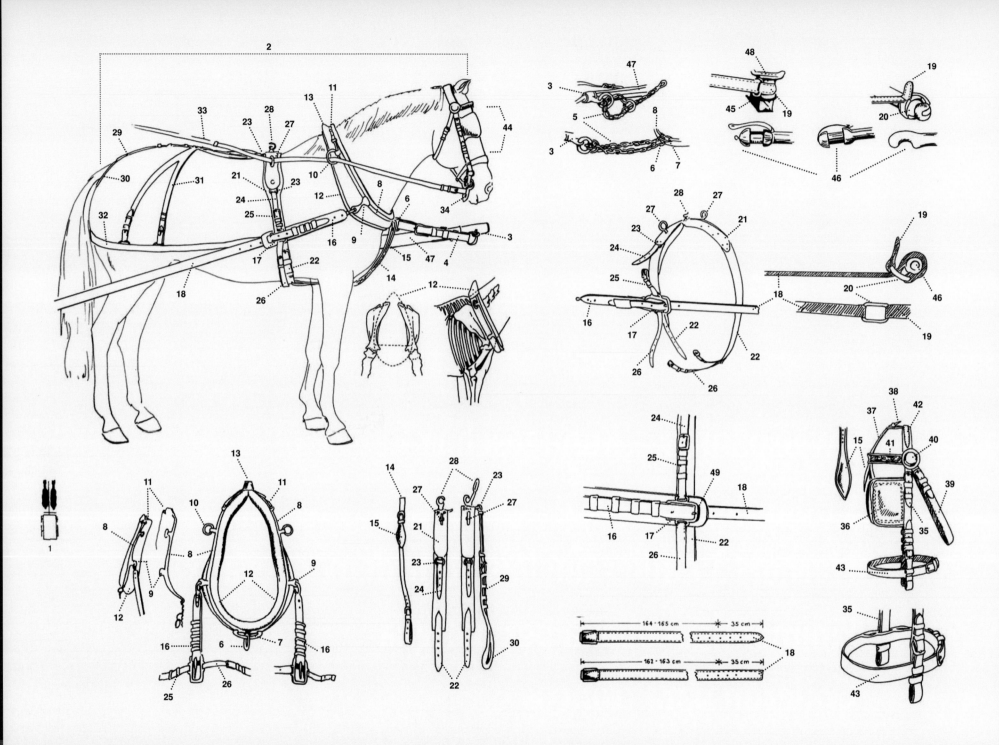

Zweispänner – Kumtgeschirr · Collar harness for pair · Harnais à collier anglais pour deux chevaux · Finimenti a collana per pariglia · Collerón para troncos

16

Zweispänner – Kumtgeschirr
Collar harness for pair
Harnais à collier anglais pour deux chevaux
Finimenti a collana per pariglia
Collerón para troncos

	Deutsch	English	Français	Italiano	Español
Nr.:	Bezeichnung	specification	signification	termini	denominación
2/1	Zweispänner	pair, double-harness	attelage à deux	pariglia	tronco
2/2	Zweispänner-Kumtabspannung	collar harness for pairs	harnais à deux, à collier	finimento a collana per pariglia	a la inglesa (para tronco)
2/3	Deichselbrille, feste Ringe/bewegliche Ringe	swivel pole-head with rings	crapaud de timon, fixe/mobile	nottola del timone con anelli fissi/snodati	anillas de punta de lanza rígida/flexible
2/4	Aufhalteriemen	pole-strap, pole-piece	courroie de timon/chaînette	giungola	correa de la lanza, cegadero
2/5	Aufhaltekette	pole-chain	chaînette	giungola a catena, chaînette	cegadero de cadena
2/6	Aufhaltering	kidney link ring	anneau de coulant d'attelle	anello portagiungola	aro gargantilla
2/7	ovaler Langring	kidney link	coulant d'attelle	maglione ovale della collana	gargantilla, sapo
2/8	Kumtbügel	hame	attelle	ferri della collana, bastoni della collana	costillar
2/9	Zugkrampe	anchor pull, hame pull, draught seye, Am. anchor draft	tirant d'attelle	ganci della collana per boucleteau	nudillo del tirante
2/10	bewegliches Leinenauge	hame terret	clé d'attelle mobile	chiave passaredini snodata della collana	pasa-rienda, llave
2/11	Kumtgürtel	hame-strap	courroie d'attelle	cinghia fermaferri, cinghia fermabastoni	francalete sujeto de las costillas
2/12	Kumtleib	collar	corps de collier	corpo della collana	forro para collerón
2/13	Kumtspitz	collar cap	chapeau de verge	cappellotto del naso della collana	cubre collerón
2/14	Sprungriemen	breast-plate, false martingale	fausse martingale	falsa martingala	falsa martingala o gamarra
2/15	Spieler	face drop	poire	giocattolo del frontale	jugetillo
2/16	Strangstutzen	hame tug	boucleteau de trait	boucleteau	manoplillo
2/17	große Strangschnalle	hame tug buckle, Am. trace-buckle	boucle à mancelle	fibbione a doppio orecchio	hebilla de asas
2/18	Strang	trace	trait	tirella	tiro, tirante
2/19	Aufziehleder	trace-loop, hand piece	tirant de carré de trait	linguetta di cuoio sbloccatirella	manoplillo del tiro
2/20	Strangring	trace-loop	carré de trait	attacco delle tirelle a ricciolo	vuelta del tiro
2/21	Kammdeckel	pad	mantelet	sellino per pariglia	sobreaguja
2/22	großer Bauchgurt	girth	sangle	sottopancia del sellino	barriguera
2/23	Fallring	back-strap loop, Am. crupper-strap loop	chape	mezza campanella per groppiera	porta-baticola

Nr.:	Deutsch Bezeichnung	English specification	Français signification	Italiano termini	Español denominación
2/24	Oberblattstrupfe	tug-strap billet, pad-point-strap, *Am.* tug-bearer	contre-sanglon de boucle à mancelle	riscontro del reggifibbione a orecchio	correa de sujeción de la mantilla, portavaras
2/25	Oberblattstrupfenstössel	pad-point-strap buckle	sanglon de boucle à mancelle	reggifibbione a orecchio	hebilla de la correa de sujeción de la mantilla, hebilla portavaras
2/26	kleiner Bauchgurt	belly-band	sous-ventrière	sottopancia del boucleteau, contro sottopancia	falsa barriguera
2/27	Schlüsselring	pad terret	clé de mantelet	chiave passaredini del sellino	pasa-rienda del sillín, llave
2/28	Aufsatzhaken	bearing rein-hook	crochet d'enrênement	gancio dello strick	gancho engallador
2/29	Schweifriemen	back-strap, crupper-strap, *Am.* crupper-strap, turnback	croupière	groppiera	gruperín, tira de la baticola
2/30	Schweifmetze	crupper dock	culeron	sottocoda	baticola
2/31	Kreuzriemen gegabelt	loin-strap, *Am.* hip-strap	barre de fesse/croupe fourchée	reggibraga a forchetta	caídas de riñón,caídas de grupa
2/32	Umgang	breeching	avaloire	braga	retranca
2/33	Leinen	reins	guides	redini	riendas
2/34	Liverpoolkandare	Liverpool bit	mors Liverpool	morso Liverpool	bocado de globo
2/35	Backenstück	cheek piece	montant	montante	carrillera
2/36	Scheuklappe	blinker, winker	œillère	paraocchi	anteojera
2/37	Blendriemen	blinker stay	support d'œillère	forcella del paraocchi	sujeta-anteojeras
2/38	Blendriemenschnalle	blinker stay buckle	boucle de support d'œillère	fibbia della forcella del paraocchi	hebilla sujeta-anteojeras
2/39	Kehlriemen	throat lash	sous-gorge	sottogola	ahogadero
2/40	Rosette	rosette	fleuron ou cocarde	rosetta	escarapela
2/41	Stirnriemen	brow band	frontal	frontale	frontalera
2/42	Genickstück	crown piece	têtière	sopracapo	testera
2/43	Nasenriemen	nose band	muserolle	nasiera, museruola	muserola
2/44	Fahrzaum	driving bridle, headpiece	bride d'attelage	briglia da attacco	cabezada
2/45	feste Bracke	splinter-bar	volée	volata, bilancia	vara de guardia
2/46	Ortscheit	swingletree, *Am.* whiffletree	palonnier	bilancino	balancín
2/47	Deichsel hölzern/stählern	wooden pole, shaft/steel pole, shaft	timon en bois/en métal	timone di legno/di acciaio	lanza torpe/azerado
2/48	Docken	safe, roller-bolt	paumelle	funghi	botaril
2/49	Strangauge	trace-eye	œil de trait	passante proteggitirella del boucleteau	hebilla del tiro

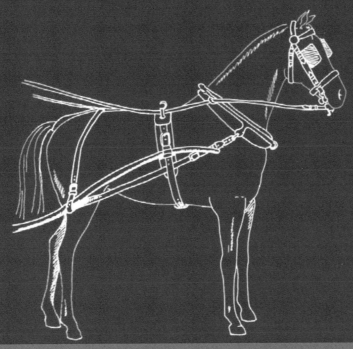

Einspänner – Kumt-/Brustblattgeschirr

Single harness for collar/breast harnessing

Harnais à un cheval à collier ou bricol

Finimenti a collana ed a pettorale per singolo

Collerón y guarnición de pecho petral para limonera

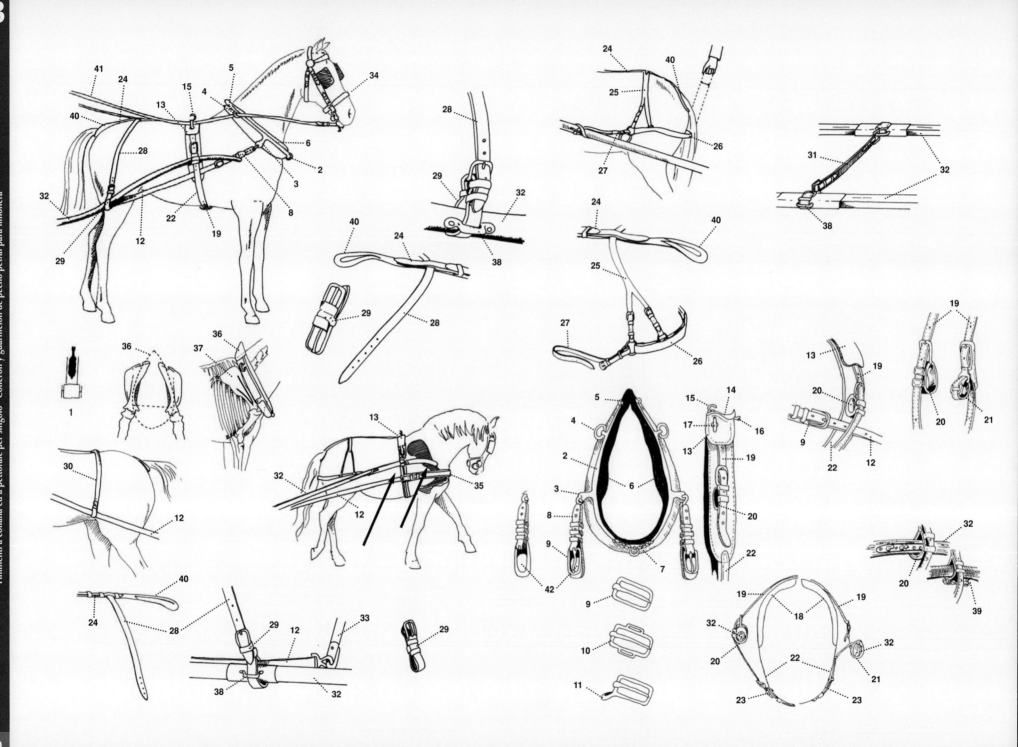

Einspänner – Kumt-/Brustblattgeschirr
Single harness for collar/breast harnessing
Harnais à un cheval à collier ou bricol
Finimenti a collana ed a pettorale per singolo
Collerón y guarnición de pecho petral para limonera

3

Nr.:	Deutsch Bezeichnung	English specification	Français signification	Italiano termini	Español denominación
3/1	Einspänner	horse in single harness	attelage à un	singolo	limonera
3/2	Kumtbügel	hame	attelle	ferri della collana, bastoni della collana	costilla
3/3	Zugkrampe	anchor pull, hame pull, draught seye, Am. anchor draft	tirant d'attelle	gancio della collana per tirelle	nudillo del tirante
3/4	bewegliches Leinenauge	hame terret	clé d'attelle mobile	chiave passaredini snodata della collana	llave, pasa-rienda
3/5	Kumtgürtel	hame-strap	courroie d'attelle	cinghia fermaferri, cinghia fermabastoni	correa de las costillas
3/6	Kumtleib	after-awle, collar-body, Am. collar body	corps de collier	corpo della collana	forro para collerón
3/7	Schließkette	hame link chain	coulant d'attelle (chaînette)	maglione a catena	gargantilla de cadena
3/8	kurzer Strangstutzen	short hame tug	boucleteau d'attelle	boucleteau da singolo	manoplillo
3/9	Einspänner-Strangschnalle	hame tug buckle for single harness	boucle de trait pour attelage à un	fibbione delle tirelle per singolo	hebilla de la falsa martingala
3/10	Zweispänner-Strangschnalle	hame tug buckle for pair	boucle à mancelle pour attelage à deux	fibbione a doppio orecchio per pariglia	hebilla de la falsa martingala para tronco
3/11	Tandem-Strangschnalle	hame tug buckle for tandem	boucle de trait pour tandem	fibbione del boucleteau per tandem	hebilla de la falsa martingala para tándem
3/12	Strang	trace	trait	tirella	tiro
3/13	Selett	saddle, Am. "skirt"	sellette	cappellina	faldoncillo del sillín
3/14	Sättelchen	saddle seat	trousequin	truschino	sillín
3/15	Aufsatzhaken	bearing rein-hook	crochet d'enrênement	gancio dello strick	gancho engallador
3/16	Fallring	back-strap loop, Am. crupper-strap loop	chape de culeron	mezza campanella della groppiera	porta-baticola
3/17	Schlüsselring	pad terret	clé de sellette	chiave passaredini del sellino	pasa-rienda del sillín, llave
3/18	Polsterung	panel, Am. pad	matelassure	imbottitura della collana	sillín parte baja
3/19	Trageriemen fest/beweglich	back-band, Am. back-band, tug-strap	dossière fixe/coulissante	dorsiera fissa/scorrevole	punta del portavaras
3/20	Ledertrageöse	open shaft tug	bracelet de brancard en cuir	portastanga a bracciale in cuoio	portavaras dos ruedas
3/21	eiserne Trageöse	french shaft tug	porte-brancard métallique	portastanga a riccio in metallo	portavaras cuatro ruedas
3/22	Bauchgurt	girth	sangle	sottopancia del sellino	cincha
3/23	Trageriemen-Verschnallung	belly-band, Am. belly-band, tug-girth	boucle de sous-ventrière	sottopancia della dorsiera a doppia fibbia	cincha corta

Einspänner – Kumt-/Brustblattgeschirr · Single harness for collar/breast harnessing · Harnais à un cheval à collier ou bricol
Finimenti a collana ed a pettorale per singolo · Collerón de pecho petral para limonera

21

Nr.:	Deutsch Bezeichnung	English specification	Français signification	Italiano termini	Español denominación
3/24	Schweifriemen	back-strap, crupper-strap, *Am.* crupper-strap, turnback	croupière	groppiera	gruperín, tira de la baticola
3/25	Kreuzriemen gegabelt	loin-strap, *Am.* hip-strap	barre de fesse/croupe fourchée	reggibraga a forchetta	caídas de riñón, caídas de grupa
3/26	Umgang	breeching	avaloire	braga	retranca
3/27	Scherriemen	breeching-strap, *Am.* hip-strap	courroie de reculement	correggia della braga	caídas a la retranca
3/28	Schlagriemen	kicking-strap	sangle anti-ruade	siciliana	caídas al tiro
3/29	Schlagriemenstössel	kicking-strap tug, *Am.* kicking-strap shaft loop	bracelet de sangle anti-ruade	ciappa della siciliana	sujeta-caídas al tiro
3/30	Strangträger	loin-strap	porte-trait	reggitirella	portatiros
3/31	Sperrriemen	false-breeching, Brown´s Patent Breeching	reculement fixe à la voiture	falsa braga	falsa retranca
3/32	Schere/Anze	shaft, thills	brancards	stanghe (legno/acciaio)	vara
3/33	Ortscheit	swingletree, *Am.* whiffletree	palonnier	bilancino	balancín
3/34	Einspänner Nasenriemen	nose band for singles	muserolle pour attelage à un	nasiera per singolo	muserola simple
3/35	kurzes Brustblatt	single harness breast-collar	bricole courte	pettorale per singolo	collerón de limonera
3/36	Kumt	full collar	collier	collana	collerón
3/37	Schulterblatt	bladebone, scapula	omoplate	scapola	escápula
3/38	Öse	shaft-loop, staple, *Am.* footman-loop	crampon	cambra	ojal
3/39	Verschlussriemen	eyelet	arrêtoir de brancard	cinghia fermabracciale	cerrar
3/40	Schweifmetze	crupper dock	culeron	sottocoda	baticola
3/41	Leinen	reins	guides	redini	riendas
3/42	Strangauge	trace-eye	œil de trait	passante proteggitirella del boucleteau	pasa-tiro

Viererzug-Ausstattung
Equipment for four-in-hand
Equipement pour attelage à quatre
Finimenti per tiro a quattro
Guarnición para cuarta

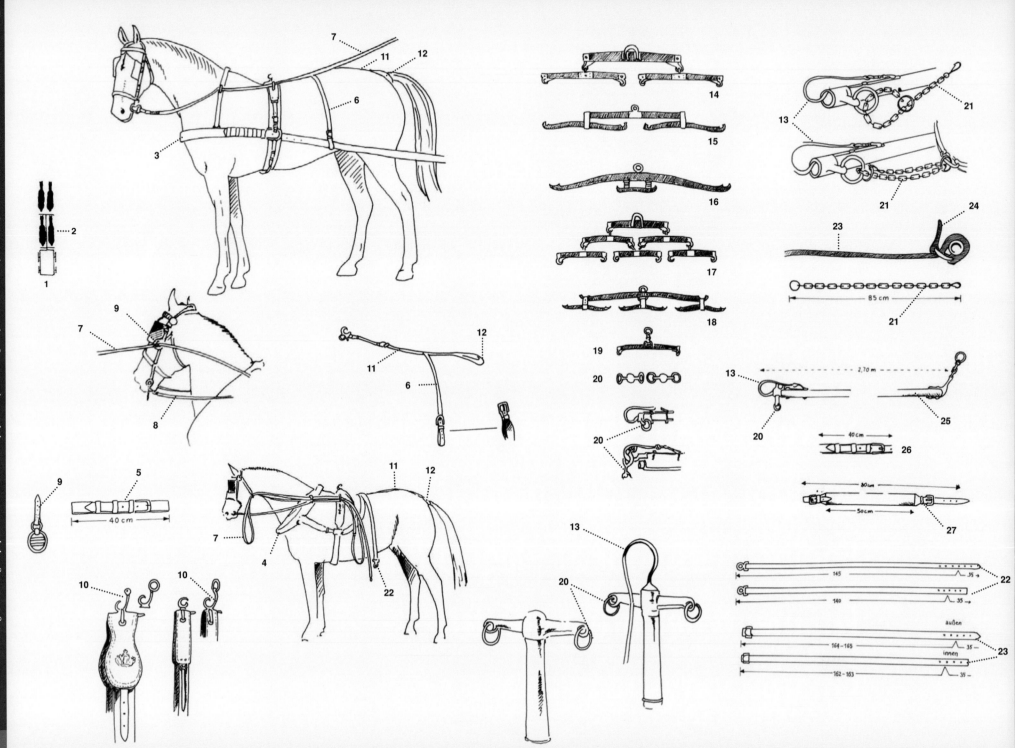

Viererzug-Ausstattung · Equipment for four-in-hand · Equipement pour attelage à quatre · Finimenti per tiro a quattro · Guarnición para cuarta

24

Viererzug-Ausstattung
Equipment for four-in-hand
Equipement pour attelage à quatre
Finimenti per tiro a quattro
Guarnición para cuarta

	Deutsch	English	Français	Italiano	Español
Nr.:	Bezeichnung	specification	signification	termini	denominación
4/1	Viererzug	four-in-hand, *Am.* team	attelage à quatre	tiro a quattro	cuarta
4/2	Stangenpferd	wheeler	timonier	cavallo di timone	tronco
4/3	Vorderpferd, Brustblatt	breast collar lead harness	cheval de volée, bricole	cavallo di volata, pettorale	guía, petral
4/4	Vorderpferd, Kumt	lead harness, full collar	cheval de volée, collier	cavallo di volata, collana	guía, collerón
4/5	Koppelriemen	coupling-rein, couple-rein	alliance	guinzaglio	riendas de dentro
4/6	Strangträger	trace-bearer	porte-trait	reggi tirelle	portatiros
4/7	Vorderleinen	lead reins	guide de volée	redini della volata	riendas de guías
4/8	Hinterleinen	wheel reins	guide de timonier	redini del timoniere	riendas de tronco
4/9	Leinenführungsring	lead rein drop	panurge	reggi guide	sujeta riendas de guía
4/10	Mittelschlüssel mit Aufsatzhaken	bearing rein-hook with lead rein terret	clé centrale avec crochet d'enrênement	gancio dello strick con chiave passaredini centrale	gancho engallador
4/11	Schweifriemen	back-strap, crupper-strap, *Am.* crupper-strap, turnback	croupière	groppiera	gruperín, tira de la baticola
4/12	Schweifmetze	crupper dock	culeron	sottocoda	baticola
4/13	Viererzughaken	pole-hook	trompe	tromba del timone per tiro a quattro	punta de lanza con cuello de cisne
4/14	Vorderwaage für Coach, Vorderbracke	lead-bar for four-in-hand with metal furniture	balance de volée	bilancia e bilancini per coach	balancines para cuarta con embellecedores
4/15	Juckervorwaage	lead-bar for four-in-hand using rope, looping leather tracet	balance de volée pour traits à étrangle-chat	bilancia e bilancini per attacco all'ungherese	balancines para cuarta rústica
4/16	Postwaage	single lead-bar for four-in-hand, European pattern	balance de poste	bilancia per attacco da posta, bilancia di volata in stile continentale	balancín de una barra
4/17	Waage für 5-spännige Coach	lead-bar for three leaders of five-in-hand	balance de volée pour attelage à cinq	bilancia e bilancini per coach a cinque cavalli	balancines para media potencia
4/18	Vorwaage für Fünfer-Juckerzug	lead-bar for three leaders Hungarian style	balance de volée pour attelage à cinq au style hongrois	bilancia e bilancini di volata per attacco ungherese a cinque cavalli	balancines para cinquo caballos a la húngara
4/19	Vorderortscheit für Einhorn	lead-bar for unicorn	palonnier de volée pour unicorne	bilancino di volata per unicorno	balancín para tresillo
4/20	Deichselbrille für Vavererzug	pole-head rings for pole-chains	crapaud de timon pour attelage à quatre	anelli del timone per tiro a quattro	anillas de punta de lanza para cuarta
4/21	Aufhaltekette	pole-chain	chaînette	giungola di catena, chaînette	cadena de la lanza
4/22	Stränge für Vorderpferde	lead trace	trait pour cheval de volée	tirelle per cavalli di volata	tiro de guías
4/23	Stangenpferdstränge	wheel trace	trait pour timonier	tirelle con attacco a ricciolo per cavalli di timone	tiro de tronco

	Deutsch	English	Français	Italiano	Español
Nr.:	Bezeichnung	specification	signification	termini	denominación
4/24	Aufziehleder	trace-loop, hand piece	tirant de carré de trait	linguetta di cuoio sbloccatirella	manoplillo del tiro
4/25	Mitteldeichsel (Sechsspänner)	swing pole for six-horse team	timon intermédiaire	falso timone (tiro a sei)	balancín para seis caballos
4/26	Aufhalteriemen	pole-strap, pole-piece	courroie de timon/chaînette	giungola	correa de la lanza, cegadero
4/27	Deichselträger (Sechsspänner)	swing pole carrier for six-horse team	support de timon intermédiaire	supporto per falso timone (tiro a sei)	sujeta-balancín, lanza de seis caballos

Ausstattung für Tandem – Random

Equipment for tandem – random

Equipement pour tandem – tridem

Finimenti per tandem e voiture

Guarnición para tándem – tres a la larga, tridem

Ausstattung für Tandem – Random – Equipment for tandem – random · Equipement pour tandem – tridem
Finimenti per tandem e voiture · Guarnición para tándem – tres a la larga, tridem

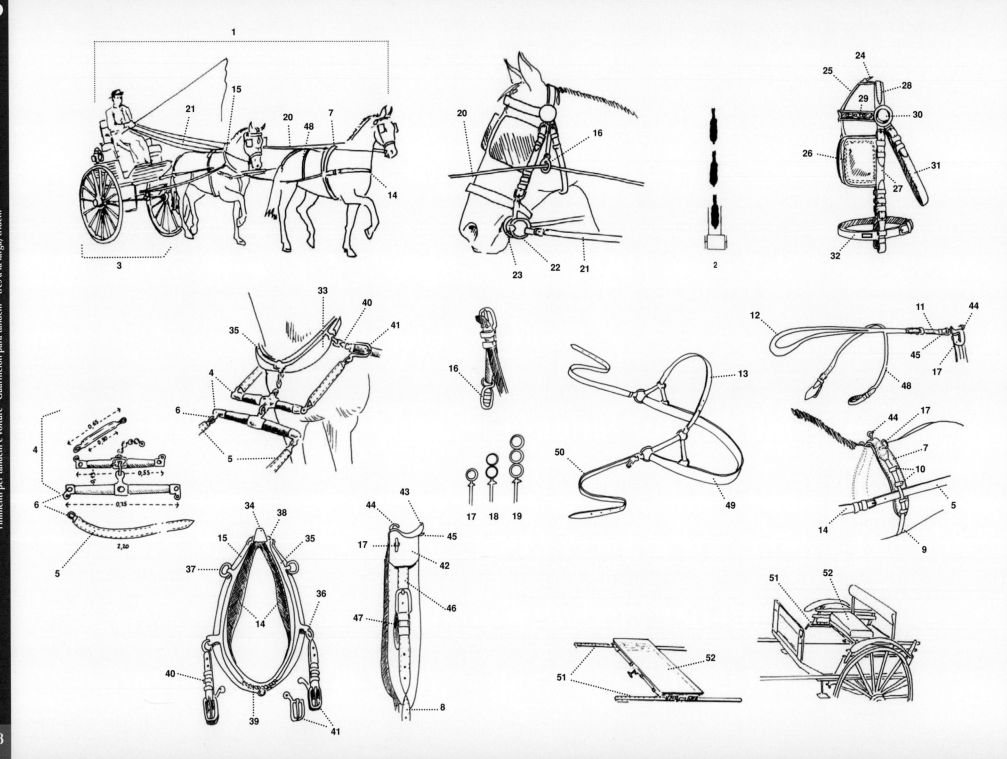

Ausstattung für Tandem – Random
Equipment for tandem – random
Equipement pour tandem – tridem
Finimenti per tandem e voiture
Guarnición para tándem – tres a la larga, tridem

5

Nr.:	Deutsch Bezeichnung	English specification	Français signification	Italiano termini	Español denominación
5/1	Tandem	tandem	tandem	tandem	tándem
5/2	Random	random	tridem	random	tres a la larga, tridem
5/3	Tandem Cart	tandem cart	tandem cart	tandem cart	coche de tándem
5/4	Tandem Doppelortscheit	tandem lead-bar	double palonnier de tandem	doppio bilancino per volata del tandem	balancín para el guía de tándem
5/5	Vorderstrang	lead trace	trait de volée	tirella del cavallo di volata	rienda para el guía
5/6	Schlagzugöse	cock-eye	œil de palonnier	ganci del bilancino	anclaje del valalcín para el mosquetón del tirante
5/7	Tandem-Selett	tandem leading pad	sellette de tandem	sellino per tandem	pechera para el guía
5/8	Bauchgurt für Stangenpferd	girth for wheeler	sangle de brancardier	sottopancia per cavallo di timone	cincha para el tronco o caballo de detrás
5/9	Bauchgurt für Tandem-Selett	girth for leader	sangle de sellette	sottopancia per cavallo di volata	cincha para el guía
5/10	Durchlässe für die Stränge	loop on leader pad for lead trace	passe de trait de volée	passanti per tirelle	lazo en el guía para el tiro del guía
5/11	Schweifriemen	back-strap, crupper-strap, *Am.* crupper-strap, turnback	croupière	groppiera	gruperín, tira de la baticola
5/12	Schweifmetze	crupper dock	culeron	sottocoda	baticola
5/13	Kreuzriemen	loin-strap	barre de fesse/croupe	reggibraga	caídas de riñón, caídas de grupa
5/14	Brustblatt	breast collar	bricole	pettorale	petral, blanquilla
5/15	Kumt	full collar	collier	collana	collerón
5/16	Leinenführungsring	lead rein drop	panurge	reggi guide	sujeta-riendas de guía
5/17	Schlüsselring	pad terret	clé de sellette	chiave passaredini del sellino	pasa-rienda del sillín, llave
5/18	Tandem-Schlüsselring	tandem wheeler terret	clé de tandem	chiave passaredini del sellino del tandem	llave, pasa-rienda para el tonco de tándem
5/19	Random-Schlüsselring	randem wheeler terret	clé de tridem	chiave passaredini del sellino del random	llave, pasa-riendas para tres a la larga, tridem
5/20	Vorderleinen	lead reins	guide de volée	redini della volata	riendas de guías
5/21	Hinterleinen	wheel reins	guide de brancadier	redini del timoniere	riendas de tronco
5/22	Doppelringtrense	Wilson snaffle, double-ring snaffle	filet à quatre anneaux	filetto ungherese, filetto Wilson, filetto a quattro anelli	filete de doble anilla
5/23	Gebissstück	mouthpiece	canon	cannone	bocado
5/24	Blendriemenschnalle	blinker stay buckle	boucle de support d'œillère	fibbia della forcella del paraocchi	hebilla del sujeta-anteojera

Nr.:	Deutsch Bezeichnung	English specification	Français signification	Italiano termini	Español denominación
5/25	Blendriemen	blinker stay	support d'œillère	forcella del paraocchi	sujeta-anteojera
5/26	Scheuklappe	blinker, winker	œillères	paraocchi	anteojera
5/27	Backenstück	cheek piece	montant	montante	carrillera
5/28	Genickstück	crown piece	têtière	sopracapo	testera
5/29	Stirnriemen	brow band	frontal	frontale	frontalera
5/30	Rosette	rosette	fleuron	rosetta	escarapela
5/31	Kehlriemen	throat lash	sous-gorge	sottogola	ahogadero
5/32	Einspänner Nasenriemen	nose band for singles	muserolle pour attelage à un	nasiera per singolo	muserola para limonera
5/33	Kumtleib	collar body lining	corps de collier	corpo della collana	forro para collerón
5/34	Hütchen	collar cap	chapeau de verge	cappellotto del naso della collana	cubre collerón
5/35	Kumtbügel	hame	attelle	ferri della collana, bastoni della collana	costillas
5/36	Zugkrampe	hame pull, anchor pull, draught seye, Am. anchor draft	tirant d'attelle	ganci della collana per boucleteau	nudillo del tirante
5/37	bewegliches Leinenauge	hame terret	clé d'attelle mobile	chiave passaredini snodata della collana	llave, pasa-rienda
5/38	Kumtgürtel	hame-strap	courroie d'attelle	cinghia fermaferri, cinghia fermabastoni	sujeta costillar
5/39	Schließkette	hame link chain	coulant d'attelle (chaîne)	maglione a catena	gargantilla de cadena
5/40	kurzer Strangstutzen	short hame tug	boucleteau d'attelle	boucleteau per cavallo di stanghe	manoplillo
5/41	Tandem-Strangschnalle	hame tug buckle for tandem	boucle de trait pour tandem	fibbione del boucleteau per tandem	hebilla del manoplillo
5/42	Selett	saddle, Am. "skirt"	sellette	sellino per singolo	faldoncillo del sillín
5/43	Sättelchen	saddle seat	troussequin	truschino	sillín
5/44	Aufsatzhaken	bearing rein-hook	crochet d'enrênement	gancio dello strick	gancho engallador
5/45	Fallring	back-strap loop, Am. crupper-strap loop	chape de croupière	mezza campanella per groppiera	porta-baticola
5/46	Trageriemen	sliding back-band, Am. tug-strap, back-strap	dossière	dorsiera	sujeta-manoplillo
5/47	Trageöse (Leder/Metall)	open shaft tug/French shaft tug	bracelet de brancard	riscontro del portastanghe	manoplillo abierto o francés
5/48	Strangträger Vorderpferd	trace-bearer, loin-strap	porte-trait de volée	reggitirella per cavallo di volata	portatiros para guía
5/49	Umgang	breeching	avaloire	braga	retranca
5/50	Scherriemen	breeching-strap, Am. hip-strap	courroie de reculement	correggia della braga	sujeta-retranca
5/51	Zahnleiste	tooth moulding	crémaillère de siège	rotaie del sedile	posiciones para asiento movible
5/52	verschiebbarer Sitz	removable driving cushion	siège coulissant	sedile scorrevole	cojín móvil

Wagen – Wagenbau

Vehicle – vehicle construction

Voiture – construction de la voiture

Carrozza – costruzione

Coche – carrocería

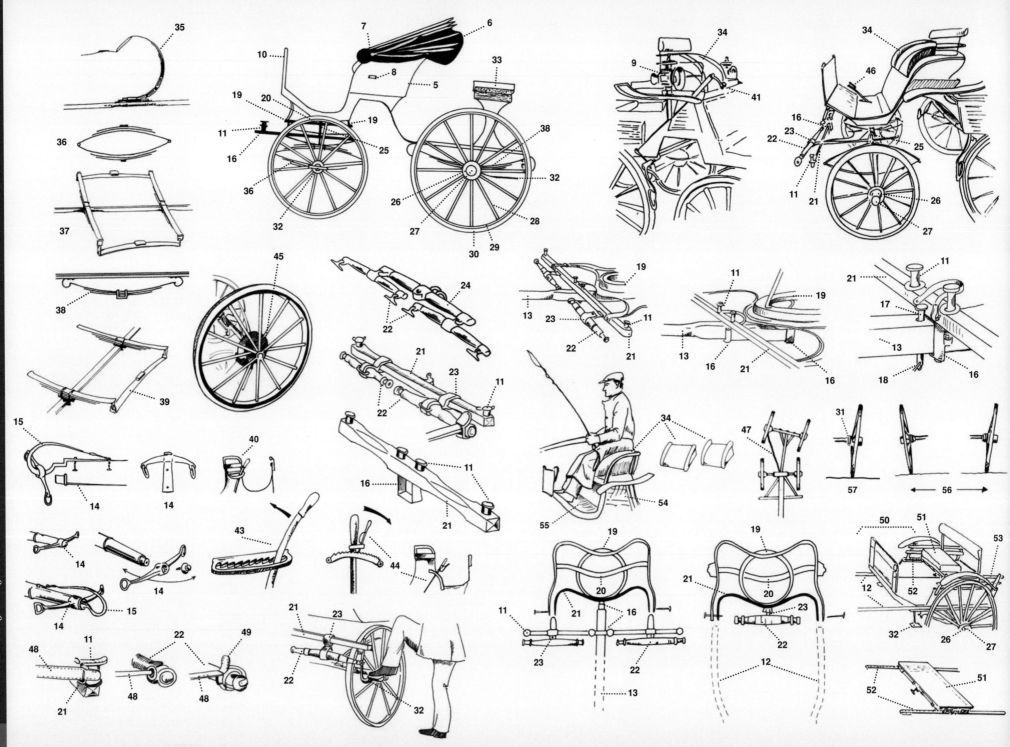

32

Wagen – Wagenbau · Vehicle – vehicle construction · Voiture – construction de la voiture · Carrozza – costruzione · Coche – carrocería

Wagen – Wagenbau
Vehicle – vehicle construction
Voiture – construction de la voiture
Carrozza – costruzione
Coche – carrocería

6

Nr.:	Deutsch	English	Français	Italiano	Español
	Bezeichnung	specification	signification	termini	denominación
	Wagen	vehicle	voiture	carrozza	coche
	Einspännerwagen	single horse carriage	voiture à un cheval	carrozza per singolo	coche limonera
	Zweispännerwagen	pair-horse carriage	voiture à deux chevaux	carrozza per pariglia	coche para tronco
	Mehrspännerwagen	multiplex harness	voiture à plusieurs chevaux	carrozza per attacco multiplo	coche varios caballos
6/5	Wagenkasten	bodywork	caisse	cassa	caja
6/6	Faltverdeck	leather head, folding head, *Am.* folding top	capote pliable	capote, mantice	capota
6/7	Verdeckgelenk	head joint, *Am.* top joint	compas de capote	compasso della capote, compasso del mantice	mecanismo plegable
6/8	Laternenhalter	lamp socket, *Am.* lamp bracket	porte-lanterne	porta fanale	portafarol
6/9	Laternen	carriage lamp	lanterne	fanale	faroles
6/10	Spritzbrett	dashboard, dasher, *Am.* dash	garde-crotte	orfanella, cruscotto	salpicadero
6/11	Docken	roller-bolt, safe	paumelle	funghi	botariles
6/12	Anze/Schere (Holz, Stahlrohr)	thills, shaft (wooden, tubular steel)	brancard	stanghe	varas
6/13	Deichsel	pole, shaft, *Am.* pole, tongue	timon	timone	lanza
6/14	feste/bewegliche Deichselbrille	rigid/flexible pole-head	crapaud de timon	anelli fissi/snodati della nottola del timone	punta de lanza rígida/flexible
6/15	Viererzughaken	pole-hook	trompe	tromba del timone per tiro a quattro	cuello de cisne
6/16	Deichselschuh	pole bracket	douille de timon	staffa portatimone	abrazadera de balancín
6/17	Deichselnagel	pole-pin	cheville de timon	fermo per timone	clavija
6/18	Splintsicherung	cotter-pin, split-pin	clavette	coppiglia	perno
6/19	Drehkranz	wheel plate, *Am.* fifth wheel	rond de sellette	ralla	rodete
6/20	Königsbolzen	king-bolt, king-pin	cheville ouvrière	scannello, barra dello sterzo	palo del juego
6/21	feste Bracke	splinter-bar	volée	bilancia fissa, volata	vara de guardia
6/22	Ortscheit	swingletree, *Am.* whiffletree	palonnier	bilancino	balancín
6/23	Ortscheitriemen	swingletree strap	courroie de palonnier	bracciale di cuoio reggi-bilancino	francalete del balancín

Nr.:	Deutsch Bezeichnung	English specification	Français signification	Italiano termini	Español denominación
6/24	Spielwaage	swingletree	balance	bilancia	balancín
6/25	Querholm	top-bed, transom	lisoir	chiavarda	palo del juego
6/26	Nabe	stock, nave, hub, *Am.* hub	moyeu	mozzo	maza de la rueda
6/27	Staubkappe	axel-cap, oil cap, *Am.* hub-cap	chapeau de roue	coprimozzo	bocín
6/28	Speiche	spoke	rais	raggio	radios
6/29	Felge	felloe	jante	gavello della ruota	pina
6/30	Reifen	rubber casing, pneumatic tyre, *Am.* rubber tire	cercle/bandage	cerchione della ruota	llanta de goma
6/31	Achse, Achsschenkel	running axle	essieu	assale	eje
6/32	Auftritt	step	marche-pied	predella, pedile, montatoio	estribo
6/33	Beifahrersitz	groom seat, rumble	siège de groom	serpino del groom	asiento ayudante
6/34	Keilsitz, Bockkissen	box seat	coussin de guide	cuneo	asiento cuña conductor
6/35	C-Feder	"C" spring	ressort en C	molla a "C"	muelle C sopanda
6/36	Voll-Elliptikfeder	full elliptic spring	ressort à pincettes	molla elittica	pinza
6/37	Parallelogramm-Feder	4-spring, telegraph spring, *Am.* full platform spring	ressort télégraphe	molle a telegrafo	muelle telegrafo
6/38	Halb-Elliptikfeder	semi-elliptic spring, *Am.* half-elliptic spring	ressort demi-pincette	molla semi- elittica	media pinza
6/39	Dennett-Federung	dennett-spring	ressort dennett	molle Dennett	muelle Dennet
6/40	Feststellbremse	parking brake	frein de stationnement	freno di stazionamento	freno de mano
6/41	Kurbelbremse	spindle brake	frein à manivelle	freno a manovella	freno manivela
6/42	Radbremse	handwheel brake	frein à volant	freno a ruota	freno de la rueda
6/43	Zugbremse	pulling handbrake lever	frein à crémaillère à tirer	freno a cremagliera a trazione	hongo del freno
6/44	Druckbremse	pushing handbrake lever	frein à crémaillère à pousser	freno a cremagliera a spinta	presión del freno
6/45	Scheibenbremse	disc brake	frein à disque	freno a disco	freno de disco
6/46	Fußbremse	brake pedal	frein à pied	freno a pedale	pedal del freno
6/47	Hemmschuh	drag-shoe (or skid) and chain	sabot d'enrayage	scarpa	zapata de freno
6/48	Strang	trace	trait	tirella con attacco a ricciolo	tiro
6/49	Aufziehleder	trace-loop, hand piece	tirant de carré de trait	linguetta di cuoio sbloccatirella	punta final del tiro en el lazo
6/50	Cart	cart	cart	carrozza a due ruote	coche de dos ruedas para limonera

6

Wagen – Wagenbau · Vehicle – vehicle construction · Voiture – construction de la voiture · Carrozza – costruzione · Coche – carrocería

Nr.:	Deutsch Bezeichnung	English specification	Français signification	Italiano termini	Español denominación
6/51	verstellbarer Sitz	removable driving cushion	siège coulissant	sedile scorrevole	asiento movible
6/52	Zahnleiste	tooth moulding	crémaillère	rotaie del sedile	posiciones para asiento movible
6/53	Kotflügel	splashboard, *Am.* fender	garde-boue	parafango	guardabarros
6/54	Bock	box seat, box	coussin de guide	serpa, cassetta	asiento cochero
6/55	Fußstütze	footrest	coquille	poggiapiedi	piso del pescante
6/56	Spurbreite	track width	largeur de la trace	carreggiata	paso de rueda
6/57	Radsturz	camber	carrossage	campanatura e incavallatura	peralte de la rueda
	Holzrad mit Eisenreifen	wooden wheel with iron tyre	roue en bois cerclée de fer	ruota di legno con cerchione in ferro	rueda de madera con llanta de hierro
	Holzrad mit Vollgummireifen	wooden wheel with rubber tyre	roue en bois à bandage plein	ruota di legno con cerchione in gomma piena	rueda de madera con llanta de goma
	Stahlrad	steel wheel	roue en acier	ruota di acciaio	rueda de acero
	Drahtspeichenrad	wire wheel, *Am.* spokes	roue à rayons fil de fer	ruota con raggi di tondino di ferro	rueda con radios de hierro
	Holzspeichenrad	wooden spokes wheel	roue à rayons de bois	ruota con raggi di legno	rueda con radios de madera
	Scheibenrad	disc wheel	roue pleine	ruota piena	rueda tajada
	Bremsanlage	brake system	système de freins	sistema di frenaggio	sistema de freno
	Trommelbremse	cylindric brake	frein à tambour	freno a tamburo	freno de tambor
	Bremsklotz	brake block	sabot de frein	ceppo di frenaggio	taco del freno
	Federn	springs	ressorts	molle	muelles
	Federaufhängung	spring suspension	suspension à ressorts	sospensioni a molla	fijación de los muelles
	Federbein	telescopic fork	fourche téléscopique	base della molla, biscottino	parte del muelle
	Unterbau, Chassis	undercarriage	chassis	chassis	parte de la caja inferior
	Sperrvorrichtung	locking device	système de blocage	sistema di bloccaggio	cierre
	Bremsachse (Trommelbremse)	braking axle (drum brake)	axe de frein (frein à tambour)	asse del freno (freno a tamburo)	parte de freno de tambor
	Hauptortscheit	main-bar	maître palonnier	bilancia	balancín primero
	Nebenortscheit	side-bar	palonnier latéral	bilancino laterale	balancín segundo (adicional)
	Tandem-Vorderortscheit	tandem lead-bar	palonnier de volée	bilancino largo della volata del tandem	balancín segundo
	Vorderbracke	lead-bar	avant-train	bilancino stretto della volata del tandem	vara primera
	Trittbrett	running board	marche-pied	pedana, predella, montatoio	estribo

Deutsch	English	Français	Italiano	Español
Nr.: Bezeichnung	specification	signification	termini	denominación
Sitz	seat	siège	sedile	asiento
Schmutzfänger	set-off sheet, waterproof sheet	garde-boue	telina parafango, telina paraspruzzi	guardabarros
Polsterung	lining, *Am.* striping	rembourrage	imbottitura	cojín tapicería
Gepäckkasten	luggage box	coffre à bagages	cassa portabagagli	porta maletas
Rücklicht	rear light	réflecteur	luce posteriore	piloto trasero luz
Beschläge	metal fittings	ferrure	ferramenta	herraje
Edelmetall	precious metal	métal précieux	metallo prezioso	metales preciosos
Messing, Vollmessing	heavy brass	laiton	ottone, ottone pieno	laton
Aluminium	aluminium	aluminium	alluminio	aluminio
Aluminiumguss	cast aluminium	fonte d'aluminium	alluminio fuso	fundición de aluminio
Argentan	german silver	maillechort	argentone, alpacca	plata alemana
verchromt	chromed	chromé	cromato	cromado
poliert	polished	poli	lucidato	pulido
Selett-Beschläge	metal fittings of saddle	ferrures de sellette	ferramenta del sellino	herraje de sobreaguja
Peitschenhalter	whip holder	porte-fouet	porta frusta	fustero
Nabenring	hub ring	frette	ghiera del coprimozzo	sortija de maza
Leinenhalter	rein rail	porte-guide	barra portaredini	pasa-riendas
Haltegriff	handhold	poignée-montoir	maniglia	asidero de manos
Zierleiste	moulding, edging	moulure	listello decorativo	ornamento
Lackierung	painting, coating	peinture	verniciatura	pintura
Beschnitt der Lackierung	lining, *Am.* striping	filets	filettatura	líneas de pintura
Wagenheber	lifting jack	cric, chévre	cric	cabria
Abdeckplane	canvas hood	housse	telo di copertura	funda
Deichselhülle	pole cover	housse de timon	guaina copritimone	cubre lanza
Ersatzausrüstung	spare equipment	accessoires	parti di ricambio	equipo de repuesto
Einfahrwagen	break	voiture d'entraînement	vettura da addestramento all'attacco, domatrice	coche de doma

Allgemeine Fachausdrücke

General technical terms

Termes techniques généraux

Termini tecnici generali

Terminología general

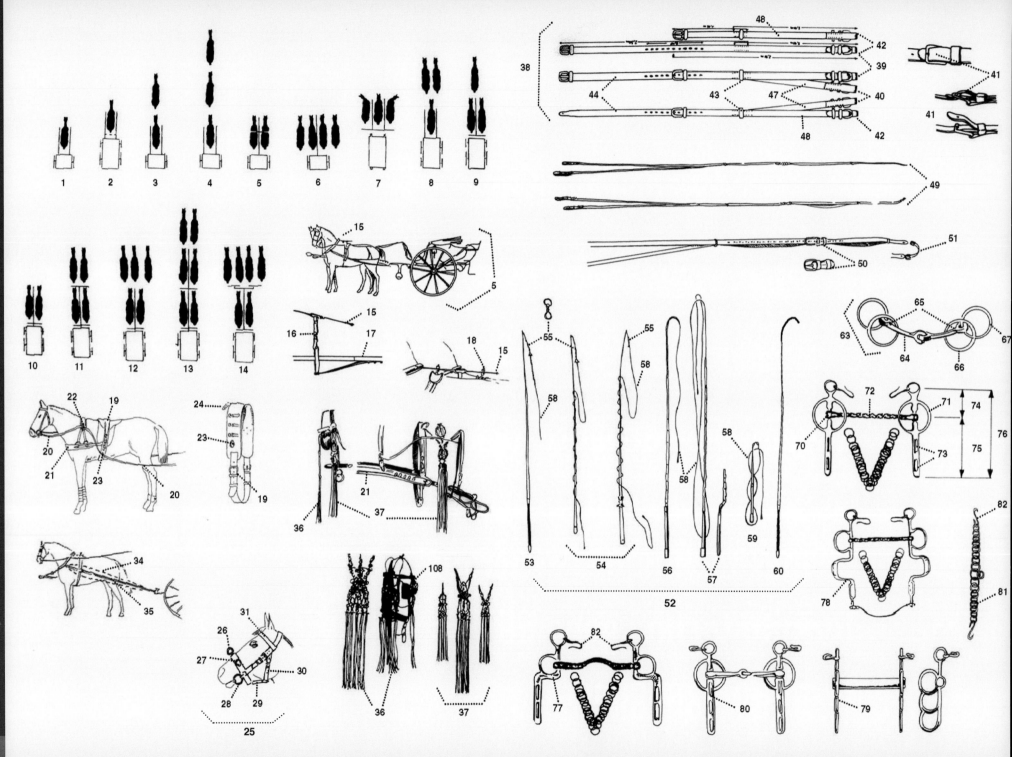

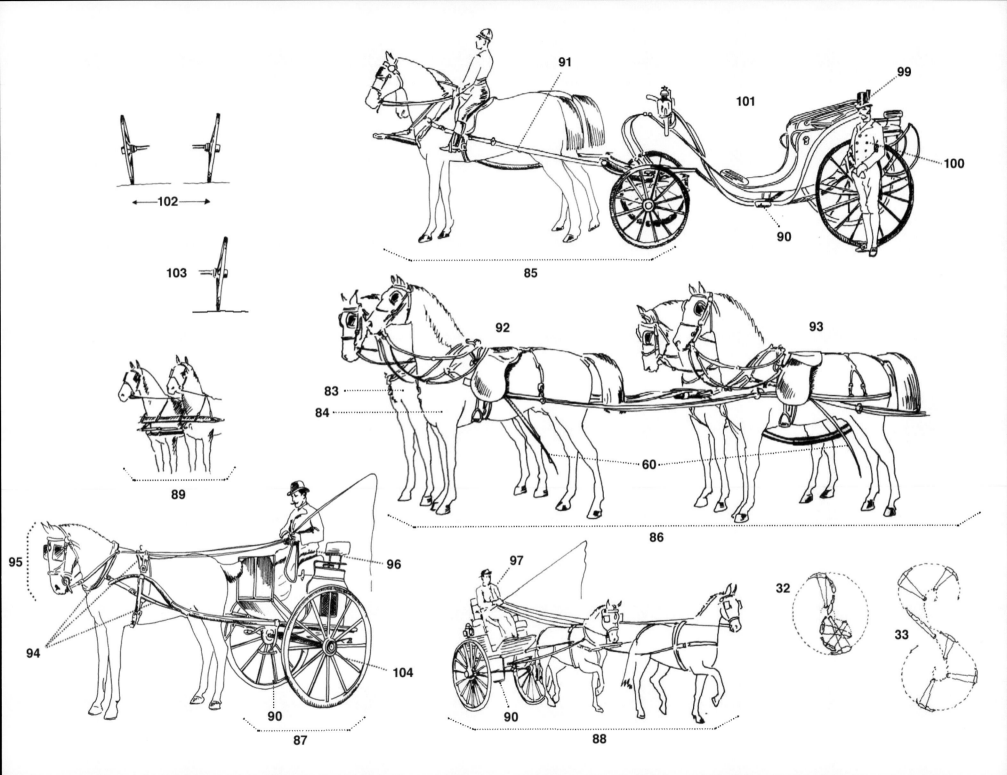

7

Allgemeine Fachausdrücke
General technical terms
Termes techniques généraux
Termini tecnici generali
Terminología general

	Deutsch	English	Français	Italiano	Español
Nr.:	Bezeichnung	specification	signification	termini	denominación
7/1	Einspänner, einachsig	single horse two-wheeler	attelage à un, voiture à deux roues	singolo a due ruote	limonera, carruaje de dos ruedas
7/2	Einspänner, zweiachsig	single horse four-wheeler	attelage à un, voiture à quatre roues	singolo a quattro ruote	limonera, carruaje de cuatro ruedas
7/3	Tandem	tandem	tandem	tandem	tándem
7/4	Random	randem	tridem	random	tres a la larga, tridem
7/5	Curricle	curricle	carick à pompe	curricle	a la pompe
7/6	Quadriga	four-abreast, quadriga, Roman chariot	quatre de front, char romain	quadriga	cuádriga
7/7	Troika	troika	troika	troika	potencia (troika)
7/8	Einspänner mit zwei Vorderpferden, zweiachsig	three-horses team with two leaders	arbalète	arbalète	tresillo
7/9	Einhorn	unicorn, pick-axe, spike, *Am.* unicorn	unicorne	unicorno	tresillo
7/10	Zweispänner	pair, double-harness	attelage à deux	pariglia	tronco
7/11	Vierspänner	four-in-hand, team	attelage à quatre	tiro a quattro	cuartas
7/12	Fünfspänner, Juckeranspannung	five-horses team, three leaders	attelage à cinq	tiro a cinque, attacco all'ungherese	media potencia
7/13	Sechsspänner	six-horses team	attelage à six	tiro a sei	tres pares de caballos
7/14	Wildgang	six-horses team with four leaders, two wheelers	attelage à six avec quatre de front	tiro a sei (4 cavalli di volata, 2 di timone)	cuatro guías con dos caballos del tronco
7/15	Curricle-Stange	curricle bar	pompe de carick	barra trasversale del curricle	violín
7/16	Curricle-Aufhängung	curricle bar strap	support de pompe	cinghia di sospensione del curricle	manoplillo del violín
7/17	Deichsel	pole, shaft, *Am.* pole, tongue	timon	timone del curricle	lanza
7/18	Curricle-Schlüsselring	curricle-bearing-rein-hook	clé de pompe	bambola della barra del curricle	anilla oval de curricle
7/19	Longiergurt	body roller, training roller	surfaix à longer	fascione per lavoro alla longia	cinchuelo de trabajo
7/20	Doppellonge	long reins	longues guides	doppia longia	riendas para el trabajo de pie a tierra
7/21	Brustblatt	breast collar	bricole	pettorale	petral, blanquilla
7/22	Leinenauge	neck-strap terret	clé de surcou	chiave del reggipettorale	anilla de la caída
7/23	Leinenführungsring	rollet rein terret	anneau de longue guide	reggi guide, campanella o anello o chiave del fascione	sobrebarriguera

Allgemeine Fachausdrücke
General technical terms
Termes techniques généraux
Termini tecnici generali
Terminología general

7

	Deutsch	English	Français	Italiano	Español
Nr.:	Bezeichnung	specification	signification	termini	denominación
7/24	Fallring	back-strap, crupper-strap loop	chape	mezza campanella	porta-baticola
7/25	Kappzaum	lungeing cavesson	caveçon	capezzone	cabezón
7/26	mittlerer Ring, drehbar	middel lungeing rein ring	anneau central	campanella centrale girevole del capezzone	anilla para dar cuerda
7/27	seitlicher Ring, feststehend	side lungeing ring	anneau latéral	campanella laterale fissa del capezzone	anilla lateral de cinchuelo para pasar la cuerda
7/28	Trensenzaum	snaffle cheek ring	filet	filetto	anilla del filete
7/29	Ganaschenriemen	jowl-piece	courroie de ganaches	sottoganasce	correa de conexión de ahogadero con muserola
7/30	Kehlriemen	throat lash	sous-gorge	sottogola	ahogadero
7/31	Stirnriemen	brow band	frontal	frontale	frontalera
7A/32	Wechsel durch den Zirkel	change of hand in the circle, through the circle	changement de main dans la volte	cambiamento di mano sul circolo	cambio de mano en el círculo
7A/33	Wechsel aus dem Zirkel	leave the circle	changement hors de la volte	cambiamento di circolo	salir del círculo
7/34	gebrochener Zug	broken pull	traction brisée	linea spezzata della tirella	línea de tiro rota
7/35	gerader Zug	straight pull	traction droite	tirare in linea retta	línea de tiro recta
7/36	Stirnschalanken	front sallang (Hungarian harness)	sallanques frontales	"sallang" per briglia	mosqueros húngaros
7/37	Rücken-(Seiten-)Schalanken	sallangs	sallanques	"sallang" per finimenti laterali	adornos de guarnición húngara
7/38	Achenbachleinen	pair reins, Achenbach reins	guides Achenbach	redini Achenbach	riendas de tronco, riendas Achenbach
7/39	Außenleine	draught-rein, outer rein	guide extérieure	redine esterna	rienda d´exterior
7/40	Kreuzleine	cross-over rein, coupling-rein	guide croisée	redine di crociera	rienda de dentro
7/41	Leinenschoner	coupling-rein safety billet	protège-boucle	linguetta proteggiredine	hebilla de seguridad de la rienda de dentro
7/42	Umschlagstück	bit billet	porte-mors	punta delle redini	hebilla en el bocado
7/43	Kreuzschlaufe	rein guilet	passant de guide	passante delle redini di crociera	hebilla en las riendas
7/44	Handstück	handpiece	main de guide	redine intera che va in mano	parte de las riendas para la mano
	Leder	leather	cuir	cuoio, pelle	cuero
	Kernleder	bend leather	croupon	cuoio di schiena	cuero volteado

Allgemeine Fachausdrücke · General technical terms · Termes techniques généraux · Termini tecnici generali · Terminología general

41

Nr.:	Deutsch Bezeichnung	English specification	Français signification	Italiano termini	Español denominación
7/47	Haarseite	hair-side, grain-side	côté fleur	lato del fiore	lado del cuero capilar
7/48	Fleischseite	flesh-side	côté chair	lato carne	asiento
7/49	Ungarische Leinen	Hungarian reins	guides hongroises	redini ungheresi	riendas húngaras
7/50	Fröschl	frog	grenouille	fermaglio di regolazione delle redini ungheresi	ranilla
7/51	Schnallstössel (Brezel)	brezel	brezel	impugnatura delle redini ungheresi	conexión de las riendas de guarnición húngara
7/52	Peitsche	whip	fouet	frusta	látigo
7/53	Stockpeitsche, Zweispänner	pairs german drop-thong whip	fouet noué pour attelage à deux	frusta spezzata per pariglia	látigo alemán
7/54	Stockpeitsche, Vierspänner	four-in-hand german drop-thong whip	fouet noué pour attelage à quatre	frusta spezzata per tiro a quattro	látigo alemán de cuartas
7/55	Wirbel, Spindelgelenk	swivel-joint	émerillon	girello per fruste spezzate	conexión articulada para tralla
7/56	Bogenpeitsche, Zweispänner	pairs bow-topped whip	fouet col de cygne	frusta a pioggia per pariglia	látigo con tralla sin ballena para troncos
7/57	Bogenpeitsche, Vierspänner	bow-topped four-in-hand whip	fouet col de cygne pour attelage à quatre	frusta a pioggia per tiro a quattro	látigo con tralla sin ballena para cuartas
7/58	Peitschenschlag	whip thong, lash	mèche	battuta, mozzone	tralla
7/59	Schlittenpeitsche	sledge-whip	fouet de traîneau	frusta per slitta	látigo para trineo
7A/60	Fahrgerte	driving-cane	fouet américain (stick)	frusta da corsa, fouet	látigo de caña
	weiche Schnallung	soft buckling	bouclage doux	affibbiatura dolce	colocación del bocado suave
	scharfe Schnallung	sharp buckling	bouclage dur, sévère	affibbiatura severa	colocación del bocado dura
7/63	Doppelringtrense	Wilson snaffle, double-ring snaffle	filet à quatre anneaux	filetto ungherese, filetto Wilson, filetto a quattro anelli	filete Wilson, filete de doble anilla
7/64	Gebissstück	mouthpiece	canon	cannone snodato	embocadura
7/65	Kerbe	groove	rainure	scanalatura	ranura
7/66	Tragering	loose ring	anneau de montant	anello del montante	anilla de filete para la carrillera
7/67	Leinenring	rein ring, cutter ring	anneau de guide	anello della redine	anilla de filete para las riendas
	Kandare	curb bit	mors	morso	bocado
	Liverpoolkandare	Liverpool bit	mors Liverpool	morso Liverpool	bocado de globo
7/70	Liverpoolkandare mit Pumpgebiss	Liverpool swinging bit	mors Liverpool à pompe	morso Liverpool a pompa	bocado de globo con barra móvil
7/71	Schaumring	foam ring	banquet	banco	rostea
7/72	Gebissstück	mouthpiece	canon	cannone	bocado de barra recta

Nr.:	Deutsch Bezeichnung	English specification	Français signification	Italiano termini	Español denominación
7/73	Leinenschlitze	rein-slot	passes de guides	chiamate	pasa-riendas del bocado
7/74	Oberbaum	over bit, over ceek	branche supérieure	stanghetta con occhio per montante	portamozo
7/75	Unterbaum	under bit, under cheek	branche inférieure	guardia	pierna
7/76	Gesamtbaum	cheek piece	branches	asta	longitud entera del bocado
7/77	Ellbogenkandare	elbow bit	mors coudé	morso inglese, morso a gomito	bocado de codo (bocado ashley)
7/78	Buxtonkandare	Buxton bit	mors Buxton	morso Buxton	bocado de buxton
7/79	Postkandare	post bit	mors de poste	morso da posta	bocado de trotador
7/80	Liverpoolkandare mit gebrochenem Gebiss	Liverpool bit with jointed mouthpiece	filet Liverpool	morso Liverpool a cannone spezzato	bocado de globo con el final de las barras unidas
7/81	Kinnkette	curb chain	gourmette	barbozzale	cadenilla
7A/82	Kinnkettenhaken	curb chain hook	crochet de gourmette	gancio a S del barbozzale	alacrán
7A/83	Handpferd	horse right of the pole	sous-verge	cavallo sottomano	caballo de mano
7A/84	Sattelpferd	horse left of the pole	porteur	cavallo montato	caballo de fuera
7A/85	Anspannung à la demi Daumont, zweispännig	postillion pair	attelage à la Daumont	attacco alla Daumont, pariglia	a la media Daumont
7A/86	Anspannung à la Daumont, vierspännig	postillion four-in-hand	attelage à quatre à la Daumont	attacco alla Daumont, tiro a quattro	a la Daumont
7A/87	Gig	gig	gig	gig	coche ligero americano
7A/88	Tandem Cart	tandem cart	tandem cart	tandem cart	coche de dos ruedas alto para enganchar en tándem
7A/89	Amerikanisches Buggy – Brustblattgeschirr	american buggy-breast harness	buggy, harnais à bricole	buggy americano, finimenti a pettorale	guarnición limonera de petral para buggy
7A/90	Auftritt	step	marche-pied	predella, pedile, montatoio	estribo
7A/91	Stränge	traces	traits	tirelle	tiros
7A/92	Vorderpferd	leader	cheval de volée	cavallo di volata	guía
7A/93	Stangenpferd	wheeler	brancardier	cavallo di timone	tronco
7A/94	Geschirr	harness	harnais	briglia da attacco	arnés
7A/95	Fahrzaum	driving bridle, headpiece	bride d'attelage	briglia da attacco	cabezada
7A/96	Bockdecke	driving apron	tablier de meneur, plaid	copertina, grembiule	mandil
7A/97	Fahrer	driver	meneur	guidatore	cochero
7A/98	Melone	bowler hat	melon	bombetta	bombín

	Deutsch	English	Français	Italiano	Español
Nr.:	Bezeichnung	specification	signification	termini	denominación
7A/99	Zylinder	top hat	haut de forme	cilindro	chistera
7A/100	Livrèe	livery	livrée	livrea	librea
7A/101	Kutsche	carriage	voiture	vettura, carrozza	coche
7A/102	Spurbreite	track width	largeur de la trace	carreggiata	paso de rueda
7A/103	Radsturz	camber	cambrure	campanatura, incavallatura	peralte de la rueda
7A/104	Speichen	spokes	rayons	raggi	radios
	Schleppe	sledge	traîneau de dressage	treggia	trineo
	Kammerfreiheit	gullet, gullet width	liberté de garrot	libertà di garrese	espacio entre la cruz
	versammelter Schritt	collected walk	pas rassemblé	passo riunito	paso reunido
	Mittelschritt	medium walk	pas moyen	passo medio	paso medio
	starker Schritt	extended walk	pas allongé	passo allungato	paso largo
	versammelter Trab	collected trot	trot rassemblé	trotto riunito	trote reunido
	Gebrauchstrab	working trot	trot de travail	trotto di lavoro	trote de trabajo
	starker Trab	extended trot	trot allongé	trotto allungato	trote largo
	Galopp	canter	galop	galoppo	galope
	zulegen	to drive on	accélérer	allungare,accelerare	avanzar
	Rückwärtsrichten	to rein back	reculer	rinculare, indietreggiare	pasos atrás
	Langstroh, Roggenstroh	long-straw, rye-straw	paille longue (seigle)	paglia a fibra lunga	paja larga
	Birnenform des Kumtleibes	pear-shaped collar (pad)	forme en poire du collier	collana a forma di pera	collerón de forma pera
	Beifahrer	groom	aide, groom	groom, palafreniere	mozo
	Handschuhe	gloves	gants	guanti	guantes
	Stiefeletten	jodhpur boots, ankle boots	bottines	stivaletti jodhpur	botines
	Lackierung	painting, coating	peinture	verniciatura	pintura
	Mahagoniholz	mahogany wood	mahagoni	legno di mogano	madera de caoba
	Zedernholz	cedar wood	cèdre	legno di cedro	madera de cedro
	Eschenholz	ash wood	frêne	legno di frassino	madera de fresno

Allgemeine Fachausdrücke · General technical terms · Termes techniques généraux · Termini tecnici generali · Terminología general

44

Deutsch	English	Français	Italiano	Español
Nr.: Bezeichnung	specification	signification	termini	denominación
Kleie	bran	son	crusca	salvado
Leinsamen	linseed	graines de lin	semi di lino	semilla de lino
Langbaum	reach	flèche	codone	vara de unión entre los ejes
Kastenschlaufe	coffer	boîte	passante a trombino	cofre
Prägung	stamping	impression	punzonatura, cuoio stampato	repujado
Schlaufen	slide	boucles	passanti	pasador, lazo
Pferd in Biegung	bent horse	cheval en flexion	cavallo flesso	caballo incurvado
Pferd in Stellung	horse in flexed position	cheval en position	cavallo in piego, cavallo con incollatura flessa	caballo colocado
Pferd ist gerade gerichtet	to straighten the horse spine	cheval en ligne droite	cavallo diritto	enderezar la columna vertebral del caballo
Pferd ist steif	stiffness	cheval raide	cavallo rigido	rigidez del caballo
Widersetzlichkeit	disobedience, defence	désobéissance, défense	difesa, disobbedienza	desobediencia, defensa
Fahrpferd	driving horse	cheval d'attelage	cavallo da attacco	caballo de enganche
Wagenpferd	carriage horse, *Am.* draft horse	cheval de carrosse	cavallo carrozziere	caballo de coche
Juckerpferd, leichtes Wagenpferd	light-weight carriage horse, roadster	cheval d'attelage léger	cavallo carrozziere leggero, cavallo da attacco leggero	caballo de tiro ligero
Karossiertyp, schweres Wagenpferd	heavy-weight carriage horse	type carrossier	cavallo carrozziere pesante	caballo pesado de enganche
Kutschpferd	coach horse	trait léger	cavallo da carrozza, cavallo da coach	caballo de enganche
Arbeitspferd, Zugpferd, Kaltblut	cart horse, heavy horse, draught horse	cheval de trait	cavallo a sangue freddo, cavallo da tiro	caballo de tiro
Warmblut	warm-blood	demi-sang	cavallo a sangue caldo, cavallo mezzosangue	caballo de sangre caliente
Vollblutpferd	thoroughbred	pur sang	cavallo purosangue	caballo de pura sangre
Pony, Kleinpferd	pony	poney	pony	poni
Zungenfreiheit	port	passage de langue	passaggio di lingua	libralengua, desveno
Pillangos (Verzierung bei den Schalanken)	pillango	pillango (papillon)	pillango	pillangos

Turnierwesen für Fahrpferde

Items for driving competitions

Concours d´attelage

Gare per cavalli da attacco

Competencia de caballos de tiro

8

Turnierwesen für Fahrpferde
Items for driving competitions
Concours d´attelage
Gare per cavalli da attacco
Competencia de caballos de tiro

	Deutsch	English	Français	Italiano	Español
Nr.:	Bezeichnung	specification	signification	termini	denominación
	allgemeine Bestimmungen	general rules, regulations	prescriptions générales	regolamento generale	reglamento general
	besondere Bestimmungen	special rules	prescriptions particulières	prescrizioni particolari	reglamento particular
	Leistungsklassen	performance rating	catégories	categorie di livello	categoria de rendimento
	Eintragung des Pferdes als Turnierpferd	registration of a horse as a competition horse	enregistrement du cheval comme cheval de sport	iscrizione dei cavalli nel registro cavalli da concorso	registrar un caballo para competición
	Pferdebesitzer	owner of a horse	proprietaire d'un cheval	proprietario del cavallo	propietario de un caballo
	Besitzerwechsel	change of ownership	changement de propriétaire	cambiamento di proprietario	cambio de propietario
	Qualifikation	qualification	qualification	qualificazione	calificación
	Startgenehmigung	acceptance of entry, eligibility	acceptation de départ	autorizzazione a partecipare	permiso de la matrícula
	Ausschreibung	schedule, fixture	proposition de concours	avamprogramma	programa
	Ausschreibungsänderung	change of schedule	changement de proposition	modifica dell'avamprogramma	cambio de programa
	Anforderungen	requirements	exigences	richieste	requisitos
	Ausrüstung	equipment	équipement	equipaggiamento	equipo
	zugelassener Fahrer	eligible driver	meneur habilité	guidatore abilitato	cochero admitido
	Mindestleistung	minimum performance	performance minimale	prestazione minima	rendimiento mínimo
	Nennungsformular	entry form	feuille d'inscription	modulo di iscrizione	formulario para matrículas
	Nennen	to enter	inscription	iscriversi	matrícular
	Nennbeginn	opening date	début de l'inscription	data di apertura delle iscrizioni	fecha de apertura
	Nennungsschluss	acceptance date, closing date	délai de l'inscription	data di chiusura delle iscrizioni	cierre de la matrícula
	Einsatz	entry fee	finance d'inscription	quota d'iscrizione	matrícula
	Boxentaxe	stabling charge	finance de départ	quota di partecipazione	gastos de box
	Losverfahren	ballot	tirage au sort	estrazione a sorte	sorteo
	Starterlaubnis	permission to start	autorisation de départ	permesso di partenza	permiso para la partida
	Turnierveranstalter	promoter	organisateur	organizzatore del concorso	promotor

Turnierwesen für Fahrpferde · Items for driving competitions · Concours d'attelage · Gare per cavalli da attacco · Competencia de caballos de tiro

48

	Deutsch	English	Français	Italiano	Español
Nr.:	Bezeichnung	specification	signification	termini	denominación
	Organisator	organizer	organisateur	organizzatore	organizador
	Schirmherr	patron	président d'honneur	patrocinatore, presidente onorario	patrocinador
	Turnierplatz	show ground	place de concours	terreno del concorso	pista de competición
	Turnierleitung	organizing committee	comité d'organisation	direzione del concorso	comité organizador
	Meldestelle	office	bureau du concours	segreteria del concorso	oficina del concurso
	Schwarzes Brett	score board	panneau d'affichage	tabellone	tablón de puntuaciones
	Startnummer	starting number	numéro de départ	numero del concorrente	dorsal
	Startgeld	starting fee	finance de départ	quota d' iscrizione	dinero para matrícula
	Startzeit	starting time	heure de départ	orario di partenza	hora de comienzo
	Startliste	list of competitors	liste de départs	ordine di partenza	órden de salida
	Abfahrplatz	practice area	place d'échauffement	campo prova	pista de ensayo
	Aufsichtsperson am Abfahrplatz	steward at the practice area	responable carré d'entraînement	commissario al campo prova	comisario de la pista de ensayo
	Gebisskontrolle	bit control	contrôle des embouchures	controllo delle imboccature	comisario de embocaduras
	Dopingkontrolle	doping control	contrôle de dopage	controllo anti-doping	control de dopaje
	Ausschluss	elimination	élimination	eliminazione	eliminación
	Verwarnung	warning	avertissement	ammonimento	aviso
	Prüfung der Klasse A	novice test	concours catégorie A	prova per la categoria A (principianti)	prueba de promoción
	Prüfung der Klasse L	elementary test	concours catégorie L	prova per la categoria L (facile)	prueba elemental
	Prüfung der Klasse M	medium test	concours catégorie M	prova per la categoria M (media)	prueba dificultad media
	Prüfung der Klasse S	advanced test	concours catégorie S	prova per la categoria S (difficile)	prueba dificultad alta
	Richter	judge	juge	giudice	juez
	Bewertung	scoring	appréciation	valutazione	puntuaciones
	Richtverfahren	scoring method	methode de notation	metodo di giudizio	método de puntuación

Turnierwesen für Fahrpferde · Items for driving competitions · Concours d'attelage · Gare per cavalli da attacco · Competencia de caballos de tiro

49

Nr.:	Deutsch		English		Français		Italiano		Español	
	Bezeichnung		specification		signification		termini		denominación	
	Wertnotensystem		points system		système d'appréciation aux points		sistema di assegnazione dei voti		sistema de puntos	
	nicht genügend	0	not performed	0	non realisé	0	non eseguito	0	no ejecutado	0
	sehr schlecht	1	very bad	1	très mal	1	molto male	1	muy mal	1
	schlecht	2	bad	2	mal	2	male	2	mal	2
	ziemlich schlecht	3	fairly bad	3	assez mal	3	abbastanza male	3	bastante mal	3
	mangelhaft	4	insufficient	4	insuffisant	4	insufficiente	4	insuficiente	4
	genügend	5	sufficient	5	suffisant	5	sufficiente	5	suficiente	5
	befriedigend	6	satisfactory	6	satisfaisant	6	soddisfacente	6	satisfactorio	6
	ziemlich gut	7	fairly good	7	assez bien	7	abbastanza bene	7	bastante bien	7
	gut	8	good	8	bien	8	bene	8	bien	8
	sehr gut	9	very good	9	très bien	9	molto bene	9	muy bien	9
	ausgezeichnet	10	excellent	10	excellent	10	eccellente	10	excelente	10
	Resultat		result		résultat		risultato		resultado	
	Einspruch, Protest		protest, objection		recours, protêt		ricorso		reclamación	
	Schiedsgericht		appeal committee		jury d'appel		giuria di appello		comité de apelación	
	Unterbrechung der Prüfung		interruption of a competition		interruption du concours		interruzione di una prova		interrupción de la competición	
	Ergebnisliste		list of results		classement		classifica		resultados	
	Siegerehrung		distribution of prizes, prize giving		distribution des prix		premiazione		entrega de premios	
	Sieger		winner		vainqueur		vincitore		ganador	
	Zweitplatzierte		runner up		deuxième		secondo classificato		segundo	
	Platzierung		line up, placement		classement		piazzamento		clasificación	
	platziert		placed		classé		piazzato		clasificado	
	Mannschaftswertung		team result		classement des équipes		classifica a squadre		resultado por equipos	
	Geldpreis		prize money		prix en argent		premio in denaro		premio en efectivo	
	Ehrenpreis		trophy		prix d'honneur		premio d'onore		trofeo	
	Schleife		ribbon, rosette		flot		coccarda		escarapela	

Deutsch	English	Français	Italiano	Español
Nr.: Bezeichnung	specification	signification	termini	denominación
Stallplakette	plaquette	plaque d'écurie	targa di scuderia	placa
Sponsor	sponsor	sponsor	sponsor	patrocinador
Züchterprämie	breeder´s reward	prime d'élevage	premio d'allevamento	premio para ganaderos
Transportvergütung	travel refund, refund of transport	indemnité de transport	rimborso spese di trasporto	subvencion de transporte
Dressurviereck	dressage arena	carré de dressage	rettangolo di dressage	pista de doma
Bahnpunkte	markers, points of the arena	lettres des carrés de dressage	lettere del rettangolo	leteras de la pista
Boden	surface	surface	terreno	superficie
Boden, tiefer	deep surface	terrain profond	terreno pesante	pista profunda
Boden, harter	hard surface	terrain dur	terreno duro	pista dura
Boden, unebener	unlevel surface	terrain bosselé	terreno sconnesso	pista desnivelada
Boden, rutschiger	slippery surface	terrain glissant	terreno scivoloso	surperficie resbaladiza
Sand	sand	sable	sabbia	arena
Späne, Schnitzel	shavings	copeaux	trucioli	viruta
Gras	grass	herbe	erba	hierba
Hufschlag	track	piste	pista	pista
Blumenschmuck	flower arrangement	décoration florale	decorazioni floreali	arreglos florales
Eintritt	entrance	entrée	entrata	entrada
Vierecksbegrenzung	enclosure of the arena	lisse	recinzione del rettangolo	perimetro de la pista
Richterhäuschen	judge's box	abri de juge	capannina del giudice	caseta de juez
Bahnfiguren	figures	figures	figure di maneggio	figuras
auswendig fahren	to drive from memory, by heart	parcours mémorisé	guidare a memoria	ejecución de memoria
verfahren	error of course	erreur de parcours	errore di percorso	error de recorrido
Protokoll	score sheet, minutes, notes	protocole	scheda dei punteggi	hoja de puntuaciones
Wertnote	marks, score, points	note d'appréciation	voto	puntos
Einzelnote	single score	note individuelle	voto singolo	puntuación unica
Koeffizient	coefficient	coefficient	coefficiente	coeficiente

	Deutsch	English	Français	Italiano	Español
Nr.:	Bezeichnung	specification	signification	termini	denominación
	Gesamtnote	total score	note totale	punteggio totale	total de puntos
	richten, getrennt	separate judgement	jugement séparé	giudizio separato	juzgar por separado
	richten, gemeinsam	joint judgement	jugement d'ensemble	giudizio concertato	juzgar conjuntamente
	Dressuraufgabe	dressage test	programme de dressage	testo del dressage	prueba de doma clásica
	Abzug für Verfahren	deduction for error of course	déduction pour erreur de parcours	penalità per errore di percorso	deducción por error
	Gesamtnote für Reinheit der Gänge	collective mark for paces	note d'ensemble pour les allures	voto d'insieme per correttezza delle andature	puntos de conjuntos por aires
	Losgelassenheit, Durchlässigkeit	submission	soumission, légèreté	leggerezza e sottomissione	sumisión
	Dressurprüfung	**dressage test**	**épreuve de dressage**	**prova di dressage**	**reprise de doma**
	einfahren	enter	entrée	entrare nel rettangolo	entrada
	halten	halt	arrêt	arresto	parada
	Unbeweglichkeit im Halten	motionless standstill	immobilité à l'arrêt	immobilità all'arresto	inmovilidad
	unruhig	restless	défaut d'immobilité	mancanza di immobilità	no hay inmovilidad
	Gruß	salute	salut	saluto	saludo
	Stehen am Gebiss	standstill on the bit	arrêt en main	arresto in mano	parada en la mano
	Durchlässigkeit	submission	soumission	sottomissione	sumisión
	anfahren	move off	se mettre en mouvement	partenza	partir
	versammelter Trab	collected trot	trot rassemblé	trotto riunito	trote reunido
	Gebrauchstrab	working trot	trot de travail	trotto di lavoro	trote de trabajo
	starker Trab	extended trot	trot allongé	trotto allungato	trote largo
	Schritt am Gebiss	walk on the bit	pas en main	passo in mano	paso en la mano
	Volte	circle	volte	circolo	círculo
	Leinen in einer Hand	reins in one hand	guides dans une main	redini in una mano	riendas en una mano
	unbeweglich	immobile	immobile	immobile	inmóvil
	Rückwärtsrichten	to rein back	reculer	rinculare, indietreggiare	pasos atrás
	Mittellinie	centerline	ligne médiane	linea mediana	línea central
	Raumgriff	ground cover, length of stride	amplitude	ampiezza della falcata	terreno que cubren, longitud del tranco

Turnierwesen für Fahrpferde · Items for driving competitions · Concours d'attelage · Gare per cavalli da attacco · Competencia de caballos de tiro

52

Deutsch	English	Français	Italiano	Español
Nr.: Bezeichnung	specification	signification	termini	denominación
schleppend, träge	sluggish, shuffling	lent, se traîne	rade il tappeto	se arrastra
unregelmäßige Tritte	irregular steps	pas irréguliers	falcate irregolari	pasos irregulares
kurze, eilige Tritte	short, hurried steps	pas courts et précipités	falcate corte, affrettate	pasos cortos, precipitados
Lahmheit	lameness	boiterie	zoppia	cojera
Übergang	transition	transition	transizione	transición
übereilt	hurried	précipité	affrettato	rápido
Hufschlagfiguren genau einhalten	execute the figures accurately	éxécuter les figures avec précision	eseguire con precisione le figure	ejecutar las figuras con precisión
ausfahren der Ecken und Wechselpunkte	meet the corners and markers properly	marquer correctement angles et transitions	eseguire correttamente gli angoli e rispettare le lettere	pasar bien las esquinas y llegar a las entradas de los obstáculos
fahren auf gerader Linie	drive on a straight line	mener en ligne droite	guidare in linea diretta	conducir en línea recta
Bogen, Wendung	turn	boucle, demi-tour	curva, girata	girar
Stellung	position	position	piego	posición
Biegung	bending	incurvation	flessione	incurvación
Gesamteindruck	**general impression**	**impression générale**	**impressione d'insieme**	**impulsión general**
Regelmäßigkeit und Freiheit der Gänge	regularity and freedom of the paces	régularité et décontraction	regolarità e libertà delle andature	regularidad y soltura de los aires
Beibehaltung der Gangarten durch alle Pferde	keeping all horses in the same gait	maintien des allures par tous les chevaux	tutti i cavalli mantengono l'andatura	mantener todos los caballos en el mismo aire
Schwung	impulsion	impulsion	impulso	impulsión
vorwärtstreten	forward moving	avancer	portarsi avanti	movimiento hacia delante
Arbeit aller Pferde	work load shared equally by all horses	travail de tous les chevaux	tutti i cavalli lavorano	todos vayan trabajando bien
Gehorsam und Losgelassenheit	obedience and suppleness	soumission et légèreté	sottomissione e leggerezza	obediencia y soltura
Anwendung der Hilfen	application of the aids	application des aides	impiego degli aiuti	empleo de las ayudas
Handhabung der Leinen und der Peitsche	way of handling reins and whip	maniement des guides et du fouet	modo di tenere le redini e la frusta	forma de sujetar las riendas y el látigo
Haltung auf dem Bock	posture on the box	position sur le siège	posizione a cassetta	posición de cochero
Genauigkeit der Figuren	accuracy, precision of figures	précision des figures	precisione delle figure	exactitud, precisión de las figuras
Gespannkontrolle	**presentation**	**présentation**	**presentazione**	**presentación**
Anzug/Hut/Handschuhe des Fahrers	suit/hat/gloves of the driver	habits/coiffure/gants du meneur	abbigliamento/copricapo/guanti del guidatore	traje/sombrero/guantes del cochero
Handhabung der Pferde	way of handling the horses	conduite de l'attelage	controllo dei cavalli, guida dell'attacco	forma de manejar los caballos

Turnierwesen für Fahrpferde · Items for driving competitions · Concours d'attelage · Gare per cavalli da attacco · Competencia de caballos de tiro

53

Nr.:	Deutsch	English	Français	Italiano	Español
	Bezeichnung	specification	signification	termini	denominación
	Kondition der Pferde	shape, form of the horses	condition physique des chevaux	condizione dei cavalli	estado de los caballos
	Peitschenhaltung	way of holding the whip	maniement du fouet	tenuta della frusta	forma de sujetar el látigo
	Herausbringen der Pferde	turn out of the horses	expression des chevaux	presentare i cavalli	aspecto de los caballos
	Zusammenpassen der Pferde	match of the horses	ensemble des chevaux	assortimento dei cavalli	conjunto de caballos
	Beschlag	shoeing	ferrure	ferratura	herraje
	Zustand des Geschirrs/Wagens	condition of the harness/vehicle	état de l'harnachement/de la voiture	condizioni dei finimenti/della carrozza	estado de la guarnición/coche
	Sauberkeit des Geschirrs/Wagens	cleanliness of the harness/vehicle	propreté de l'harnachement/de la voiture	pulizia dei finimenti/della carrozza	limpieza de la guarnición/coche
	Passen des Geschirrs	fit of the harness	ajustement, réglage	regolazione dei finimenti	guarnición bien colocada
	Höhe der Deichsel und der Ersatzausrüstung	height of the pole and spare equipment	hauteur du timon/pièces de rechange	altezza del timone e pezzi di ricambio	altura de la lanza y del equipo de repuesto
	Marathon	**marathon**	**marathon**	**maratona**	**maratón**
	Gelände- und Streckenfahren	cross-country and long distance driving	épreuve de terrain et de distance	guidare in campagna e su lunghe distanze	recorrido en el campo
	Teilstrecke	section	section, phase	fase	fase
	Schrittstrecke	walking section	section de pas	fase al passo	fase de paso
	Arbeitstrab	working trot	trot de travail	trotto di lavoro	trote de trabajo
	Schnelltrabstrecke	speed section in trot	section de trot rapide	fase al trotto veloce	fase de velocidad al trote
	Geländestrecke	cross-country course	phase d'obstacles	percorso di fondo	recorrido de campo
	künstliches Hindernis	artificial obstacle	obstacle artificiel	ostacoli artificiali	obstáculo artificial
	Wasserhindernis	waterobstacle, water hazard	obstacle d'eau	ostacolo d'acqua	obstáculo de agua
	abwerfbares Hindernis	obstacle with collapsible elements	obstacle tombant	ostacolo con elementi rovesciabili	obstáculo con elemento móvil
	Strafzone	penalty zone	zone de pénalité	zona di penalità	zona de penalidad
	Unfall	accident	accident	incidente	accidente
	Umwerfen des Wagens	turning over the vehicle	renversement du véhicule	ribaltamento della vettura	volear del coche
	Verzögerung	delay	retard	ritardo	retraso
	verlassen der Strafzone	leaving the penalty zone	quitter la zone de pénalité	lasciare la zona di penalità	salir de la zona de penalidad
	Strafpunkte	penalty points	points de pénalité	punti di penalità	puntos de penalidad
	Zeitfehler	time penalties	temps de pénalité	punti di penalità sul tempo	penalidad por tiempo

Deutsch	English	Français	Italiano	Español
Nr.: Bezeichnung	specification	signification	termini	denominación
Gangartenfehler	break of pace	faute d'allure	rottura di andatura	romper el ritmo
korrigiertes Verfahren	corrected error of course	erreur de parcours corrigée	errore di percorso corretto	corregir un error de recorrido
Niederlegen oder Verlieren der Peitsche	driver putting down his whip	déposer ou perdre le fouet	deporre o perdere la frusta	cochero que pone el látigo en el fustero
Absteigen des Fahrers	driver dismounting	pied à terre du meneur	piedi a terra del guidatore	bajada del cochero
Absteigen des Beifahrers	groom dismounting	pied à terre du groom	piedi a terra del groom	bajada del mozo
Abwurf eines abwerfbaren Elementes	knockdown of a dislodgeable element	faire chuter un élément tombant	abbattimento di un elemento rovesciabile	derribo de un elemento móvil
Hindernisfahren	**obstacle driving test**	**parcours d'obstacle, maniabilité**	**prova ad ostacoli mobili**	**prueba de manejabilidad**
Hindernis mit Durchfahrtsbegrenzung	obstacle with markers	obstacle avec limitation de largeur	ostacolo con delimitazioni	obstáculo con limitacion de atravesar
Hinderniskegel	cone	cône	coni	cono
Hindernisball	ball	balle	pallina	pelota
Einfachhindernis	single obstacle	obstacle simple	ostacolo singolo	obstáculo único
Mehrfachhindernis	multiple obstacle	obstacle combiné	ostacolo multiplo	obstáculo múltiple
Brückenhindernis	bridge	pont	ponte	puente
Hindernisbreite	distance between markers, width	largeur d'obstacle	larghezza dell'ostacolo	distancia entre conos
Schlangenlinie	serpentine	serpentine	serpentina	serpentina
Sackgasse, die Kehre	U-turn, "cul de sac"	cul de sac, demi-tour	passaggio senza uscita, inversione ad U	giro en U
Eckenhindernis	corner obstacle	obstacle en équerre	ostacolo d'angolo	obstáculo de esquina
L- oder U-förmiges Hindernis	L- or U-shaped obstacle	obstacle en L ou en U	ostacolo ad L o ad U	obstáculo en L y en U
Zurücksetzen des Gespanns	to rein back	reculer	rinculare, indietreggiare	pasos atrás
Einschlagen einer falschen Bahn	taking the wrong course	erreur de parcours	sbagliare percorso	equivocarse de recorrido
Stechen	drive off	barrage	barrage	irse de caña
Fahrbewerb	**driving event, competition**	**concours d'attelage**	**concorso di attacchi**	**concurso de enganches**
Vierspänner-Prüfung	four-in-hand class, team class	épreuve d'attelage à quatre	categoria tiri a quattro	prueba de cuartas, prueba por equipos
Zweispänner	pair, double-harness	attelage à deux	pariglie	tronco
Einspänner	horse in single harness	attelage à un	singoli	limonera
Tandem	tandem	tandem	tandem	tándem

Turnierwesen für Fahrpferde · Items for driving competitions · Concours d'attelage · Gare per cavalli da attacco · Competencia de caballos de tiro

55

	Deutsch	English	Français	Italiano	Español
Nr.:	Bezeichnung	specification	signification	termini	denominación
	Ersatzpferd	reserve horse	cheval de réserve	cavallo di riserva	caballo de reserva
	Vielseitigkeits-Fahrprüfung	combined driving event	épreuve combinée	concorso completo	prueba de enganches combinada
	Teilnehmer, Fahrer	competitor, driver	participant, meneur	concorrente, guidatore	competidor, cochero
	Beifahrer	groom	aide, groom	groom, palafreniere	mozo
	Passagier	passenger	passager	passeggero	pasajero
	Einzelfahrer	individual	individuel	concorrente individuale	individual
	Mannschaft	team	équipe	squadra	equipo
	technischer Delegierter	technical delegate	délégué technique	delegato tecnico	delegado técnico
	Parcours-Chef	course designer	chef de parcours	costruttore del percorso	jefe de pista
	Hilfsrichter	referee	juge auxiliaire	guidice ausiliario	arbitro
	Hindernisrichter	obstacle judge	juge d'obstacle	commissario all'ostacolo	juez de obstáculo
	Zeitnehmer	time keeper	chronométreur	cronometrista	cronometrador
	Fahrausbildung	**driving school**	**formation d'attelage**	**istruzione agli attacchi**	**escuela de enganches**
	Fahrstunde, Lektion	driving lesson	leçon d'attelage	lezione di guida	lección de enganchar
	Fahrlehrgerät	practice apparatus, "dummy"	simulateur de conduite	simulatore di guida	rastra
	aufschirren	to put on the harness, to harness	harnacher, garnir	vestire il cavallo	aparejar
	abschirren	to unharness, to put off the harness	deharnacher, dégarnir	svestire il cavallo	desaparejar
	Grundschnallung	basic buckling	réglage de base	regolazione di base	hebillaje básico
	verschnallen	to buckle	modifier le réglage	affibbiare	abrochar
	anspannen	to hitch up, to pole up	atteler	attaccare	enganchar los caballos al coche
	ausspannen	to take out	dételer	staccare	quitar
	Leinen ausdrehen	to straighten the reins	mettre les guides sur leur plat	mettere a piatto le redini	enderezar las riendas
	Leinen aufnehmen	to take up the reins	prendre les guides en main	prendere in mano le redini	sujetar las riendas
	aufsitzen	to mount	monter en voiture	montare a cassetta	montar
	absitzen	to dismount	descendre de voiture	smontare dalla carrozza	desmontar
	Haltung der Leinen	way of holding the reins	tenue de guides	tenuta delle redini	forma de sujetar las riendas

Deutsch	English	Français	Italiano	Español
Nr.: Bezeichnung	specification	signification	termini	denominación
Gebrauchshaltung	reins in "working gear"	position de travail	tenuta delle redini in posizione di aiuto	posición del trabajo
Grundhaltung	reins in "basic gear"	position de base	tenuta delle redini in posizione di base	las riendas en una mano
Dressurhaltung	reins in "dressage gear"	position de dressage	tenuta delle redini in posizione di lavoro o addestramento	las riendas en dos manos
Leinen verlängern	to lengthen the reins	rendre les guides	allungare le redini	alargar las riendas
Leinen verkürzen	to shorten the reins	raccourcir les guides	accorciare le redini	acortar las riendas
Leinen in eine Hand nehmen	to take the reins into one hand	prendre les guides dans une main	prendere le redini in una mano	sujetar las riendas en una mano
beliebige Leinenführung	holding of reins optional	tenue des guides à volonté	redini a volontà	sujetar la rienda opcional
Peitsche abwickeln	to unwind the whip	dérouler le fouet	srotolare la frusta	desenrollar la tralla
Peitsche aufwerfen	to touch with the whip	toucher du fouet	toccare con la frusta	tocar con el látigo
Peitsche aufwickeln	to wind up the whip	enrouler le fouet	attorcigliare la frusta, arrotolare la frusta	enrollar la tralla
halbe Parade	half halt	demi-parade	mezza fermata	media parada
an das Gebiss gestellt	on the bit	en main	in appoggio	en la mano
auseinanderfallen	to fall apart	se désunir	l'attacco si disunisce	pérdida de reunión
über dem Zügel	over the bit	au-dessus de la main	sopra l'imboccatura	delante de la mano
hinter den Zügel „kriechen"	to "hide" behind the bit	derrière la main	dietro l'imboccatura	lr detrás de la mano
gut an der Hand gehen	to move well in hand	être bien en main	procedere bene alla mano	lr bien en la mano
Wendung nach links	turn to the left, left turn	virage à gauche	curva a sinistra	girar a mano izquierda, giro a la izquierda
Wendung nach rechts	turn to the right, right turn	virage à droite	curva a destra	girar a mano derecha, giro a la derecha
Linkskehrtwendung	about turn left	demi-tour à gauche	inversione di marcia a sinistra	vuelta a la izquierda
Rechtskehrtwendung	about turn right	demi-tour à droite	inversione di marcia a destra	vuelta a la derecha
Einschlagwinkel	turning angle	angle de braquage	angolo di sterzata	ángulo de la pista
Fahrtrichtungsanzeige	direction signal	signe de direction	segnale di direzione	indicación de dirección
Zuruf	voice command	ordre vocal	comando vocale	ayuda con la voz
in die Wendung fallen	to fall into the turn	se coucher dans le virage	cadere sulla spalla in curva	caerse al interior del círculo
abdeichseln	to lean away from the pole	s'écarter du timon	scostarsi dal timone	separarse de la lanza
drängen	to lean onto the pole	s'appuyer au timon	appoggio al timone	echarse sobre la lanza

	Deutsch	English	Français	Italiano	Español
Nr.:	Bezeichnung	specification	signification	termini	denominación
	Zugausgleich	tug adjustment	ajustement de la traction	regolazione del tiro	ajustar los tiros
	gleichmäßiger Zug	even tug	traction équilibrée	tiro uniforme	tirar por igual
	Einfahren eines Pferdes	to school the horse to harness, breaking	débourrer à l'attelage	addestrare un cavallo ad essere attaccato	poner el caballo al enganche
	Stangenpferd	wheeler	brancardier	cavallo di stanghe	caballo de lanza
	Sattelpferd	horse left of the pole	porteur	cavallo di sinistra, montato	caballo de silla
	Vorderpferd	leader	cheval de volée	cavallo di volata	guía
	Hinterpferd	wheeler	timonier	cavallo di timone	caballo por detrás
	stranggehorsam	obedient to the trace	docile au trait	sottomesso alle tirelle	caballo obediente al tiro
	leinenführig	obedient to the rein	obéissant aux guides	sottomesso alle redini	caballo obediente a las riendas
	verkehrssicher	traffic proof	sûr dans le trafic	sicuro nel traffico	caballo obediente en el tráfico
	Widersetzlichkeit	disobedience, defence	désobéissance, défense	in difesa	desobediencia, defensa
	Leinen	reins	guides	redini	riendas
	Achenbachleinen	Achenbach reins, pair reins	guides Achenbach	redini Achenbach	riendas de tronco, riendas Achenbach
	Außenleine	draught-rein, outer rein	guide extérieure	redine esterna	rienda de exterior
	Kreuzleine	coupling-rein, cross-over rein	guide croisée ou de croisière	redini di crociera	rienda cruzada (de dentro)
	Umschlagstück	bit billet	porte-mors	punta della redine	hebilla en el bocado
	Handstück	handpiece	main de guide	redine che va in mano	parte de las riendas para la mano
	Kreuzleinenschnalle	coupling-rein buckle	boucle de croisée	fibbia delle redini di crociera	lebilla para las riendas
	Leinenschoner	coupling-rein safety billet	protège-guide	protezione della fibbia delle redini	protector para la riendas
	Leinenführungsschlaufe	rein guide	passant de guide	passante per redini	pasador de las riendas
	längsovale Löcher	oval punching	trous ovales	punti o fori ovali delle redini	agujero ovaldo
	Haarseite	grain-side, hair-side	côté fleur	lato del fiore	lado del cuero capilar
	Fleischseite	flesh-side	côté chair	lato carne	asiento
	Doppelringtrense	Wilson snaffle, double-ring snaffle	filet à quatre anneaux	filetto ungherese, filetto Wilson, filetto a quattro anelli	filete Wilson, filete de doble anilla
	Kerbe	groove	encoche	scanalatura	ranura
	Leinenring	rein ring, cutter ring	anneau de guide	anello della redine	anilla para la rienda

	Deutsch	English	Français	Italiano	Español
Nr.:	Bezeichnung	specification	signification	termini	denominación
	Tragering	loose ring	anneau de montant	anello del montante	anilla de apoyo
	weiche Schnallung	soft buckling	bouclage doux (en bouquet)	affibbiatura dolce	colocación del bocado suave
	scharfe Schnallung	sharp buckling	bouclage dur, sévère	affibbiatura severa	colocación del bocado dura
	Ungarische Leinen	Hungarian reins	guides hongroises	redini ungheresi	riendas húngaras
	Fröschl	frog	grenouille	fermaglio delle redini	ranilla
	Brezel (Spezialhandgriff)	brezel	brezel	"brezel"	conexión de las riendas de guarnición húngara
	einspannen	harness up	atteler	attaccare	aparejar

Turnierwesen für Fahrpferde · Items for driving competitions · Concours d'attelage · Gare per cavalli da attacco · Competencia de caballos de tiro

59

Schlagwortverzeichnis Deutsch

Kap.	Seite	Nr.:	Deutsch Bezeichnung	English specification	Français signification	Italiano termini	Español denominación
			A				
8	55		abdeichseln	to lean away from the pole	s'écarter du timon	scostarsi dal timone	separarse de la lanza
8	47		Abfahrplatz	practice area	place d'échauffement	campo prova	pista de ensayo
8	54		abschirren	to unharness, to put off the harness	deharnacher, dégarnir	svestire il cavallo	desaparejar
8	54		absitzen	to dismount	descendre de voiture	smontare dalla carrozza	desmontar
8	53		Absteigen des Beifahrers	groom dismounting	pied à terre du groom	piedi a terra del groom	bajada del mozo
8	53		Absteigen des Fahrers	driver dismounting	pied à terre du meneur	piedi a terra del guidatore	bajada del cochero
8	52		abwerfbares Hindernis	obstacle with collapsible elements	obstacle tombant	ostacolo con elementi rovesciabili	obstáculo con elemento móvil
8	53		Abwurf eines abwerfbaren Elementes	knockdown of a dislodgeable element	faire chuter un élément tombant	abbattimento di un elemento rovesciabile	derribo de un elemento móvil
8	50		Abzug für Verfahren	deduction for error of course	déduction pour erreur de parcours	penalità per errore di percorso	deducción por error
7	39	7/38	Achenbachleinen	pair reins, Achenbach reins	guides Achenbach	redini Achenbach	riendas de tronco, riendas Achenbach
8	56		Achenbachleinen	Achenbach reins, pair reins	guides Achenbach	redini Achenbach	riendas de tronco, riendas Achenbach
6	32	6/31	Achse, Achsschenkel	running axle	essieu	assale	eje
8	46		allgemeine Bestimmungen	general rules, regulations	prescriptions générales	regolamento generale	reglamento general
6	34		Aluminium	aluminium	aluminium	alluminio	aluminio
6	34		Aluminiumguss	cast aluminium	fonte d'aluminium	alluminio fuso	fundición de aluminio
7	41	7A/89	Amerikanisches Buggy – Brustblattgeschirr	american buggy-breast harness	buggy, harnais à bricole	buggy americano, finimenti a pettorale	guarnición limonera de petral para buggy
8	55		an das Gebiss gestellt	on the bit	en main	in appoggio	en la mano
8	50		anfahren	move off	se mettre en mouvement	partenza	partir
8	46		Anforderungen	requirements	exigences	richieste	requisitos
8	54		anspannen	to hitch up, to pole up	atteler	attaccare	enganchar los caballos al coche
7	41	7A/86	Anspannung à la Daumont, vierspännig	postillion four-in-hand	attelage à quatre à la Daumont	attacco alla Daumont, tiro a quattro	a la Daumont
7	41	7A/85	Anspannung à la demi Daumont, zweispännig	postillion pair	attelage à la Daumont	attacco alla Daumont, pariglia	a la media Daumont
8	51		Anwendung der Hilfen	application of the aids	application des aides	impiego degli aiuti	empleo de las ayudas
6	31	6/12	Anze/Schere (Holz, Stahlrohr)	thills, shaft (wooden, tubular steel)	brancard	stanghe	varas
8	51		Anzug/Hut/Handschuhe des Fahrers	suit/hat/gloves of the driver	habits/coiffure/gants du meneur	abbigliamento/copricapo/ guanti del guidatore	traje/sombrero/guantes del cochero

Kap.	Seite	Nr.:	Deutsch Bezeichnung	English specification	Français signification	Italiano termini	Español denominación
8	51		Arbeit aller Pferde	work load shared equally by all horses	travail de tous les chevaux	tutti i cavalli lavorano	todos vayan trabajando bien
7	43		Arbeitspferd, Zugpferd, Kaltblut	cart horse, heavy horse, draught horse	cheval de trait	cavallo a sangue freddo, cavallo da tiro	caballo de tiro
8	52		Arbeitstrab	working trot	trot de travail	trotto di lavoro	trote de trabajo
6	34		Argentan	german silver	maillechort	argentone, alpacca	plata alemana
2	15	2/5	Aufhaltekette	pole-chain	chaînette	giungola a catena, chaînette	cegaderos de cadena
4	23	4/21	Aufhaltekette	pole-chain	chaînette	giungola di catena, chaînette	cadena de la lanza
1	11	1/4	Aufhalteriemen	pole-strap, pole-piece	courroie de timon/chaînette	giungola	correa de la lanza, cegadero
2	15	2/4	Aufhalteriemen	pole-strap, pole-piece	courroie de timon/chaînette	giungola	correa de la lanza, cegadero
4	24	4/26	Aufhalteriemen	pole-strap, pole-piece	courroie de timon/chaînette	giungola	correa de la lanza, cegadero
1	11	1/6	Aufhaltering	pole-strap ring	D de bricole	anello reggigiungola del pettorale	arandela de la correa de la lanza
2	15	2/6	Aufhaltering	kidney link ring	anneau de coulant d'attelle	anello portagiungola	aro gargantilla
1	12	1/27	Aufsatzhaken	bearing rein-hook	crochet d'enrênement	gancio dello strick	gancho engallador
2	16	2/28	Aufsatzhaken	bearing rein-hook	crochet d'enrênement	gancio dello strick	gancho engallador
3	19	3/15	Aufsatzhaken	bearing rein-hook	crochet d'enrênement	gancio dello strick	gancho engallador
5	28	5/44	Aufsatzhaken	bearing rein-hook	crochet d'enrênement	gancio dello strick	gancho engallador
8	54		aufschirren	to put on the harness, to harness	harnacher, garnir	vestire il cavallo	aparejar
8	47		Aufsichtsperson am Abfahrplatz	steward at the practice area	responable carré d'entraînement	commissario al campo prova	comisario de la pista de ensayo
8	54		aufsitzen	to mount	monter en voiture	montare a cassetta	montar
6	32	6/32	Auftritt	step	marche-pied	predella, pedile, montatoio	estribo
7	41	7A/90	Auftritt	step	marche-pied	predella, pedile, montatoio	estribo
1	11	1/14	Aufziehleder	trace-loop, hand piece	tirant de carré de trait	linguetta di cuoio sbloccatirella	manoplillo del tiro
2	15	2/19	Aufziehleder	trace-loop, hand piece	tirant de carré de trait	linguetta di cuoio sbloccatirella	manoplillo del tiro
4	24	4/24	Aufziehleder	trace-loop, hand piece	tirant de carré de trait	linguetta di cuoio sbloccatirella	manoplillo del tiro
6	32	6/49	Aufziehleder	trace-loop, hand piece	tirant de carré de trait	linguetta di cuoio sbloccatirella	punta final del tiro en el lazo
8	55		auseinanderfallen	to fall apart	se désunir	l'attacco si disunisce	pérdida de reunión
8	51		ausfahren der Ecken und Wechselpunkte	meet the corners and markers properly	marquer correctement angles et transitions	eseguire correttamente gli angoli e rispettare le lettere	pasar bien las esquinas y llegar a las entradas de los obstáculos

			Deutsch	English	Français	Italiano	Español
Kap.	Seite	Nr.:	Bezeichnung	specification	signification	termini	denominación
8	46		Ausrüstung	equipment	équipement	equipaggiamento	equipo
8	47		Ausschluss	elimination	élimination	eliminazione	eliminación
8	46		Ausschreibung	schedule, fixture	proposition de concours	avamprogramma	programa
8	46		Ausschreibungsänderung	change of schedule	changement de proposition	modifica dell'avamprogramma	cambio de programa
7	39	7/39	Außenleine	draught-rein, outer rein	guide extérieure	redine esterna	rienda d´exterior
8	56		Außenleine	draught-rein, outer rein	guide extérieure	redine esterna	rienda de exterior
1	11	1/9	Außenstrang	outside trace	trait extérieur	tirella esterna	tiro exterior
8	54		ausspannen	to take out, unharness	dételer	staccare	quitar
8	49		auswendig fahren	to drive from memory, by heart	parcours mémorisé	guidare a memoria	ejecución de memoria
			B				
1	12	1/36	Backenriemen	cheek piece	montant	montante dell'imboccatura	carrillera
2	16	2/35	Backenstück	cheek piece	montant	montante	carrillera
5	28	5/27	Backenstück	cheek piece	montant	montante	carrillera
8	49		Bahnfiguren	figures	figures	figure di maneggio	figuras
8	49		Bahnpunkte	markers, points of the arena	lettres des carrés de dressage	lettere del rettangolo	leteras de la pista
3	19	3/22	Bauchgurt	girth	sangle	sottopancia del sellino	cincha
5	27	5/8	Bauchgurt für Stangenpferd	girth for wheeler	sangle de brancardier	sottopancia per cavallo di timone	cincha para el tronco o caballo de detrás
5	27	5/9	Bauchgurt für Tandem-Selett	girth for leader	sangle de sellette	sottopancia per cavallo di volata	cincha para el guía
8	51		Beibehaltung der Gangarten durch alle Pferde	keeping all horses in the same gait	maintien des allures par tous les chevaux	tutti i cavalli mantengono l'andatura	mantener todos los caballos en el mismo aire
7	42		Beifahrer	groom	aide, groom	groom, palafreniere	mozo
8	54		Beifahrer	groom	aide, groom	groom, palafreniere	mozo
6	32	6/33	Beifahrersitz	groom seat, rumble	siège de groom	serpino del groom	asiento ayudante
8	55		beliebige Leinenführung	holding of reins optional	tenue des guides à volonté	redini a volontà	sujetar la rienda opcional
8	52		Beschlag	shoeing	ferrure	ferratura	herraje
6	34		Beschläge	metal fittings	ferrure	ferramenta	herraje
6	34		Beschnitt der Lackierung	lining, *Am.* striping	filets	filettatura	líneas de pintura

			Deutsch	English	Français	Italiano	Español
Kap.	Seite	Nr.:	Bezeichnung	specification	signification	termini	denominación
8	46		Besitzerwechsel	change of ownership	changement de propriétaire	cambiamento di proprietario	cambio de propietario
8	46		besondere Bestimmungen	special rules	prescriptions particulières	prescrizioni particolari	reglamento particular
2	15	2/10	bewegliches Leinenauge	hame terret	clé d'attelle mobile	chiave passaredini snodata della collana	pasa-rienda, llave
3	19	3/4	bewegliches Leinenauge	hame terret	clé d'attelle mobile	chiave passaredini snodata della collana	llave, pasa-rienda
5	28	5/37	bewegliches Leinenauge	hame terret	clé d'attelle mobile	chiave passaredini snodata della collana	llave, pasa-rienda
8	47		Bewertung	scoring	appréciation	valutazione	puntuaciones
8	51		Biegung	bending	incurvation	flessione	incurvación
7	42		Birnenform des Kumtleibes	pear-shaped collar (pad)	forme en poire du collier	collana a forma di pera	collerón de forma pera
1	12	1/38	Blendriemen	blinker stay	support d'œillère	forcella del paraocchi	sujeta-anteojeras
2	16	2/37	Blendriemen	blinker stay	support d'œillère	forcella del paraocchi	sujeta-anteojeras
5	28	5/25	Blendriemen	blinker stay	support d'œillère	forcella del paraocchi	sujeta-anteojera
1	12	1/39	Blendriemenschnalle	blinker stay buckle	boucle de support d'œillère	fibbia della forcella del paraocchi	hebilla del sujeta-anteojera
2	16	2/38	Blendriemenschnalle	blinker stay buckle	boucle de support d'œillère	fibbia della forcella del paraocchi	hebilla sujeta-anteojeras
5	27	5/24	Blendriemenschnalle	blinker stay buckle	boucle de support d'œillère	fibbia della forcella del paraocchi	hebilla del sujeta-anteojera
8	49		Blumenschmuck	flower arrangement	décoration florale	decorazioni floreali	arreglos florales
6	33	6/54	Bock	box seat, box	coussin de guide	serpa, cassetta	asiento cochero
7	41	7A/96	Bockdecke	driving apron	tablier de meneur, plaid	copertina, grembiule	mandil
8	49		Boden	surface	surface	terreno	superficie
8	49		Boden, harter	hard surface	terrain dur	terreno duro	pista dura
8	49		Boden, rutschiger	slippery surface	terrain glissant	terreno scivoloso	surperficie resbaladiza
8	49		Boden, tiefer	deep surface	terrain profond	terreno pesante	pista profunda
8	49		Boden, unebener	unlevel surface	terrain bosselé	terreno sconnesso	pista desnivelada
8	51		Bogen, Wendung	turn	boucle, demi-tour	curva, girata	girar
7	40	7/57	Bogenpeitsche, Vierspänner	bow-topped four-in-hand whip	fouet col de cygne pour attelage à quatre	frusta a pioggia per tiro a quattro	látigo con tralla sin ballena para cuartas
7	40	7/56	Bogenpeitsche, Zweispänner	pairs bow-topped whip	fouet col de cygne	frusta a pioggia per pariglia	látigo con tralla sin ballena para troncos
8	46		Boxentaxe	stabling charge	finance de départ	quota di partecipazione	gastos de box

Kap.	Seite	Nr.:	Deutsch Bezeichnung	English specification	Français signification	Italiano termini	Español denominación
6	33		Bremsachse (Trommelbremse)	braking axle (drum brake)	axe de frein (frein à tambour)	assale del freno (freno a tamburo)	parte de freno de tambor
6	33		Bremsanlage	brake system	système de freins	sistema di frenaggio	sistema de freno
6	33		Bremsklotz	brake block	sabot de frein	ceppo di frenaggio	taco del freno
8	57		Brezel (Spezialhandgriff)	brezel	brezel	"brezel"	conexión de las riendas de guarnición húngara
8	53		Brückenhindernis	bridge	pont	ponte	puente
1	11	1/7	Brustblatt	breast collar	bricole	pettorale	petral, blanquilla
5	27	5/14	Brustblatt	breast collar	bricole	pettorale	petral, blanquilla
7	38	7/21	Brustblatt	breast collar	bricole	pettorale	petral, blanquilla
1	11	1/2	Brustblattgeschirr	breast collar harness	harnais à bricole	finimento a pettorale	guarnición de pecho petral
7	41	7/78	Buxtonkandare	Buxton bit	mors Buxton	morso Buxton	bocado de buxton
			C				
6	32	6/50	Cart	cart	cart	carrozza a due ruote	coche de dos ruedas para limonera
6	32	6/35	C-Feder	"C" spring	ressort en C	molla a "C"	muelle C sopanda
7	38	7/5	Curricle	curricle	carick à pompe	curricle	a la pompe
7	38	7/16	Curricle-Aufhängung	curricle bar strap	support de pompe	cinghia di sospensione del curricle	manoplillo del violín
7	38	7/18	Curricle-Schlüsselring	curricle-bearing-rein-hook	clé de pompe	bambola della barra del curricle	anilla oval de curricle
7	38	7/15	Curricle-Stange	curricle bar	pompe de carick	barra trasversale del curricle	violín
			D				
6	31	6/13	Deichsel	pole, shaft, *Am*. pole, tongue	timon	timone	lanza
7	38	7/17	Deichsel	pole, shaft, *Am*. pole, tongue	timon	timone	lanza
2	16	2/47	Deichsel hölzern/stählern	wooden pole, shaft/steel pole, shaft	timon en bois/en métal	timone di legno/di acciaio	lanza torpe/azerado
2	15	2/3	Deichselbrille, feste Ringe/bewegliche Ringe	swivel pole-head with rings	crapaud de timon, fixe/mobile	nottola del timone con anelli fissi/snodati	anillas de punta de lanza rígida/flexible
4	23	4/20	Deichselbrille für Viererzug	pole-head rings for pole-chains	crapaud de timon pour attelage à quatre	anelli del timone per tiro a quattro	anillas de punta de lanza para cuarta
6	34		Deichselhülle	pole cover	housse de timon	guaina copritimone	cubre lanza
1	11	1/5	Deichselkette	pole-chain	chaînette	giungola a catena, chaînette	cadena de la lanza
6	31	6/17	Deichselnagel	pole-pin	cheville de timon	fermo per timone	clavija

Kap.	Seite	Nr.:	**Deutsch** Bezeichnung	**English** specification	**Français** signification	**Italiano** termini	**Español** denominación
6	31	6/16	Deichselschuh	pole bracket	douille de timon	staffa portatimone	abrazadera de balancín
4	24	4/27	Deichselträger (Sechsspänner)	swing pole carrier for six-horse team	support de timon intermédiaire	supporto per falso timone (tiro a sei)	sujeta balancín o lanza de seis caballos
6	32	6/39	Dennett-Federung	dennett-spring	ressort dennett	molle Dennett	muelle Dennet
1	12	1/30	dicke Schweifmetze für Leinenfänger	crupper dock, thick	gros culeron	sottocoda doppio	horcilla de la baticola
2	16	2/48	Docken	safe, roller-bolt	paumelle	funghi	botaril
6	31	6/11	Docken	roller-bolt, safe	paumelle	funghi	botariles
8	47		Dopingkontrolle	doping control	contrôle de dopage	controllo anti-doping	control de dopaje
7	38	7/20	Doppellonge	long reins	longues guides	doppia longia	riendas para el trabajo de pie a tierra
1	12	1/35	Doppelringtrense	Wilson snaffle, double-ring snaffle	filet à quatre anneaux	filetto ungherese, filetto Wilson, filetto a quattro anelli	filete de doble anilla
5	27	5/22	Doppelringtrense	Wilson snaffle, double-ring snaffle	filet à quatre anneaux	filetto ungherese, filetto Wilson, filetto a quattro anelli	filete de doble anilla
7	40	7/63	Doppelringtrense	Wilson snaffle, double-ring snaffle	filet à quatre anneaux	filetto ungherese, filetto Wilson, filetto a quattro anelli	filete Wilson, filete de doble anilla
8	56		Doppelringtrense	Wilson snaffle, double-ring snaffle	filet à quatre anneaux	filetto ungherese, filetto Wilson, filetto a quattro anelli	filete Wilson, filete de doble anilla
6	33		Drahtspeichenrad	wire wheel, *Am.* spokes	roue à rayons fil de fer	ruota con raggi di tondino di ferro	rueda con radios de hierro
	55		drängen	to lean onto the pole	s'appuyer au timon	appoggio al timone	echarse sobre la lanza
6	31	6/19	Drehkranz	wheel plate, *Am.* fifth wheel	rond de sellette	ralla	rodete
8	50		Dressuraufgabe	dressage test	programme de dressage	testo del dressage	prueba de doma clásica
8	55		Dressurhaltung	reins in "dressage gear"	position de dressage	tenuta delle redini in posizione di lavoro o addestramento	las riendas en dos manos
8	50		Dressurprüfung	dressage competition/test	épreuve de dressage	prova di dressage	reprise de doma
8	49		Dressurviereck	dressage arena	carré de dressage	rettangolo di dressage	pista de doma
6	32	6/44	Druckbremse	pushing handbrake lever	frein à crémaillère à pousser	freno a cremagliera a spinta	presión del freno
5	27	5/10	Durchlässe für die Stränge	loop on leader pad for lead trace	passe de trait de volée	passanti per tirelle	lazo en el guía para el tiro del guía
8	50		Durchlässigkeit	submission	soumission	sottomissione	sumisión
			E				
	53		Eckenhindernis	corner obstacle	obstacle en équerre	ostacolo d'angolo	obstáculo de esquina
6	34		Edelmetall	precious metal	métal précieux	metallo prezioso	metales preciosos
8	48		Ehrenpreis	trophy	prix d'honneur	premio d'onore	trofeo

			Deutsch	English	Français	Italiano	Español
Kap.	Seite	Nr.:	Bezeichnung	specification	signification	termini	denominación
8	53		Einfachhindernis	single obstacle	obstacle simple	ostacolo singolo	obstáculo único
8	50		einfahren	enter	entrée	entrare nel rettangolo	entrada
8	56		Einfahren eines Pferdes	to school the horse to harness, breaking	débourrer à l'attelage	addestrare un cavallo ad essere attaccato	poner el caballo al enganche
6	34		Einfahrwagen	break	voiture d'entraînement	vettura da addestramento all'attacco, domatrice	coche de doma
7	38	7/9	Einhorn	unicorn, pick-axe, spike, *Am.* unicorn	unicorne	unicorno	tresillo
8	46		Einsatz	entry fee	finance d'inscription	quota d' iscrizione	matrícula
8	53		Einschlagen einer falschen Bahn	taking the wrong course	erreur de parcours	sbagliare percorso	equivocarse de recorrido
8	55		Einschlagwinkel	turning angle	angle de braquage	angolo di sterzata	ángulo de la pista
8	57		einspannen	harness up	atteler	attaccare	aparejar
3	19	3/1	Einspänner	horse in single harness	attelage à un	singolo	limonera
8	53		Einspänner	horse in single harness	attelage à un	singoli	limonera
7	38	7/8	Einspänner mit zwei Vorderpferden, zweiachsig	three-horses team with two leaders	arbalète	arbalète	tresillo
3	20	3/34	Einspänner Nasenriemen	nose band for singles	muserolle pour attelage à un	nasiera per singolo	muserola simple
5	28	5/32	Einspänner Nasenriemen	nose band for singles	muserolle pour attelage à un	nasiera per singolo	muserola para limonera
7	38	7/1	Einspänner, einachsig	single horse two-wheeler	attelage à un, voiture à deux roues	singolo a due ruote	limonera, carruaje de dos ruedas
7	38	7/2	Einspänner, zweiachsig	single horse four-wheeler	attelage à un, voiture à quatre roues	singolo a quattro ruote	limonera, carruaje de cuatro ruedas
3	19	3/9	Einspänner-Strangschnalle	hame tug buckle for single harness	boucle de trait pour attelage à un	fibbione delle tirelle per singolo	hebilla de la falsa martingala
6	31		Einspännerwagen	single horse carriage	voiture à un cheval	carrozza per singolo	coche limonera
8	48		Einspruch, Protest	protest, objection	recours, protêt	ricorso	reclamación
8	46		Eintragung des Pferdes als Turnierpferd	registration of a horse as a competition horse	enregistrement du cheval comme cheval de sport	iscrizione dei cavalli nel registro cavalli da concorso	registrar un caballo para competición
8	49		Eintritt	entrance	entrée	entrata	entrada
8	54		Einzelfahrer	individual	individuel	concorrente individuale	individual
8	49		Einzelnote	single score	note individuelle	voto singolo	puntuación unica
3	19	3/21	eiserne Trageöse	french shaft tug	porte-brancard métallique	portastanga a riccio in metallo	portavaras cuatro ruedas
7	41	7/77	Ellbogenkandare	elbow bit	mors coudé	morso inglese, morso a gomito	bocado de codo (bocado ashley)
8	48		Ergebnisliste	list of results	classement	classifica	resultados

Kap.	Seite	Nr.:	Deutsch	English	Français	Italiano	Español
			Bezeichnung	specification	signification	termini	denominación
6	34		Ersatzausrüstung	spare equipment	accessoires	parti di ricambio	equipo de repuesto
8	54		Ersatzpferd	reserve horse	cheval de réserve	cavallo di riserva	caballo de reserva
7	42		Eschenholz	ash wood	frêne	legno di frassino	madera de fresno
			F				
8	54		Fahrausbildung	driving school	formation d'attelage	istruzione agli attacchi	escuela de enganches
8	53		Fahrbewerb	driving event, competition	concours d'attelage	concorso di attacchi	concurso de enganches
8	51		fahren auf gerader Linie	drive on a straight line	mener en ligne droite	guidare in linea diretta	conducir en línea recta
7	41	7A/97	Fahrer	driver	meneur	guidatore	cochero
7	40	7A/60	Fahrgerte	driving-cane	fouet américain (stick)	frusta da corsa, fouet	látigo de caña
8	54		Fahrlehrgerät	practice apparatus, "dummy"	simulateur de conduite	simulatore di guida	rastra
7	43		Fahrpferd	driving horse	cheval d'attelage	cavallo da attacco	caballo de enganche
8	54		Fahrstunde, Lektion	driving lesson	leçon d'attelage	lezione di guida	lección de enganchar
8	55		Fahrtrichtungsanzeige	direction signal	signe de direction	segnale di direzione	indicación de dirección
2	16	2/44	Fahrzaum	driving bridle, headpiece	bride d'attelage	briglia da attacco	cabezada
7	41	7A/95	Fahrzaum	driving bridle, headpiece	bride d'attelage	briglia da attacco	cabezada
1	11	1/22	Fallring	back-strap loop, *Am.* crupper-strap loop	chape de croupière	mezza campanella per groppiera	porta-baticola
2	15	2/23	Fallring	back-strap loop, *Am.* crupper-strap loop	chape	mezza campanella per groppiera	porta-baticola
3	19	3/16	Fallring	back-strap loop, *Am.* crupper-strap loop	chape de culeron	mezza campanella della groppiera	porta-baticola
5	28	5/45	Fallring	back-strap loop, *Am.* crupper-strap loop	chape de croupière	mezza campanella per groppiera	porta-baticola
7	39	7/24	Fallring	back-strap loop, *Am.* crupper-strap loop	chape	mezza campanella per groppiera	porta-baticola
6	31	6/6	Faltverdeck	leather head, folding head, *Am.* folding top	capote pliable	capote, mantice	capota
6	33		Federaufhängung	spring suspension	suspension à ressorts	sospensioni a molla	fijación de los muelles
6	33		Federbein	telescopic fork	fourche téléscopique	base della molla, biscottino	parte del muelle
6	33		Federn	springs	ressorts	molle	muelles
6	32	6/29	Felge	felloe	jante	gavello della ruota	pina
1	11	1/13	feste Bracke	splinter-bar	volée	volata, bilancia	vara de guardia

Kap.	Seite	Nr.:	Deutsch Bezeichnung	English specification	Français signification	Italiano termini	Español denominación
2	16	2/45	feste Bracke	splinter-bar	volée	volata, bilancia	vara de guardia
6	31	6/21	feste Bracke	splinter-bar	volée	bilancia fissa, volata	vara de guardia
6	31	6/14	feste/bewegliche Deichselbrille	rigid/flexible pole-head	crapaud de timon	anelli fissi/snodati della nottola del timone	punta de lanza rígida/flexible
1	11	1/3	feste/bewegliche Deichselbrille	rigid/flexible pole-head	crapaud de timon, fixe/mobile	nottola del timone con anelli fissi/snodati	punta de lanza rígida/flexible
6	32	6/40	Feststellbremse	parking brake	frein de stationnement	freno di stazionamento	freno de mano
7	40	7/48	Fleischseite	flesh-side	côté chair	lato carne	asiento
8	56		Fleischseite	flesh-side	côté chair	lato carne	asiento
8	57		Fröschl	frog	grenouille	fermaglio delle redini	ranilla
7	40	7/50	Fröschl	frog	grenouille	fermaglio di regolazione delle redini ungheresi	ranilla
7	38	7/12	Fünfspänner, Juckeranspannung	five-horses team, three leaders	attelage à cinq	tiro a cinque, attacco all'ungherese	media potencia
6	32	6/46	Fußbremse	brake pedal	frein à pied	freno a pedale	pedal del freno
6	33	6/55	Fußstütze	footrest	coquille	poggiapiedi	piso del pescante
			G				
7	42		Galopp	canter	galop	galoppo	galope
7	39	7/29	Ganaschenriemen	jowl-piece	courroie de ganaches	sottoganasce	correa de conexión de ahogadero con muserola
8	53		Gangartenfehler	break of pace	faute d'allure	rottura di andatura	romper el ritmo
8	47		Gebisskontrolle	bit control	contrôle des embouchures	controllo delle imboccature	comisario de embocaduras
5	27	5/23	Gebissstück	mouthpiece	canon	cannone	bocado
7	40	7/72	Gebissstück	mouthpiece	canon	cannone	bocado de barra recta
7	40	7/64	Gebissstück	mouthpiece	canon	cannone snodato	embocadura
8	55		Gebrauchshaltung	reins in "working gear"	position de travail	tenuta delle redini in posizione di aiuto	posición del trabajo
7	42		Gebrauchstrab	working trot	trot de travail	trotto di lavoro	trote de trabajo
8	50		Gebrauchstrab	working trot	trot de travail	trotto di lavoro	trote de trabajo
7	39	7/34	gebrochener Zug	broken pull	traction brisée	linea spezzata della tirella	línea de tiro rota
8	51		Gehorsam und Losgelassenheit	obedience and suppleness	soumission et légèreté	sottomissione e leggerezza	obediencia y soltura
8	52		Gelände- und Streckenfahren	cross-country and long distance driving	épreuve de terrain et de distance	guidare in campagna e su lunghe distanze	recorrido en el campo

Kap.	Seite	Nr.:	Deutsch Bezeichnung	English specification	Français signification	Italiano termini	Español denominación
8	52		Geländestrecke	cross-country course	phase d'obstacles	percorso di fondo	recorrido de campo
8	48		Geldpreis	prize money	prix en argent	premio in denaro	premio en efectivo
8	51		Genauigkeit der Figuren	accuracy, precision of figures	précision des figures	precisione delle figure	exactitud, precisión de las figuras
1	12	1/41	Genickstück	crown piece	têtière	sopracapo	cucarda
2	16	2/42	Genickstück	crown piece	têtière	sopracapo	testera
5	28	5/28	Genickstück	crown piece	têtière	sopracapo	testera
6	34		Gepäckkasten	luggage box	coffre à bagages	cassa portabagagli	porta maletas
7	39	7/35	gerader Zug	straight pull	traction droite	tirare in linea retta	línea de tiro recta
7	41	7/76	Gesamtbaum	cheek piece	branches	asta	longitud entera del bocado
8	51		Gesamteindruck	general impression	impression générale	impressione d'insieme	impulsión general
8	50		Gesamtnote	total score	note totale	punteggio totale	total de puntos
8	50		Gesamtnote für Reinheit der Gänge	collective mark for paces	note d'ensemble pour les allures	voto d'insieme per correttezza delle andature	puntos de conjuntos por aires
7	41	7A/94	Geschirr	harness	harnais	briglia da attacco	arnés
8	51		Gespannkontrolle	presentation	présentation	presentazione	presentación
7	41	7A/87	Gig	gig	gig	gig	coche ligero americano
8	56		gleichmäßiger Zug	even tug	traction équilibrée	tiro uniforme	tirar por igual
8	49		Gras	grass	herbe	erba	hierba
1	11	1/16	große Strangschnalle	hame tug buckle, *Am.* trace-buckle	boucle à mancelle	fibbione a doppio orecchio	cangreja del collerón
2	15	2/17	große Strangschnalle	hame tug buckle, *Am.* trace-buckle	boucle à mancelle	fibbione a doppio orecchio	hebilla de asas
1	11	1/21	großer Bauchgurt	girth	sangle	sottopancia del sellino	cincha
2	15	2/22	großer Bauchgurt	girth	sangle	sottopancia del sellino	barriguera
8	55		Grundhaltung	reins in "basic gear"	position de base	tenuta delle redini in posizione di base	las riendas en una mano
8	54		Grundschnallung	basic buckling	réglage de base	regolazione di base	hebillaje básico
8	50		Gruß	salute	salut	saluto	saludo
8	55		gut an der Hand gehen	to move well in hand	être bien en main	procedere bene alla mano	Ir bien en la mano

			Deutsch	English	Français	Italiano	Español
Kap.	Seite	Nr.:	Bezeichnung	specification	signification	termini	denominación
			H				
7	40		Haarseite	hair-side, grain-side	côté fleur	lato del fiore	lado del cuero capilar
8	56		Haarseite	grain-side, hair-side	côté fleur	lato del fiore	lado del cuero capilar
8	55		halbe Parade	half halt	demi-parade	mezza fermata	media parada
6	32	6/38	Halb-Elliptikfeder	semi-elliptic spring, *Am.* half-elliptic spring	ressort demi-pincette	molla semi-elittica	media pinza
1	11	1/17	Halskoppel	head collar, halter	tour de cou	sopracollo	quitipon
1	11	1/18	Halsriemen	neck-strap	courroie de surcou	reggipettorale	sobrecuello
6	34		Haltegriff	handhold	poignée-montoir	maniglia	asidero de manos
8	50		halten	halt	arrêt	arresto	parada
8	51		Haltung auf dem Bock	posture on the box	position sur le siège	posizione a cassetta	posición de cochero
8	54		Haltung der Leinen	way of holding the reins	tenue de guides	tenuta delle redini	forma de sujetar las riendas
8	51		Handhabung der Leinen und der Peitsche	way of handling reins and whip	maniement des guides et du fouet	modo di tenere le redini e la frusta	forma de sujetar las riendas y el látigo
8	51		Handhabung der Pferde	way of handling the horses	conduite de l'attelage	controllo dei cavalli, guida dell'attacco	forma de manejar los caballos
7	41	7A/83	Handpferd	horse right of the pole	sous-verge	cavallo sottomano	caballo de mano
7	42		Handschuhe	gloves	gants	guanti	guantes
7	39	7/44	Handstück	handpiece	main de guide	redine intera che va in mano	parte de las riendas para la mano
8	56		Handstück	handpiece	main de guide	redine che va in mano	parte de las riendas para la mano
6	33		Hauptortscheit	main-bar	maître palonnier	bilancia	balancín primero
6	32	6/47	Hemmschuh	drag-shoe (or skid) and chain	sabot d'enrayage	scarpa	zapata de freno
8	52		Herausbringen der Pferde	turn out of the horses	expression des chevaux	presentare i cavalli	aspecto de los caballos
8	54		Hilfsrichter	referee	juge auxiliaire	guidice ausiliario	arbitro
8	53		Hindernis mit Durchfahrtsbegrenzung	obstacle with markers	obstacle avec limitation de largeur	ostacolo con delimitazioni	obstáculo con limitacion de atravesar
8	53		Hindernisball	ball	balle	pallina	pelota
8	53		Hindernisbreite	distance between markers, width	largeur d'obstacle	larghezza dell'ostacolo	distancia entre conos
8	53		Hindernisfahren	obstacle driving test	parcours d'obstacle, maniabilité	prova ad ostacoli mobili	prueba de manejabilidad
8	53		Hinderniskegel	cone	cône	coni	cono

Kap.	Seite	Nr.:	Deutsch Bezeichnung	English specification	Français signification	Italiano termini	Español denominación
8	54		Hindernisrichter	obstacle judge	juge d'obstacle	commissario all'ostacolo	juez de obstáculo
8	55		hinter den Zügel „kriechen"	to "hide" behind the bit	derrière la main	dietro l'imboccatura	Ir detrás de la mano
4	23	4/8	Hinterleinen	wheel reins	guide de timonier	redini del timoniere	riendas de tonco
5	27	5/21	Hinterleinen	wheel reins	guide de brancadier	redini del timoniere	riendas de tronco
8	56		Hinterpferd	wheeler	timonier	cavallo di timone	caballo por detrás
8	52		Höhe der Deichsel und der Ersatzausrüstung	height of the pole and spare equipment	hauteur du timon/pièces de rechange	altezza del timone e pezzi di ricambio	altura de la lanza y del equipo de recambio
6	33		Holzrad mit Eisenreifen	wooden wheel with iron tyre	roue en bois cerclée de fer	ruota di legno con cerchione in ferro	rueda de madera con llanta de hierro
6	33		Holzrad mit Vollgummireifen	wooden wheel with rubber tyre	roue en bois à bandage plein	ruota di legno con cerchione in gomma piena	rueda de madera con llanta de goma
6	33		Holzspeichenrad	wooden spokes wheel	roue à rayons de bois	ruota con raggi di legno	rueda con radios de madera
8	49		Hufschlag	track	piste	pista	pista
8	51		Hufschlagfiguren genau einhalten	execute the figures accurately	éxécuter les figures avec précision	eseguire con precisione le figure	ejecutar las figuras con precisión
5	28	5/34	Hütchen	collar cap	chapeau de verge	cappellotto del naso della collana	cubre collerón
I							
8	55		in die Wendung fallen	to fall into the turn	se coucher dans le virage	cadere sulla spalla in curva	caerse al interior del círculo
1	11	1/10	Innenstrang	inside trace	trait intérieur	tirella interna	tiro interior
J							
7	43		Juckerpferd, leichtes Wagenpferd	light-weight carriage horse, roadster	cheval d'attelage léger	cavallo carrozziere leggero, cavallo da attacco leggero	caballo de tiro ligero
4	23	4/15	Juckervorwaage	lead-bar for four-in-hand using rope, looping leather tracet	balance de volée pour traits à étrangle-chat	bilancia e bilancini per attacco all'ungherese	balancines para cuarta rústica
K							
1	11	1/20	Kammdeckel	pad	mantelet	sellino per pariglia	sobreaguja
2	15	2/21	Kammdeckel	pad	mantelet	sellino per pariglia	sobreaguja
7	42		Kammerfreiheit	gullet, gullet width	liberté de garrot	libertà di garrese	espacio entre la cruz
7	40		Kandare	curb bit	mors	morso	bocado
7	39	7/25	Kappzaum	lungeing cavesson	caveçon	capezzone	cabezón
7	43		Karossiertyp, schweres Wagenpferd	heavy-weight carriage horse	type carrossier	cavallo carrozziere pesante	caballo pesado de enganche
7	43		Kastenschlaufe	coffer	boîte	passante a trombino	cofre

			Deutsch	English	Français	Italiano	Español
Kap.	Seite	Nr.:	Bezeichnung	specification	signification	termini	denominación
1	12	1/42	Kehlriemen	throat lash	sous-gorge	sottogola	ahogadero
2	16	2/39	Kehlriemen	throat lash	sous-gorge	sottogola	ahogadero
5	28	5/31	Kehlriemen	throat lash	sous-gorge	sottogola	ahogadero
7	39	7/30	Kehlriemen	throat lash	sous-gorge	sottogola	ahogadero
6	32	6/34	Keilsitz, Bockkissen	box seat	coussin de guide	cuneo	asiento cuña conductor
7	40	7/65	Kerbe	groove	rainure	scanalatura	ranura
8	56		Kerbe	groove	encoche	scanalatura	ranura
7	39		Kernleder	bend leather	croupon	cuoio di schiena	cuero volteado
7	41	7/81	Kinnkette	curb chain	gourmette	barbozzale	cadenilla
7	41	7/82	Kinnkettenhaken	curb chain hook	crochet de gourmette	gancio a S del barbozzale	alacrán
7	43		Kleie	bran	son	crusca	salvado
1	12	1/25	kleiner Bauchgurt	belly-band	sous-ventrière	sottopancia del boucleteau, contro sottopancia	hebilla de la correa de las campanas
2	16	2/26	kleiner Bauchgurt	belly-band	sous-ventrière	sottopancia del boucleteau, contro sottopancia	falsa barriguera
8	49		Koeffizient	coefficient	coefficient	coefficiente	coeficiente
8	52		Kondition der Pferde	shape, form of the horses	condition physique des chevaux	condizione dei cavalli	estado de los caballos
6	31	6/20	Königsbolzen	king-bolt, king-pin	cheville ouvrière	scannello, barra dello sterzo	palo del juego
4	23	4/5	Koppelriemen	coupling-rein, couple-rein	alliance	guinzaglio	riendas de dentro
8	53		korrigiertes Verfahren	corrected error of course	erreur de parcours corrigée	errore di percorso corretto	corregir un error de recorrido
6	33	6/53	Kotflügel	splashboard, *Am.* fender	garde-boue	parafango	guardabarros
7	39	7/40	Kreuzleine	cross-over rein, coupling-rein	guide croisée	redine di crociera	rienda de dentro
8	56		Kreuzleine	coupling-rein, cross-over rein	guide croisée ou de croisière	redini di crociera	rienda cruzada (de dentro)
8	56		Kreuzleinenschnalle	coupling-rein buckle	boucle de croisée	fibbia delle redini di crociera	lebilla para las riendas
5	27	5/13	Kreuzriemen	loin-strap	barre de fesse/croupe	reggibraga	caídas de riñón,caídas de grupa
1	12	1/32	Kreuzriemen gegabelt	loin-strap, *Am.* hip-strap	barre de fesse/croupe fourchée	reggi braga a forchetta	caídas de riñón,caídas de grupa
2	16	2/31	Kreuzriemen gegabelt	loin-strap, *Am.* hip-strap	barre de fesse/croupe fourchée	reggibraga a forchetta	caídas de riñón,caídas de grupa
3	20	3/25	Kreuzriemen gegabelt	loin-strap, *Am.* hip-strap	barre de fesse/croupe fourchée	reggibraga a forchetta	caídas de riñón, caídas de grupa

Kap.	Seite	Nr.:	Deutsch Bezeichnung	English specification	Français signification	Italiano termini	Español denominación
7	39	7/43	Kreuzschlaufe	rein guilet	passant de guide	passante delle redini di crociera	hebilla en las riendas
3	20	3/36	Kumt	full collar	collier	collana	collerón
5	27	5/15	Kumt	full collar	collier	collana	collerón
2	15	2/8	Kumtbügel	hame	attelle	ferri della collana, bastoni della collana	costillas
3	19	3/2	Kumtbügel	hame	attelle	ferri della collana, bastoni della collana	costillas
5	28	5/35	Kumtbügel	hame	attelle	ferri della collana, bastoni della collana	costillas
2	15	2/11	Kumtgürtel	hame-strap	courroie d'attelle	cinghia fermaferri, cinghia fermabastoni	correa de las costillas
3	19	3/5	Kumtgürtel	hame-strap	courroie d'attelle	cinghia fermaferri, cinghia fermabastoni	correa de las costillas
5	28	5/38	Kumtgürtel	hame-strap	courroie d'attelle	cinghia fermaferri, cinghia fermabastoni	correa de las costillas
2	15	2/12	Kumtleib	after-awle, collar-body, *Am.* collar body	corps de collier	corpo della collana	forro para collerón
3	19	3/6	Kumtleib	after-awle, collar-body, *Am.* collar body	corps de collier	corpo della collana	forro para collerón
5	28	5/33	Kumtleib	after-awle, collar-body, *Am.* collar body	corps de collier	corpo della collana	forro para collerón
2	15	2/13	Kumtspitz	collar cap	chapeau de verge	cappellotto del naso della collana	cubre collerón
8	52		künstliches Hindernis	artificial obstacle	obstacle artificiel	ostacoli artificiali	obstáculo artificial
6	32	6/41	Kurbelbremse	spindle brake	frein à manivelle	freno a manovella	freno manivela
8	51		kurze, eilige Tritte	short, hurried steps	pas courts et précipités	falcate corte, affrettate	pasos cortos, precipitados
5	28	5/40	kurzer Strangstutzen	short hame tug	boucleteau d'attelle	boucleteau per cavallo di stanghe	manoplillo
3	19	3/8	kurzer Strangstutzen	short hame tug	boucleteau d'attelle	boucleteau da singolo	manoplillo
3	20	3/35	kurzes Brustblatt	single harness breast-collar	bricole courte	pettorale per singolo	collerón de limonera
7	42	7A/101	Kutsche	carriage	voiture	vettura, carrozza	coche
7	43		Kutschpferd	coach horse	trait léger	cavallo da carrozza, cavallo da coach	caballo de enganche
		L					
8	53		L- oder U-förmiges Hindernis	L- or U-shaped obstacle	obstacle en L ou en U	ostacolo ad L o ad U	obstáculo en L y en U
6	34		Lackierung	painting, coating	peinture	verniciatura	pintura
7	42		Lackierung	painting, coating	peinture	verniciatura	pintura
8	51		Lahmheit	lameness	boiterie	zoppia	cojera

Kap.	Seite	Nr.:	Deutsch Bezeichnung	English specification	Français signification	Italiano termini	Español denominación
7	43		Langbaum	reach	flèche	codone	vara de unión entre los ejes
8	56		längsovale Löcher	oval punching	trous ovales	punti o fori ovali delle redini	agujero oval
7	42		Langstroh, Roggenstroh	long-straw, rye-straw	paille longue (seigle)	paglia a fibra lunga	paja larga
6	31	6/9	Laternen	carriage lamp	lanterne	fanale	faroles
6	31	6/8	Laternenhalter	lamp socket, *Am.* lamp bracket	porte-lanterne	porta fanale	portafarol
7	39		Leder	leather	cuir	cuoio, pelle	cuero
3	19	3/20	Ledertrageöse	open shaft tug	bracelet de brancard en cuir	portastanga a bracciale in cuoio	portavaras dos ruedas
1	12	1/34	Leinen	reins	guides	redini	riendas
2	16	2/33	Leinen	reins	guides	redini	riendas
3	20	3/41	Leinen	reins	guides	redini	riendas
8	56		Leinen	reins	guides	redini	riendas
8	54		Leinen aufnehmen	to take up the reins	prendre les guides en main	prendere in mano le redini	sujetar las riendas
8	54		Leinen ausdrehen	to straighten the reins	mettre les guides sur leur plat	mettere a piatto le redini	enderezar las riendas
8	55		Leinen in eine Hand nehmen	to take the reins into one hand	prendre les guides dans une main	prendere le redini in una mano	sujetar las riendas en una mano
8	50		Leinen in einer Hand	reins in one hand	guides dans une main	redini in una mano	riendas en una mano
8	55		Leinen verkürzen	to shorten the reins	raccourcir les guides	accorciare le redini	acortar las riendas
8	55		Leinen verlängern	to lengthen the reins	rendre les guides	allungare le redini	alargar las riendas
1	11	1/19	Leinenauge	neck-strap terret	clé de surcou	chiave passaredini del reggipettorale	anilla del sobrecuello
7	38	7/22	Leinenauge	neck-strap terret	clé de surcou	chiave del reggipettorale	anilla de la caída
8	56		leinenführig	obedient to the rein	obéissant aux guides	sottomesso alle redini	caballo obediente a las riendas
4	23	4/9	Leinenführungsring	lead rein drop	panurge	reggi guide	sujeta riendas de guía
5	27	5/16	Leinenführungsring	lead rein drop	panurge	reggi guide	sujeta riendas de guía
7	38	7/23	Leinenführungsring	rollet rein terret	anneau de longue guide	reggi guide, campanella o anello o chiave del fascione	sobrebarriguera
8	56		Leinenführungsschlaufe	rein guide	passant de guide	passante per redini	pasador de las riendas
6	34		Leinenhalter	rein rail	porte-guide	barra portaredini	pasa-riendas
7	40	7/67	Leinenring	rein ring, cutter ring	anneau de guide	anello della redine	anilla de filete para las riendas

Kap.	Seite	Nr.:	**Deutsch** Bezeichnung	**English** specification	**Français** signification	**Italiano** termini	**Español** denominación
8	56		Leinenring	rein ring, cutter ring	anneau de guide	anello della redine	anilla para la rienda
7	41	7/73	Leinenschlitze	rein-slot	passes de guides	chiamate	pasa-riendas del bocado
7	39	7/41	Leinenschoner	coupling-rein safety billet	protège-boucle	linguetta proteggiredine	hebilla de seguridad de la rienda de dentro
8	56		Leinenschoner	coupling-rein safety billet	protège-guide	protezione della fibbia delle redini	protector para la riendas
7	43		Leinsamen	linseed	graines de lin	semi di lino	semilla de lino
8	46		Leistungsklassen	performance rating	catégories	categorie di livello	categoria de rendimento
8	55		Linkskehrtwendung	about turn left	demi-tour à gauche	inversione di marcia a sinistra	vuelta a la izquierda
2	16	2/34	Liverpoolkandare	Liverpool bit	mors Liverpool	morso Liverpool	bocado de globo
7	40		Liverpoolkandare	Liverpool bit	mors Liverpool	morso Liverpool	bocado de globo
7	41	7/80	Liverpoolkandare mit gebrochenem Gebiss	Liverpool bit with jointed mouthpiece	filet Liverpool	morso Liverpool a cannone spezzato	bocado de globo con el final de las barras unidas
7	40	7/70	Liverpoolkandare mit Pumpgebiss	Liverpool swinging bit	mors Liverpool à pompe	morso Liverpool a pompa	bocado de globo con barra móvil
7	42	7A/100	Livrèe	livery	livrée	livrea	librea
7	38	7/19	Longiergurt	body roller, training roller	surfaix à longer	fascione per lavoro alla longia	cinchuelo de trabajo
8	50		Losgelassenheit, Durchlässigkeit	submission	soumission, légèreté	leggerezza e sottomissione	sumisión
8	46		Losverfahren	ballot	tirage au sort	estrazione a sorte	sorteo
			M				
7	42		Mahagoniholz	mahogany wood	mahagoni	legno di mogano	madera de caoba
8	48		Mannschaftswertung	team result	classement des équipes	classifica a squadre	resultado por equipos
8	54		Mannschaft	team	équipe	squadra	equipo
8	52		Marathon	marathon	marathon	maratona	maratón
8	53		Mehrfachhindernis	multiple obstacle	obstacle combiné	ostacolo multiplo	obstáculo múltiple
6	31		Mehrspännerwagen	multiplex harness	voiture à plusieurs chevaux	carrozza per attacco multiplo	coche varios caballos
8	47		Meldestelle	office	bureau du concours	segreteria del concorso	oficina del concurso
7	41	7A/98	Melone	bowler hat	melon	bombetta	bombín
6	34		Messing, Vollmessing	heavy brass	laiton	ottone, ottone pieno	laton
8	46		Mindestleistung	minimum performance	performance minimale	prestazione minima	rendimento mínimo

Kap.	Seite	Nr.:	Deutsch Bezeichnung	English specification	Français signification	Italiano termini	Español denominación
4	24	4/25	Mitteldeichsel (Sechsspänner)	swing pole for six-horse team	timon intermédiaire	falso timone (tiro a sei)	balancín para seis caballos
8	50		Mittellinie	centerline	ligne médiane	linea mediana	línea central
4	23	4/10	Mittelschlüssel mit Aufsatzhaken	bearing rein-hook with lead rein terret	clé centrale avec crochet d'enrênement	gancio dello strick con chiave passaredini centrale	gancho engallador
7	42		Mittelschritt	medium walk	pas moyen	passo medio	paso medio
7	39	7/26	mittlerer Ring, drehbar	middel lungeing rein ring	anneau central	campanella centrale girevole del capezzone	anilla para dar cuerda
			N				
6	32	6/26	Nabe	stock, nave, hub, *Am.* hub	moyeu	mozzo	maza de la rueda
6	34		Nabenring	hub ring	frette	ghiera del coprimozzo	sortija de maza
1	12	1/45	Nasenriemen	nose band	muserolle	nasiera, museruola	muserola
2	16	2/43	Nasenriemen	nose band	muserolle	nasiera, museruola	muserola
6	33		Nebenortscheit	side-bar	palonnier latéral	bilancino laterale	balancìn segundo (adicional)
8	46		Nennbeginn	opening date	début de l'inscription	data di apertura delle iscrizioni	fecha de apertura
8	46		Nennen	to enter	inscription	iscriversi	matrícular
8	46		Nennungsformular	entry form	feuille d'inscription	modulo di iscrizione	formulario para matrículas
8	46		Nennungsschluss	acceptance date, closing date	délai de l'inscription	data di chiusura delle iscrizioni	cierre de la matrícula
8	53		Niederlegen oder Verlieren der Peitsche	driver putting down his whip	déposer ou perdre le fouet	deporre o perdere la frusta	cochero que pone el látigo en el fustero
			O				
7	41	7/74	Oberbaum	over bit, over ceek	branche supérieure	stanghetta con occhio per montante	portamozo
1	11	1/23	Oberblattstrupfe	pad-point-strap, tug-strap billet, *Am.* tug-bearer	contre-sanglon de boucle à mancelle	riscontro del reggifibbione a orecchio	correa de sujeción de la mantilla, portavaras
2	16	2/24	Oberblattstrupfe	tug-strap billet, pad-point-strap, *Am.* tug-bearer	contre-sanglon de boucle à mancelle	riscontro del reggifibbione a orecchio	correa de sujeción de la mantilla, portavaras
1	12	1/24	Oberblattstrupfenstössel	pad-point-strap buckle	sanglon de boucle à mancelle	reggi fibbione a orecchio	hebilla de la correa de sujeción de la mantilla, hebilla portavaras
2	16	2/25	Oberblattstrupfenstössel	pad-point-strap buckle	sanglon de boucle à mancelle	reggifibbione a orecchio	hebilla de la correa de sujeción de la mantilla, hebilla portavaras
8	47		Organisator	organizer	organisateur	organizzatore	organizador
3	20	3/33	Ortscheit	swingletree, *Am.* whiffletree	palonnier	bilancino	balancín
2	16	2/46	Ortscheit	swingletree, *Am.* whiffletree	palonnier	bilancino	balancín
6	31	6/22	Ortscheit	swingletree, *Am.* whiffletree	palonnier	bilancino	balancín

Kap.	Seite	Nr.:	**Deutsch** Bezeichnung	**English** specification	**Français** signification	**Italiano** termini	**Español** denominación
1	11	1/11	Ortscheit	swingletree	palonnier	bilancino	balancín
1	11	1/12	Ortscheitriemen	swingletree strap	courroie de palonnier	bracciale di cuoio reggi-bilancino	francalete del balancín
6	31	6/23	Ortscheitriemen	swingletree strap	courroie de palonnier	bracciale di cuoio reggi-bilancino	francalete del balancín
3	20	3/38	Öse	shaft-loop, staple, _Am._ footman-loop	crampon	cambra	ojal
2	15	2/7	ovaler Langring	kidney link	coulant d'attelle	maglione ovale della collana	gargantilla, sapo
			P				
6	32	6/37	Parallelogramm-Feder	4-spring, telegraph spring, _Am._ full platform spring	ressort télégraphe	molle a telegrafo	muelle telegrafo
8	54		Parcours-Chef	course designer	chef de parcours	costruttore del percorso	jefe de pista
8	54		Passagier	passenger	passager	passeggero	pasajero
8	52		Passen des Geschirrs	fit of the harness	ajustement, réglage	regolazione dei finimenti	guarnición bien colocada
7	40	7/52	Peitsche	whip	fouet	frusta	látigo
8	55		Peitsche abwickeln	to unwind the whip	dérouler le fouet	srotolare la frusta	desenrollar la tralla
8	55		Peitsche aufwerfen	to touch with the whip	toucher du fouet	toccare con la frusta	tocar con el látigo
8	55		Peitsche aufwickeln	to wind up the whip	enrouler le fouet	attorcigliare la frusta, arrotolare la frusta	enrollar la tralla
6	34		Peitschenhalter	whip holder	porte-fouet	porta frusta	fustero
8	52		Peitschenhaltung	way of holding the whip	maniement du fouet	tenuta della frusta	forma de sujetar el látigo
7	40	7/58	Peitschenschlag	whip thong, lash	mèche	battuta, mozzone	tralla
7	43		Pferd in Biegung	bent horse	cheval en flexion	cavallo flesso	caballo incurvado
7	43		Pferd in Stellung	horse in flexed position	cheval en position	cavallo in piego, cavallo con incollatura flessa	caballo colocado
7	43		Pferd ist gerade gerichtet	to straighten the horse spine	cheval en ligne droite	cavallo diritto	enderezar la columna vertebral del caballo
7	43		Pferd ist steif	stiffness	cheval raide	cavallo rigido	rigidez del caballo
8	46		Pferdebesitzer	owner of a horse	proprietaire d'un cheval	proprietario del cavallo	propietario de un caballo
7	43		Pillangos (Verzierung bei den Schalanken)	pillango	pillango (papillon)	pillango	pillangos
8	48		platziert	placed	classé	piazzato	clasificado
8	48		Platzierung	line up, placement	classement	piazzamento	clasificación
6	34		poliert	polished	poli	lucidato	pulido

			Deutsch	**English**	**Français**	**Italiano**	**Español**
Kap.	**Seite**	**Nr.:**	Bezeichnung	specification	signification	termini	denominación
3	19	3/18	Polsterung	panel, *Am.* pad	matelassure	imbottitura della collana	sillín parte baja
6	34		Polsterung	lining, *Am.* striping	rembourrage	imbottitura	cojín tapiceria
7	43		Pony, Kleinpferd	pony	poney	pony	poni
7	41	7/79	Postkandare	post bit	mors de poste	morso da posta	bocado de trotador
4	23	4/16	Postwaage	single lead-bar for four-in-hand, European pattern	balance de poste	bilancia per attacco da posta, bilancia di volata in stile continentale	balancín de una barra
7	43		Prägung	stamping	impression	punzonatura, cuoio stampato	repujado
8	49		Protokoll	score sheet, minutes, notes	protocole	scheda dei punteggi	hoja de puntuaciones
8	47		Prüfung der Klasse A	novice test	concours catégorie A	prova per la categoria A (principianti)	prueba de promoción
8	47		Prüfung der Klasse L	elementary test	concours catégorie L	prova per la categoria L (facile)	prueba elemental
8	47		Prüfung der Klasse M	medium test	concours catégorie M	prova per la categoria M (media)	prueba dificultad media
8	47		Prüfung der Klasse S	advanced test	concours catégorie S	prova per la categoria S (difficile)	prueba dificultad alta
			Q				
7	38	7/6	Quadriga	four-abreast, quadriga, Roman chariot	quatre de front, char romain	quadriga	cuádriga
8	46		Qualifikation	qualification	qualification	qualificazione	calificación
6	32	6/25	Querholm	top-bed, transom	lisoir	chiavarda	palo del juego
			R				
6	32	6/42	Radbremse	handwheel brake	frein à volant	freno a ruota	freno de la rueda
6	33	6/57	Radsturz	camber	carrossage	campanatura e incavallatura	peralte de la rueda
7	42	7A/103	Radsturz	camber	cambrure	campanatura, incavallatura	peralte de la rueda
5	27	5/2	Random	randem	tridem	random	tres a la larga, tridem
7	38	7/4	Random	randem	tridem	random	tres a la larga, tridem
5	27	5/19	Random-Schlüsselring	randem wheeler terret	clé de tridem	chiave passaredini del sellino del random	llave, pasa-riendas para 3 a la larga
8	50		Raumgriff	ground cover, length of stride	amplitude	ampiezza della falcata	terreno que cubren, longitud del tranco
8	55		Rechtskehrtwendung	about turn right	demi-tour à droite	inversione di marcia a destra	vuelta a la derecha
8	51		Regelmäßigkeit und Freiheit der Gänge	regularity and freedom of the paces	régularité et décontraction	regolarità e libertà delle andature	regularidad y soltura de los aires
6	32	6/30	Reifen	rubber casing, pneumatic tyre, *Am.* rubber tire	cercle/bandage	cerchione della ruota	llanta de goma

Kap.	Seite	Nr.:	**Deutsch** Bezeichnung	**English** specification	**Français** signification	**Italiano** termini	**Español** denominación
8	48		Resultat	result	résultat	risultato	resultado
8	50		richten, gemeinsam	joint judgement	jugement d'ensemble	giudizio concertato	juzgar conjuntamente
8	50		richten, getrennt	separate judgement	jugement séparé	giudizio separato	juzgar por separado
8	47		Richter	judge	juge	giudice	juez
8	49		Richterhäuschen	judge's box	abri de juge	capannina del giudice	caseta de juez
8	47		Richtverfahren	scoring method	methode de notation	metodo di giudizio	método de puntuación
1	12	1/43	Rosette	rosette	fleuron ou cocarde	rosetta	escarapela
2	16	2/40	Rosette	rosette	fleuron ou cocarde	rosetta	escarapela
5	28	5/30	Rosette	rosette	fleuron	rosetta	escarapela
7	39	7/37	Rücken-(Seiten-) Schalanken	sallangs	sallanques	"sallang" per finimenti laterali	adornos de guarnición húngara
6	34		Rücklicht	rear light	réflecteur	luce posteriore	piloto trasero luz
7	42		Rückwärtsrichten	to rein back	reculer	rinculare, indietreggiare	pasos atrás
8	50		Rückwärtsrichten	to rein back	reculer	rinculare, indietreggiare	pasos atrás
			S				
8	53		Sackgasse, die Kehre	U-turn, "cul de sac"	cul de sac, demi-tour	passaggio senza uscita, inversione ad U	giro en U
8	49		Sand	sand	sable	sabbia	arena
3	19	3/14	Sättelchen	saddle seat	troussequin	truschino	sillín
5	28	5/43	Sättelchen	saddle seat	troussequin	truschino	sillín
7	41	7A/84	Sattelpferd	horse left of the pole	porteur	cavallo montato	caballo de fuera
8	56		Sattelpferd	horse left of the pole	porteur	cavallo di sinistra, montato	caballo de silla
8	52		Sauberkeit des Geschirrs/Wagens	cleanliness of the harness/vehicle	propreté de l'harnachement/ e la voiture	pulizia dei finimenti/della carrozza	limpieza de la guarnición/coche
7	40		scharfe Schnallung	sharp buckling	bouclage dur, sévère	affibbiatura severa	collocation del bocado dura
8	57		scharfe Schnallung	sharp buckling	bouclage dur, sévère	affibbiatura severa	colocación del bocado dura
7	40	7/71	Schaumring	foam ring	banquet	banco	rostea
6	32	6/45	Scheibenbremse	disc brake	frein à disque	freno a disco	freno de disco
6	33		Scheibenrad	disc wheel	roue pleine	ruota piena	rueda tajada

			Deutsch	English	Français	Italiano	Español
Kap.	Seite	Nr.:	Bezeichnung	specification	signification	termini	denominación
3	20	3/32	Schere/Anze	shaft, thills	brancards	stanghe (legno/acciaio)	vara
5	28	5/50	Scherriemen	breeching-strap, *Am.* hip-strap	courroie de reculement	correggia della braga	sujeta retranca
3	20	3/27	Scherriemen	breeching-strap, *Am.* hip-strap	courroie de reculement	correggia della braga	caídas a la retranca
1	12	1/37	Scheuklappe	blinker, winker	œillère	paraocchi	anteojeras
2	16	2/36	Scheuklappe	blinker, winker	œillère	paraocchi	anteojera
5	28	5/26	Scheuklappe	blinker, winker	œillères	paraocchi	anteojera
8	48		Schiedsgericht	appeal committee	jury d'appel	giuria di appello	comité de apelación
8	47		Schirmherr	patron	président d'honneur	patrocinatore, presidente onorario	patrocinador
3	20	3/28	Schlagriemen	kicking-strap	sangle anti-ruade	siciliana	caídas al tiro
3	20	3/29	Schlagriemenstössel	kicking-strap tug, *Am.* kicking-strap shaft loop	bracelet de sangle anti-ruade	ciappa della siciliana	sujeta caídas al tiro
5	27	5/6	Schlagzugöse	cock-eye	œil de palonnier	ganci del bilancino	anclaje del valalcín para el mosqueton del tirante
8	53		Schlangenlinie	serpentine	serpentine	serpentina	serpentina
7	43	·	Schlaufen	slide	boucles	passanti	pasador, lazo
8	48		Schleife	ribbon, rosette	flot	coccarda	escarapela
7	42		Schleppe	sledge	traîneau de dressage	treggia	trineo
8	51		schleppend, träge	sluggish, shuffling	lent, se traîne	rade il tappeto	se arrastra
3	19	3/7	Schließkette	hame link chain	coulant d'attelle (chaînette)	maglione a catena	gargantilla de cadena
5	28	5/39	Schließkette	hame link chain	coulant d'attelle (chaîne)	maglione a catena	gargantilla de cadena
7	40	7/59	Schlittenpeitsche	sledge-whip	fouet de traîneau	frusta per slitta	látigo para trineo
1	12	1/26	Schlüsselring	pad terret	clé de mantelet	chiave passaredini del sellino	pasa-rienda del sillín, llave
2	16	2/27	Schlüsselring	pad terret	clé de mantelet	chiave passaredini del sellino	pasa-rienda del sillín, llave
3	19	3/17	Schlüsselring	pad terret	clé de sellette	chiave passaredini del sellino	pasa-rienda del sillín, llave
5	27	5/17	Schlüsselring	pad terret	clé de sellette	chiave passaredini del sellino	pasa-rienda del sillín, llave
6	34		Schmutzfänger	set-off sheet, waterproof sheet	garde-boue	telina parafango, telina paraspruzzi	guardabarros
7	40	7/51	Schnallstössel (Brezel)	brezel	brezel	impugnatura delle redini ungheresi	conexión de las riendas de guarnición húngara
8	52		Schnelltrabstrecke	speed section in trot	section de trot rapide	fase al trotto veloce	fase de velocidad al trote

Kap.	Seite	Nr.:	Deutsch Bezeichnung	English specification	Français signification	Italiano termini	Español denominación
8	50		Schritt am Gebiss	walk on the bit	pas en main	passo in mano	paso en la mano
8	52		Schrittstrecke	walking section	section de pas	fase al passo	fase de paso
4	23	4/11	Schweifriemen	back-strap, crupper-strap, *Am.* crupper-strap, turnback	croupière	groppiera	gruperín, tira de la baticola
3	20	3/37	Schulterblatt	bladebone, scapula	omoplate	scapola	escapula
	47		Schwarzes Brett	score board	panneau d'affichage	tabellone	tablón de puntuaciones
1	12	1/29	Schweifmetze	crupper dock	culeron	forcella del sottocoda normale	baticola
2	16	2/30	Schweifmetze	crupper dock	culeron	sottocoda	baticola
3	20	3/40	Schweifmetze	crupper dock	culeron	sottocoda	baticola
4	23	4/12	Schweifmetze	crupper dock	culeron	sottocoda	baticola
5	27	5/12	Schweifmetze	crupper dock	culeron	sottocoda	baticola
1	12	1/31	Schweifmetze mit Schweifträger	crupper dock, spoonform	culeron releveur	sottocoda a paletta	horcilla con elevador-baticolade
1	12	1/28	Schweifriemen	back-strap, crupper-strap, *Am.* crupper-strap, turnback	croupière	groppiera	gruperín, tira de la baticola
2	16	2/29	Schweifriemen	back-strap, crupper-strap, *Am.* crupper-strap, turnback	croupière	groppiera	gruperín, tira de la baticola
3	20	3/24	Schweifriemen	back-strap, crupper-strap, *Am.* crupper-strap, turnback	croupière	groppiera	gruperín, tira de la baticola
5	27	5/11	Schweifriemen	back-strap, crupper-strap, *Am.* crupper-strap, turnback	croupière	groppiera	gruperín, tira de la baticola
8	51		Schwung	impulsion	impulsion	impulso	impulsión
7	38	7/13	Sechsspänner	six-horses team	attelage à six	tiro a sei	tres pares de caballos
7	39	7/27	seitlicher Ring, feststehend	side lungeing ring	anneau latéral	campanella laterale fissa del capezzone	anilla lateral de cinchuelo para pasar la cuerda
3	19	3/13	Selett	saddle, *Am.* "skirt"	sellette	cappellina	faldoncillo del sillín
5	28	5/42	Selett	saddle, *Am.* "skirt"	sellette	sellino per singolo	faldoncillo del sillín
6	34		Selett-Beschläge	metal fittings of saddle	ferrures de sellette	ferramenta del sellino	herraje de sobreaguja
8	48		Sieger	winner	vainqueur	vincitore	ganador
8	48		Siegerehrung	distribution of prizes, prize giving	distribution des prix	premiazione	entrega de premios
6	34		Sitz	seat	siège	sedile	asiento
8	49		Späne, Schnitzel	shavings	copeaux	trucioli	viruta
6	32	6/28	Speiche	spoke	rais	raggio	radios

Schlagwortverzeichnis Deutsch

Kap.	Seite	Nr.:	Deutsch Bezeichnung	English specification	Français signification	Italiano termini	Español denominación
7	42	7A/104	Speichen	spokes	rayons	raggi	radios
3	20	3/31	Sperrriemen	false-breeching, Brown´s Patent	reculement fixe à la voiture	falsa braga	falsa retranca
6	33		Sperrvorrichtung	Breeching	système de blocage	sistema di bloccaggio	cierre
1	12	1/40	Spieler	locking device	poire	giocattolo del frontale	juguetillo
2	15	2/15	Spieler	face drop	poire	giocattolo del frontale	jugetillo
6	32	6/24	Spielwaage	face drop	balance	bilancia	balancín
6	31	6/18	Splintsicherung	swingletree	clavette	coppiglia	perno
8	49		Sponsor	cotter-pin, split-pin	sponsor	sponsor	patrocinador
6	31	6/10	Spritzbrett	sponsor	garde-crotte	orfanella, cruscotto	salpicadero
2	15	2/14	Sprungriemen	dashboard, dasher, Am. dash breast-plate, false martingale	fausse martingale	falsa martingala	falsa martingala o gamarra
7	42	7A/102	Spurbreite	track width	largeur de la trace	carreggiata	paso de rueda
6	33	6/56	Spurbreite	track width	largeur de la trace	carreggiata	paso de rueda
6	33		Stahlrad	steel wheel	roue en acier	ruota di acciaio	rueda de acero
8	49		Stallplakette	plaquette	plaque d'écurie	targa di scuderia	placa
4	23	4/2	Stangenpferd	wheeler	timonier	cavallo di timone	tronco
7	41	7A/93	Stangenpferd	wheeler	brancardier	cavallo di timone	tronco
8	56	4/23	Stangenpferd	wheeler	brancardier	cavallo di stanghe	caballo de lanza
4	23		Stangenpferdstränge	wheel trace	trait pour timonier	tirelle con attacco a ricciolo per cavalli di timone	tiro de tronco
7	42		starker Schritt	extended walk	pas allongé	passo allungato	paso largo
7	42		starker Trab	extended trot	trot allongé	trotto allungato	trote largo
8	50		starker Trab	extended trot	trot allongé	trotto allungato	trote largo
8	46		Starterlaubnis	permission to start	autorisation de départ	permesso di partenza	permiso para la partida
8	47		Startgeld	starting fee	finance de départ	quota d' iscrizione	dinero para matrícula
8	46		Startgenehmigung	acceptance of entry, eligibility	acceptation de départ	autorizzazione a partecipare	aceptación de la matrícula
8	47		Startliste	list of competitors	liste de départs	ordine di partenza	órden de salida
8	47		Startnummer	starting number	numéro de départ	numero del concorrente	dorsal

Kap.	Seite	Nr.:	Deutsch Bezeichnung	English specification	Français signification	Italiano termini	Español denominación
8	47	6/27	Startzeit	starting time	heure de départ	orario di partenza	hora de comienzo
6	32		Staubkappe	axel-cap, oil cap, *Am.* hub-cap	chapeau de roue	coprimozzo	bocín
8	53		Stechen	drive off	barrage	barrage	irse de caña
8	50		Stehen am Gebiss	standstill on the bit	arrêt en main	arresto in mano	parada en la mano
8	51		Stellung	position	position	piego	posición
7	42	1/44	Stiefeletten	jodhpur boots, ankle boots	bottines	stivaletti jodhpur	botines
1	16	2/41	Stirnriemen	brow band	frontal	frontale	frontalera
2	28	5/29	Stirnriemen	brow band	frontal	frontale	frontalera
5	39	7/31	Stirnriemen	brow band	frontal	frontale	frontalera
7		7/36	Stirnriemen	brow band	frontal	frontale	frontalera
7	39	7/54	Stirnschalanken	front sallang (Hungarian harness)	sallanques frontales	"sallang" per briglia	mosqueros húngaros
7	40	7/53	Stockpeitsche, Vierspänner	four-in-hand german drop-thong whip	fouet noué pour attelage à quatre	frusta spezzata per tiro a quattro	látigo alemán de cuartas
7	40		Stockpeitsche, Zweispänner	pairs german drop-thong whip	fouet noué pour attelage à deux	frusta spezzata per pariglia	látigo alemán
8	52		Strafpunkte	penalty points	points de pénalité	punti di penalità	puntos de penalidad
8	52		Strafzone	penalty zone	zone de pénalité	zona di penalità	zona de penalidad
1	11	1/8	Strang	trace	trait	tirella	tiro, tirante
2	15	2/18	Strang	trace	trait	tirella	tiro, tirante
3	19	3/12	Strang	trace	trait	tirella	tiro
6	32	6/48	Strang	trace	trait	tirella con attacco a ricciolo	tiro
1	12	1/46	Strangauge	trace-eye	œil de trait	passante proteggitirella del boucleteau	ojal del tiro
2	16	2/49	Strangauge	trace-eye	œil de trait	passante proteggitirella del boucleteau	hebilla del tiro
3	20	3/42	Strangauge	trace-eye	œil de trait	passante proteggitirella del boucleteau	pasa-tiro
7	41	7A/91	Stränge	traces	traits	tirelle	tiros
4	23	4/22	Stränge für Vorderpferde	lead trace	trait pour cheval de volée	tirelle per cavalli di volata	tiro de guías
8	56		stranggehorsam	obedient to the trace	docile au trait	sottomesso alle tirelle	caballo obediente al tiro
1	15	1/15	Strangring	trace-loop	carré de trait	attacco della tirella a ricciolo	lazo del tiro

Kap.	Seite	Nr.:	Deutsch — Bezeichnung	English — specification	Français — signification	Italiano — termini	Español — denominación
2	15	2/20	Strangring	trace-loop	carré de trait	attacco delle tirelle a ricciolo	vuelta del tiro
2	15	2/16	Strangstutzen	hame tug	boucleteau de trait	boucleteau	manoplillo
3	20	3/30	Strangträger	loin-strap	porte-trait	reggitirella	portatiros
4	23	4/6	Strangträger	trace-bearer	porte-trait	reggi tirelle	portatiros
5	28	5/48	Strangträger Vorderpferd	trace-bearer, loin-strap	porte-trait de volée	reggitirella per cavallo di volata	portatiros para guía
			T				
5	27	5/1	Tandem	tandem	tandem	tandem	tándem
7	38	7/3	Tandem	tandem	tandem	tandem	tándem
8	53		Tandem	tandem	tandem	tandem	tándem
5	27	5/3	Tandem Cart	tandem cart	tandem cart	tandem cart	coche de tándem
7	41	7A/88	Tandem Cart	tandem cart	tandem cart	tandem cart	coche de dos ruedas alto para enganchar en tándem
6	33		Tandem-Vorderortscheit	tandem lead-bar	palonnier de volée	bilancino largo della volata del tandem	balancín segundo
5	27	5/4	Tandem-Doppelortscheit	tandem lead-bar	double palonnier de tandem	doppio bilancino per volata del tandem	balancín para el guía de tándem
5	27	5/18	Tandem-Schlüsselring	tandem wheeler terret	clé de tandem	chiave passaredini del sellino del tandem	pasa-riendas para el tonco de tándem
5	27	5/7	Tandem-Selett	tandem leading pad	sellette de tandem	sellino per tandem	pechera para el guía
3	19	3/11	Tandem-Strangschnalle	hame tug buckle for tandem	boucle de trait pour tandem	fibbione del boucleteau per tandem	hebilla de la falsa martingala para tándem
5	28	5/41	Tandem-Strangschnalle	hame tug buckle for tandem	boucle de trait pour tandem	fibbione del boucleteau per tandem	hebilla del manoplillo
8	54		technischer Delegierter	technical delegate	délégué technique	delegato tecnico	delegado técnico
8	54		Teilnehmer, Fahrer	competitor, driver	participant, meneur	concorrente, guidatore	competidor, cochero
8	52		Teilstrecke	section	section, phase	fase	fase
5	28	5/47	Trageöse (Leder/Metall)	open shaft tug/French shaft tug	bracelet de brancard	riscontro del portastanghe	manoplillo abierto o francés
5	28	5/46	Trageriemen	sliding back-band, Am. tug-strap, back-strap	dossière	dorsiera	sujeta manoplillo
3	19	3/19	Trageriemen fest/beweglich	back-band, Am. back-band, tug-strap	dossière fixe/coulissante	dorsiera fissa/scorrevole	punta del portavaras
3	19	3/23	Trageriemen-Verschnallung	belly-band, Am. belly-band, tug-girth	boucle de sous-ventrière	sottopancia della dorsiera a doppia fibbia	cincha corta
7	40	7/66	Tragering	loose ring	anneau de montant	anello del montante	anilla de filete para la carrillera
8	57		Tragering	loose ring	anneau de montant	anello del montante	anilla de apoyo

Kap.	Seite	Nr.:	Deutsch Bezeichnung	English specification	Français signification	Italiano termini	Español denominación
8	49		Transportvergütung	travel refund, refund of transport	indemnité de transport	rimborso spese di trasporto	subvencion de transporte
7	39	7/28	Trensenzaum	snaffle cheek ring	filet	filetto	anilla del filete
6	33		Trittbrett	running board	marche-pied	pedana, predella, montatoio	estribo
7	38	7/7	Troika	troika	troika	troika	potencia (troika)
6	33		Trommelbremse	cylindric brake	frein à tambour	freno a tamburo	freno de tambor
8	47		Turnierleitung	organizing committee	comité d'organisation	direzione del concorso	comité organizador
8	47		Turnierplatz	show ground	place de concours	terreno del concorso	pista de competición
8	46		Turnierveranstalter	promoter	organisateur	organizzatore del concorso	promotor
			U				
8	55		über dem Zügel	over the bit	au-dessus de la main	sopra l'imboccatura	delante de la mano
8	51		übereilt	hurried	précipité	affrettato	rápido
8	51		Übergang	transition	transition	transizione	transición
1	12	1/33	Umgang	breeching	avaloire	braga	retranca
2	16	2/32	Umgang	breeching	avaloire	braga	retranca
3	20	3/26	Umgang	breeching	avaloire	braga	retranca
5	28	5/49	Umgang	breeching	avaloire	braga	retranca
7	39	7/42	Umschlagstück	bit billet	porte-mors	punta delle redini	hebilla en el bocado
8	56		Umschlagstück	bit billet	porte-mors	punta della redine	hebilla en el bocado
8	52		Umwerfen des Wagens	turning over the vehicle	renversement du véhicule	ribaltamento della vettura	volcar del coche
8	50		unbeweglich	immobile	immobile	immobile	inmóvil
8	50		Unbeweglichkeit im Halten	motionless standstill	immobilité à l'arrêt	immobilità all'arresto	inmovilidad
8	52		Unfall	accident	accident	incidente	accidente
7	40	7/49	Ungarische Leinen	Hungarian reins	guides hongroises	redini ungheresi	riendas húngaras
8	57		Ungarische Leinen	Hungarian reins	guides hongroises	redini ungheresi	riendas húngaras
8	51		unregelmäßige Tritte	irregular steps	pas irréguliers	falcate irregolari	pasos irregulares
8	50		unruhig	restless	défaut d'immobilité	mancanza di immobilità	no hay inmovilidad

Kap.	Seite	Nr.:	Bezeichnung	specification	signification	termini	denominación
			Deutsch	**English**	**Français**	**Italiano**	**Español**
6	33		Unterbau, Chassis	undercarriage	chassis	chassis	parte de la caja inferior
7	41	7/75	Unterbaum	under bit, under cheek	branche inférieure	guardia	pierna
8	48		Unterbrechnung der Prüfung	interruption of a competition	interruption du concours	interruzione di una prova	interrupción de la competición
			V				
6	34		verchromt	chromed	chromé	cromato	cromado
6	31	6/7	Verdeckgelenk	head joint, *Am.* top joint	compas de capote	compasso della capote, compasso del mantice	mecanismo plegable
8	49		verfahren	error of course	erreur de parcours	errore di percorso	error de recorrido
8	56		verkehrssicher	traffic proof	sûr dans le trafic	sicuro nel traffico	caballo obediente en el tráfico
8	52		verlassen der Strafzone	leaving the penalty zone	quitter la zone de pénalité	lasciare la zona di penalità	salir de la zona de penalidad
7	42		versammelter Schritt	collected walk	pas rassemblé	passo riunito	paso reunido
7	42		versammelter Trab	collected trot	trot rassemblé	trotto riunito	trote reunido
8	50		versammelter Trab	collected trot	trot rassemblé	trotto riunito	trote reunido
5	28	5/52	verschiebbarer Sitz	removable driving cushion	siège coulissant	sedile scorrevole	cojín móvil
3	20	3/39	Verschlussriemen	eyelet	arrêtoir de brancard	cinghia fermabracciale	cerrar
8	54		Verschnallen	to buckle	modifier le réglage	affibbiare	abrochar
6	33	6/51	verstellbarer Sitz	removable driving cushion	siège coulissant	sedile scorrevole	asiento movible
8	47		Verwarnung	warning	avertissement	ammonimento	aviso
8	52		Verzögerung	delay	retard	ritardo	retraso
8	54		Vielseitigkeits-Fahrprüfung	combined driving event	épreuve combinée	concorso completo	prueba de enganches combinada
8	49		Viereksbegrenzung	enclosure of the arena	lisse	recinzione del rettangolo	perimetro de la pista
4	23	4/1	Viererzug	four-in-hand, *Am.* team	attelage à quatre	tiro a quattro	cuarta
4	23	4/13	Viererzughaken	pole-hook	trompe	tromba del timone per tiro a quattro	punta de lanza con cuello de cisne
6	31	6/15	Viererzughaken	pole-hook	trompe	tromba del timone per tiro a quattro	cuello de cisne
7	38	7/11	Vierspänner	four-in-hand, *Am.* team	attelage à quatre	tiro a quattro	cuartas
8	53		Vierspänner-Prüfung	four-in-hand class, *Am.* team class	épreuve d'attelage à quatre	categoria tiri a quattro	prueba de cuartas, prueba por equipos
7	43		Vollblutpferd	thoroughbred	pur sang	cavallo purosangue	caballo de pura sangre

Kap.	Seite	Nr.:	Deutsch Bezeichnung	English specification	Français signification	Italiano termini	Español denominación
6	32	6/36	Voll-Elliptikfeder	full elliptic spring	ressort à pincettes	molla elittica	pinza
8	50		Volte	circle	volte	circolo	círculo
6	33		Vorderbracke	lead-bar	avant-train	bilancino stretto della volata del tandem	vara primera
4	23	4/7	Vorderleinen	lead reins	guide de volée	redini della volata	riendas de guías
5	27	5/20	Vorderleinen	lead reins	guide de volée	redini della volata	riendas de guías
4	23	4/19	Vorderortscheit für Einhorn	lead-bar for unicorn	palonnier de volée pour unicorne	bilancino di volata per unicorno	balancín para tresillo
7	41	7A/92	Vorderpferd	leader	cheval de volée	cavallo di volata	guía
8	56		Vorderpferd	leader	cheval de volée	cavallo di volata	guía
4	23	4/3	Vorderpferd, Brustblatt	breast collar lead harness	cheval de volée, bricole	cavallo di volata, pettorale	guía, petral
4	23	4/4	Vorderpferd, Kumt	lead harness, full collar	cheval de volée, collier	cavallo di volata, collana	guía, collerón
5	27	5/5	Vorderstrang	lead trace	trait de volée	tirella del cavallo di volata	rienda para el guía
4	23	4/14	Vorderwaage für Coach, Vorderbracke	lead-bar for four-in-hand with metal furniture	balance de volée	bilancia e bilancini per coach	balancines para cuarta con embellecedores
4	23	4/18	Vorwaage für Fünfer-Juckerzug	lead-bar for three leaders Hungarian style	balance de volée pour attelage à cinq au style hongrois	bilancia e bilancini di volata per attacco ungherese a cinque cavalli	balancines para cinquo caballos a la húngara
8	51		vorwärtstreten	forward moving	avancer	portarsi avanti	movimiento hacia delante
			W				
4	23	4/17	Waage für 5-spännige Coach	lead-bar for three leaders of five-in-hand	balance de volée pour attelage à cinq	bilancia e bilancini per coach a cinque cavalli	balancines para media potencia
6	31		Wagen	vehicle	voiture	carrozza	coche
6	34		Wagenheber	lifting jack	cric, chévre	cric	cabria
6	31	6/5	Wagenkasten	bodywork	caisse	cassa	caja
7	43		Wagenpferd	carriage horse, Am. draft horse	cheval de carrosse	cavallo carrozziere	caballo de coche
7	43		Warmblut	warm-blood	demi-sang	cavallo a sangue caldo, cavallo mezzosangue	aballo de sangre caliente
8	52		Wasserhindernis	waterobstacle, water hazard	obstacle d'eau	ostacolo d'acqua	obstáculo de agua
7	39	7A/33	Wechsel aus dem Zirkel	leave the circle	changement hors de la volte	cambiamento di circolo	salir del círculo
7	39	7A/32	Wechsel durch den Zirkel	change of hand in the circle, through the circle	changement de main dans la volte	cambiamento di mano sul circolo	cambio de mano en el círculo
7	40		weiche Schnallung	soft buckling	bouclage doux	affibbiatura dolce	colocación del bocado suave
8	57		weiche Schnallung	soft buckling	bouclage doux (en bouquet)	affibbiatura dolce	colocación del bocado suave

Kap.	Seite	Nr.:	Deutsch Bezeichnung	English specification	Français signification	Italiano termini	Español denominación
8	55		Wendung nach rechts	turn to the right, right turn	virage à droite	curva a destra	girar a mano derecha, giro a la derecha
8	55		Wendung nach links	turn to the left, left turn	virage à gauche	curva a sinistra	girar a mano izquierda, giro a la izquierda
8	49		Wertnote	marks, score, points	note d'appréciation	voto	puntos
8	48		Wertnotensystem	points system	système d'appréciation aux points	sistema di assegnazione dei voti	sistema de puntos
8	48		nicht genügend 0	not performed 0	non realisé 0	non eseguito 0	no ejecutado 0
8	48		sehr schlecht 1	very bad 1	très mal 1	molto male 1	muy mal 1
8	48		schlecht 2	bad 2	mal 2	male 2	mal 2
8	48		ziemlich schlecht 3	fairly bad 3	assez mal 3	abbastanza male 3	bastante mal 3
8	48		mangelhaft 4	insufficient 4	insuffisant 4	insufficiente 4	insuficiente 4
8	48		genügend 5	sufficient 5	suffisant 5	sufficiente 5	suficiente 5
8	48		befriedigend 6	satisfactory 6	satisfaisant 6	soddisfacente 6	satisfactorio 6
8	48		ziemlich gut 7	fairly good 7	assez bien 7	abbastanza bene 7	bastante bien 7
8	48		gut 8	good 8	bien 8	bene 8	bien 8
8	48		sehr gut 9	very good 9	très bien 9	molto bene 9	muy bien 9
8	48		ausgezeichnet 10	excellent 10	excellent 10	eccellente 10	excelente 10
8	43		Widersetzlichkeit	disobedience, defence	désobéissance, défense	in difesa	desobediencia, defensa
7	38	7/14	Wildgang	six-horses team with four leaders, two wheelers	attelage à six avec quatre de front	tiro a sei (4 cavalli di volata, 2 di timone)	cuatro guías con dos caballos del tronco
7	40	7/55	Wirbel, Spindelgelenk	swivel-joint	émerillon	girello per fruste spezzate	conexión articulada para tralla
			X				
			Y				
			Z				
5	28	5/51	Zahnleiste	tooth moulding	crémaillère de siège	rotaie del sedile	posiciones para asiento movible
6	32	6/52	Zahnleiste	tooth moulding	crémaillère	rotaie del sedile	posiciones para asiento movible
7	42		Zedernholz	cedar wood	cèdre	legno di cedro	madera de cedro
8	52		Zeitfehler	time penalties	temps de pénalité	punti di penalità sul tempo	penalidad por tiempo
8	54		Zeitnehmer	time keeper	chronométreur	cronometrista	cronometrador

9

Kap.	Seite	Nr.:	Deutsch Bezeichnung	English specification	Français signification	Italiano termini	Español denominación
6	34		Zierleiste	moulding, edging	moulure	listello decorativo	ornamento
8	49		Züchterprämie	breeder´s reward	prime d'élevage	premio d'allevamento	premio para ganaderos
8	56		Zugausgleich	tug adjustment	ajustement de la traction	regolazione del tiro	ajustar los tiros
6	32	6/43	Zugbremse	pulling handbrake lever	frein à crémaillère à tirer	freno a cremagliera a trazione	hongo del freno
8	46		zugelassener Fahrer	eligible driver	meneur habilité	guidatore abilitato	cochero admitido
2	15	2/9	Zugkrampe	anchor pull, hame pull, draught seye, Am. anchor draft	tirant d'attelle	ganci della collana per boucleteau	nudillo del tirante
3	19	3/3	Zugkrampe	anchor pull, hame pull, draught seye, Am. anchor draft	tirant d'attelle	gancio della collana per tirelle	nudillo del tirante
5	28	5/36	Zugkrampe	hame pull, anchor pull, draught seye, Am. anchor draft	tirant d'attelle	ganci della collana per boucleteau	nudillo del tirante
7	42		zulegen	to drive on	accélérer	allungare,accelerare	avanzar
7	43		Zungenfreiheit	port	passage de langue	passaggio di lingua	libralengua, desveno
8	53		Zurücksetzen des Gespanns	to rein back	reculer	rinculare, indietreggiare	pasos atrás
8	55		Zuruf	voice command	ordre vocal	comando vocale	ayuda con la voz
8	52		Zusammenpassen der Pferde	match of the horses	ensemble des chevaux	assortimento dei cavalli	conjunto de caballos
8	52		Zustand des Geschirrs/Wagens	condition of the harness/vehicle	état de l'harnachement/ de la voiture	condizioni dei finimenti/ della carrozza	estado de la guarnición/coche
2	15	2/1	Zweispänner	pair, double-harness	attelage à deux	pariglia	tronco
7	38	7/10	Zweispänner	pair, double-harness	attelage à deux	pariglia	tronco
8	53		Zweispänner	pair, double-harness	attelage à deux	pariglie	tronco
2	15	2/2	Zweispänner-Kumtanspannung	collar harness for pairs	harnais à deux, à collier	finimento a collana per pariglia	a la inglesa (para tronco)
3	19	3/10	Zweispännerstrangschnalle	hame tug buckle for pair	boucle à mancelle pour attelage à deux	fibbione a doppio orecchio per pariglia	hebilla de la falsa martingala para tronco
6	31		Zweispännerwagen	pair-horse carriage	voiture à deux chevaux	carrozza per pariglia	coche para tronco
8	48		Zweitplatzierte	runner up	deuxième	secondo classificato	segundo
7	42	7A/99	Zylinder	top hat	haut de forme	cilindro	chistera

Index English

chap.	page	No.:	Deutsch Bezeichnung	English specification	Français signification	Italiano termini	Español denominación
1	11	1/22	Fallring	back-strap loop, *Am.* crupper-strap loop	chape de croupière	mezza campanella per groppiera	porta-baticola
2	15	2/23	Fallring	back-strap loop, *Am.* crupper-strap loop	chape de croupière	mezza campanella per groppiera	porta-baticola
3	19	3/16	Fallring	back-strap loop, *Am.* crupper-strap loop	chape de croupière	mezza campanella della groppiera	porta-baticola
5	28	5/45	Fallring	back-strap loop, *Am.* crupper-strap loop	chape de croupière	mezza campanella per groppiera	porta-baticola
7	39	7/24	Fallring	back-strap loop, *Am.* crupper-strap loop	chape de croupière	mezza campanella	porta-baticola
8	53		Hindernisball	ball	balle	pallina	pelota
8	46		Losverfahren	ballot	tirage au sort	estrazione a sorte	sorteo
1	11	1/13	feste Bracke	bars	volée	volata, bilancia	vara de guardia
8	54		Grundschnallung	basic buckling	réglage de base	regolazione di base	hebillaje básico
1	12	1/27	Aufsatzhaken	bearing rein-hook	crochet d'enrênement	gancio dello strick	gancho engallador
2	16	2/28	Aufsatzhaken	bearing rein-hook	crochet d'enrênement	gancio dello strick	gancho engallador
3	19	3/15	Aufsatzhaken	bearing rein-hook	crochet d'enrênement	gancio dello strick	gancho engallador
5	28	5/44	Aufsatzhaken	bearing rein-hook	crochet d'enrênement	gancio dello strick	gancho engallador
4	23	4/10	Mittelschlüssel mit Aufsatzhaken	bearing rein-hook with lead rein terret	clé centrale avec crochet d'enrênement	gancio dello strick con chiave passaredini centrale	gancho engallador
1	12	1/25	kleiner Bauchgurt	belly-band	sous-ventrière	sottopancia del boucleteau, contro sottopancia	hebilla de la correa de las campanas
2	16	2/26	kleiner Bauchgurt	belly-band	sous-ventrière	sottopancia del boucleteau, contro sottopancia	falsa barriguera
3	19	3/23	Trageriemen-Verschnallung	belly-band, *Am.* belly-band, tug-girth	boucle de sous-ventrière	sottopancia della dorsiera a doppia fibbia	cincha corta
7	39		Kernleder	bend leather	croupon	cuoio di schiena	cuero volteado
	51		Biegung	bending	incurvation	flessione	incurvación
7	43		Pferd in Biegung	bent horse	cheval en flexion	cavallo flesso	caballo incurvado
7	39	7/42	Umschlagstück	bit billet	porte-mors	punta delle redini	hebilla en el bocado
	56		Umschlagstück	bit billet	porte-mors	punta della redine	hebilla en el bocado
8	47		Gebisskontrolle	bit control	contrôle des embouchures	controllo delle imboccature	comisario de embocaduras
1	12	1/37	Scheuklappe	blinker, winker	œillère	paraocchi	anteojeras
2	16	2/36	Scheuklappe	blinker, winker	œillère	paraocchi	anteojera
5	28	5/26	Scheuklappe	blinker, winker	œillères	paraocchi	anteojera

			Deutsch	English	Français	Italiano	Español
chap.	page	No.:	Bezeichnung	specification	signification	termini	denominación
1	12	1/38	Blendriemen	blinker stay	support d'œillère	forcella del paraocchi	sujeta-anteojeras
2	16	2/37	Blendriemen	blinker stay	support d'œillère	forcella del paraocchi	sujeta-anteojeras
5	28	5/25	Blendriemen	blinker stay	support d'œillère	forcella del paraocchi	sujeta-anteojera
1	12	1/39	Blendriemenschnalle	blinker stay buckle	boucle de support d'œillère	fibbia della forcella del paraocchi	hebilla del sujeta-anteojera
2	16	2/38	Blendriemenschnalle	blinker stay buckle	boucle de support d'œillère	fibbia della forcella del paraocchi	hebilla sujeta-anteojeras
5	27	5/24	Blendriemenschnalle	blinker stay buckle	boucle de support d'œillère	fibbia della forcella del paraocchi	hebilla del sujeta-anteojera
7	38	7/19	Longiergurt	body roller, training roller	surfaix à longer	fascione per lavoro alla longia	cinchuelo de trabajo
6	31	6/5	Wagenkasten	bodywork	caisse	cassa	caja
7	40	7/57	Bogenpeitsche, Vierspänner	bow-topped four-in-hand whip	fouet col de cygne pour attelage à quatre	frusta a pioggia per tiro a quattro	látigo con tralla sin ballena para cuartas
7	41	7A/98	Melone	bowler hat	melon	bombetta	bombín
6	32	6/34	Keilsitz, Bockkissen	box seat	coussin de guide	cuneo	asiento cuña conductor
6	33	6/54	Bock	box seat, box	coussin de guide	serpa, cassetta	asiento cochero
6	33		Bremsklotz	brake block	sabot de frein	ceppo di frenaggio	taco del freno
6	32	6/46	Fußbremse	brake pedal	frein à pied	freno a pedale	pedal del freno
6	33		Bremsanlage	brake system	système de freins	sistema di frenaggio	sistema de freno
6	33		Bremsachse (Trommelbremse)	braking axle (drum brake)	axe de frein (frein à tambour)	assale del freno (freno a tamburo)	parte de freno de tambor
7	43		Kleie	bran	son	crusca	salvado
6	34		Einfahrwagen	Break	voiture d'entraînement	vettura da addestramento all'attacco, domatrice	coche de doma
8	53		Gangartenfehler	break of pace	faute d'allure	rottura di andatura	romper el ritmo
1	11	1/7	Brustblatt	breast collar	bricole	pettorale	petral, blanquilla
5	27	5/14	Brustblatt	breast collar	bricole	pettorale	petral, blanquilla
7	38	7/21	Brustblatt	breast collar	bricole	pettorale	petral, blanquilla
1	11	1/2	Brustblattgeschirr	breast collar harness	harnais à bricole	finimento a pettorale	guarnición de pecho petral
4	23	4/3	Vorderpferd, Brustblatt	breast collar lead harness	cheval de volée, bricole	cavallo di volata, pettorale	guía, petral
2	15	2/14	Sprungriemen	breast-plate, false martingale	fausse martingale	falsa martingala	falsa martingala o gamarra
1	12	1/33	Umgang	breeching	avaloire	braga	retranca

chap.	page	No.:	Deutsch Bezeichnung	English specification	Français signification	Italiano termini	Español denominación
2	16	2/32	Umgang	breeching	avaloire	braga	retranca
3	20	3/26	Umgang	breeching	avaloire	braga	retranca
5	28	5/49	Umgang	breeching	avaloire	braga	retranca
5	28	5/50	Scherriemen	breeching-strap, *Am.* hip-strap	courroie de reculement	correggia della braga	sujeta retranca
3	20	3/27	Scherriemen	breeching-strap, *Am.* hip-strap	courroie de reculement	correggia della braga	caídas a la retranca
	49		Züchterprämie	breeder´s reward	prime d'élevage	premio d'allevamento	premio para ganaderos
7	40	7/51	Schnallstössel (Brezel)	brezel	brezel	impugnatura delle redini ungheresi	conexión de las riendas de guarnición húngara
8	57		Brezel (Spezialhandgriff)	brezel	brezel	"brezel"	conexión de las riendas de guarnición húngara
8	53		Brückenhindernis	bridge	pont	ponte	puente
7	39	7/34	gebrochener Zug	broken pull	traction brisée	linea spezzata della tirella	línea de tiro rota
1	12	1/44	Stirnriemen	brow band	frontal	frontale	frontalera
2	16	2/41	Stirnriemen	brow band	frontal	frontale	frontalera
5	28	5/29	Stirnriemen	brow band	frontal	frontale	frontalera
7	39	7/31	Stirnriemen	brow band	frontal	frontale	frontalera
7	41	7/78	Buxtonkandare	Buxton bit	mors Buxton	morso Buxton	bocado de buxton

C

chap.	page	No.:	Deutsch	English	Français	Italiano	Español
6	32	6/35	C-Feder	"C" spring	ressort en C	molla a "C"	muelle C sopanda
6	33	6/57	Radsturz	camber	carrossage	campanatura e incavallatura	peralte de la rueda
7	42	7A/103	Radsturz	camber	cambrure	campanatura, incavallatura	peralte de la rueda
7	42		Galopp	canter	galop	galoppo	galope
6	34		Abdeckplane	canvas hood	housse	telo di copertura	funda
7	42	7A/101	Kutsche	carriage	voiture	vettura, carrozza	coche
7	43		Wagenpferd	carriage horse, *Am.* draft horse	cheval de carrosse	cavallo carrozziere	caballo de coche
6	31	6/9	Laternen	carriage lamp	lanterne	fanale	faroles
6	32	6/50	Cart	cart	cart	carrozza a due ruote	coche de dos ruedas para limonera
7	43		Arbeitspferd, Zugpferd, Kaltblut	cart horse, heavy horse, draught horse	cheval de trait	cavallo a sangue freddo, cavallo da tiro	caballo de tiro

			Deutsch	English	Français	Italiano	Español
chap.	page	No.:	Bezeichnung	specification	signification	termini	denominación
6	34		Aluminiumguss	cast aluminium	fonte d'aluminium	alluminio fuso	fundición de aluminio
7	42		Zedernholz	cedar wood	cèdre	legno di cedro	madera de cedro
	50		Mittellinie	centerline	ligne médiane	linea mediana	línea central
7	39	7A/32	Wechsel durch den Zirkel	change of hand in the circle, through the circle	changement de main dans la volte	cambiamento di mano sul circolo	cambio de mano en el círculo
8	46		Besitzerwechsel	change of ownership	changement de propriétaire	cambiamento di proprietario	cambio de propietario
8	46		Ausschreibungsänderung	change of schedule	changement de proposition	modifica dell'avamprogramma	cambio de programa
1	12	1/36	Backenriemen	cheek piece	montant	montante dell'imboccatura	carrillera
2	16	2/35	Backenstück	cheek piece	montant	montante	carrillera
5	28	5/27	Backenstück	cheek piece	montant	montante	carrillera
7	41	7/76	Gesamtbaum	cheek piece	branches	asta	longitud entera del bocado
6	34		verchromt	chromed	chromé	cromato	cromado
8	50		Volte	circle	volte	circolo	círculo
8	52		Sauberkeit des Geschirrs/Wagens	cleanliness of the harness/vehicle	propreté de l'harnachement/ de la voiture	pulizia dei finimenti/della carrozza	limpieza de la guarnición/coche
7	43		Kutschpferd	coach horse	trait léger	cavallo da carrozza, cavallo da coach	caballo de enganche
5	27	5/6	Schlagzugöse	cock-eye	œil de palonnier	ganci del bilancino	anclaje del valalcín para el mosqueton del tirante
	49		Koeffizient	coefficient	coefficient	coefficiente	coeficiente
7	43		Kastenschlaufe	coffer	boîte	passante a trombino	cofre
2	15	2/12	Kumtleib	after-awle, collar-body, Am. collar body	corps de collier	corpo della collana	forro para collerón
5	28	5/33	Kumtleib	after-awle, collar-body, Am. collar body	corps de collier	corpo della collana	forro para collerón
2	15	2/13	Kumtspitz	collar cap	chapeau de verge	cappellotto del naso della collana	cubre collerón
5	28	5/34	Hütchen	collar cap	chapeau de verge	cappellotto del naso della collana	cubre collerón
2	15	2/2	Zweispänner-Kumtanspannung	collar harness for pairs	harnais à deux, à collier	finimento a collana per pariglia	a la inglesa (para tronco)
7	42		versammelter Trab	collected trot	trot rassemblé	trotto riunito	trote reunido
8	50		versammelter Trab	collected trot	trot rassemblé	trotto riunito	trote reunido
7	42		versammelter Schritt	collected walk	pas rassemblé	passo riunito	paso reunido
8	50		Gesamtnote für Reinheit der Gänge	collective mark for paces	note d'ensemble pour les allures	voto d'insieme per correttezza delle andature	puntos de conjuntos por aires

chap.	page	No.:	Deutsch	English	Français	Italiano	Español
			Bezeichnung	specification	signification	termini	denominación
8	54		Vielseitigkeits-Fahrprüfung	combined driving event	épreuve combinée	concorso completo	prueba de enganches combinada
8	54		Teilnehmer, Fahrer	competitor, driver	participant, meneur	concorrente, guidatore	competidor, cochero
8	52		Zustand des Geschirrs/Wagens	condition of the harness/vehicle	état de l'harnachement/ de la voiture	condizioni dei finimenti/ della carrozza	estado de la guarnición/coche
8	53		Hinderniskegel	cone	cône	coni	cono
8	53		Eckenhindernis	corner obstacle	obstacle en équerre	ostacolo d'angolo	obstáculo de esquina
8	53		korrigiertes Verfahren	corrected error of course	erreur de parcours corrigée	errore di percorso corretto	corregir un error de recorrido
6	31	6/18	Splintsicherung	cotter-pin, split-pin	clavette	coppiglia	perno
4	23	4/5	Koppelriemen	coupling-rein, couple-rein	alliance	guinzaglio	riendas de dentro
8	56		Kreuzleine	coupling-rein, cross-over rein	guide croisée ou de croisière	redini di crociera	rienda cruzada (de dentro)
8	56		Kreuzleinenschnalle	coupling-rein buckle	boucle de croisée	fibbia delle redini di crociera	lebilla para las riendas
7	39	7/41	Leinenschoner	coupling-rein safety billet	protège-boucle	linguetta proteggiredine	hebilla de seguridad de la rienda de dentro
8	56		Leinenschoner	coupling-rein safety billet	protège-guide	protezione della fibbia delle redini	protector para la riendas
8	54		Parcours-Chef	course designer	chef de parcours	costruttore del percorso	jefe de pista
8	52		Gelände- und Streckenfahren	cross-country and long distance driving	épreuve de terrain et de distance	guidare in campagna e su lunghe distanze	recorrido en el campo
8	52		Geländestrecke	cross-country course	phase d'obstacles	percorso di fondo	recorrido de campo
7	39	7/40	Kreuzleine	cross-over rein, coupling-rein	guide croisée	redine di crociera	rienda de dentro
1	12	1/41	Genickstück	crown piece	têtière	sopracapo	cucarda
2	16	2/42	Genickstück	crown piece	têtière	sopracapo	testera
5	28	5/28	Genickstück	crown piece	têtière	sopracapo	testera
1	12	1/29	Schweifmetze	crupper dock	culeron	forcella del sottocoda normale	baticola
2	16	2/30	Schweifmetze	crupper dock	culeron	sottocoda	baticola
3	20	3/40	Schweifmetze	crupper dock	culeron	sottocoda	baticola
4	23	4/12	Schweifmetze	crupper dock	culeron	sottocoda	baticola
1	12	1/30	dicke Schweifmetze für Leinenfänger	crupper dock, thick	gros culeron	sottocoda doppio	horcilla de la baticola
1	12	1/31	Schweifmetze mit Schweifträger	crupper dock, spoonform	culeron releveur	sottocoda a paletta	horcilla con elevador-baticolade
5	27	5/12	Schweifmetze	crupper dock	culeron	sottocoda	baticola

			Deutsch	English	Français	Italiano	Español
chap.	page	No.:	Bezeichnung	specification	signification	termini	denominación
8	50		Dressuraufgabe	dressage test	programme de dressage	testo del dressage	prueba de doma clásica
8	50		Dressurprüfung	dressage test	épreuve de dressage	prova di dressage	reprise de doma
8	53		Stechen	drive off	barrage	barrage	irse de caña
8	51		fahren auf gerader Linie	drive on a straight line	mener en ligne droite	guidare in linea diretta	conducir en línea recta
7	41	7A/97	Fahrer	driver	meneur	guidatore	cochero
8	53		Absteigen des Fahrers	driver dismounting	pied à terre du meneur	piedi a terra del guidatore	bajada del cochero
8	53		Niederlegen oder Verlieren der Peitsche	driver putting down his whip	déposer ou perdre le fouet	deporre o perdere la frusta	cochero que pone el látigo en el fustero
7	41	7A/96	Bockdecke	driving apron	tablier de meneur, plaid	copertina, grembiule	mandil
2	16	2/44	Fahrzaum	driving bridle, headpiece	bride d'attelage	briglia da attacco	cabezada
7	41	7A/95	Fahrzaum	driving bridle, headpiece	bride d'attelage	briglia da attacco	cabezada
7	40	7A/60	Fahrgerte	driving-cane	fouet américain (stick)	frusta da corsa, fouet	látigo de caña
8	53		Fahrbewerb	driving event, competition	concours d'attelage	concorso di attacchi	concurso de enganches
7	43		Fahrpferd	driving horse	cheval d'attelage	cavallo da attacco	caballo de enganche
8	54		Fahrstunde, Lektion	driving lesson	leçon d'attelage	lezione di guida	lección de enganchar
8	54		Fahrausbildung	driving school	formation d'attelage	istruzione agli attacchi	escuela de enganches

E

			Deutsch	English	Français	Italiano	Español
7	41	7/77	Ellbogenkandare	elbow bit	mors coudé	morso inglese, morso a gomito	bocado de codo (bocado ashley)
8	47		Prüfung der Klasse L	elementary test	concours catégorie L	prova per la categoria L (facile)	prueba elemental
8	46		zugelassener Fahrer	eligible driver	meneur habilité	guidatore abilitato	cochero admitido
8	47		Ausschluss	elimination	élimination	eliminazione	eliminación
8	49		Vierecksbegrenzung	enclosure of the arena	lisse	recinzione del rettangolo	perimetro de la pista
8	50		einfahren	enter	entrée	entrare nel rettangolo	entrada
8	49		Eintritt	entrance	entrée	entrata	entrada
8	46		Einsatz	entry fee	finance d'inscription	quota d' iscrizione	matrícula
8	46		Nennungsformular	entry form	feuille d'inscription	modulo di iscrizione	formulario para matrículas
8	46		Ausrüstung	equipment	équipement	equipaggiamento	equipo

			Deutsch	**English**	**Français**	**Italiano**	**Español**
chap.	page	No.:	Bezeichnung	specification	signification	termini	denominación
8	49		verfahren	error of course	erreur de parcours	errore di percorso	error de recorrido
8	56		gleichmäßiger Zug	even tug	traction équilibrée	tiro uniforme	tirar por igual
8	51		Hufschlagfiguren genau einhalten	execute the figures accurately	éxécuter les figures avec précision	eseguire con precisione le figure	ejecutar las figuras con precisión
7	42		starker Trab	extended trot	trot allongé	trotto allungato	trote largo
	50		starker Trab	extended trot	trot allongé	trotto allungato	trote largo
7	42		starker Schritt	extended walk	pas allongé	passo allungato	paso largo
3	20	3/39	Verschlussriemen	eyelet	arrêtoir de brancard	cinghia fermabracciale	cerrar
				F			
1	12	1/40	Spieler	face drop	poire	giocattolo del frontale	juguetillo
2	15	2/15	Spieler	face drop	poire	giocattolo del frontale	jugetillo
3	20	3/31	Sperrriemen	false-breeching, Brown´s Patent Breeching	reculement fixe à la voiture	falsa braga	falsa retranca
6	32	6/29	Felge	felloe	jante	gavello della ruota	pina
8	49		Bahnfiguren	figures	figures	figure di maneggio	figuras
8	52		Passen des Geschirrs	fit of the harness	ajustement, réglage	regolazione dei finimenti	guarnición bien colocada
7	38	7/12	Fünfspänner, Juckeranspannung	five-horses team, three leaders	attelage à cinq	tiro a cinque, attacco all'ungherese	media potencia
8	56		Fleischseite	flesh-side	côté chair	lato carne	asiento
7	40	7/48	Fleischseite	flesh-side	côté chair	lato carne	asiento
8	49		Blumenschmuck	flower arrangement	décoration florale	decorazioni floreali	arreglos florales
7	40	7/71	Schaumring	foam ring	banquet	banco	rostea
6	33	6/55	Fußstütze	footrest	coquille	poggiapiedi	piso del pescante
8	51		vorwärtstreten	forward moving	avancer	portarsi avanti	movimiento hacia delante
7	38	7/6	Quadriga	four-abreast, quadriga, Roman chariot	quatre de front, char romain	quadriga	cuádriga
8	53		Vierspänner-Prüfung	four-in-hand class, *Am*. team class	épreuve d'attelage à quatre	categoria tiri a quattro	prueba de cuartas, prueba por equipos
7	40	7/54	Stockpeitsche, Vierspänner	four-in-hand german drop-thong whip	fouet noué pour attelage à quatre	frusta spezzata per tiro a quattro	látigo alemán de cuartas
4	23	4/1	Viererzug	four-in-hand, *Am*. team	attelage à quatre	tiro a quattro	cuarta
7	38	7/11	Vierspänner	four-in-hand, *Am*. team	attelage à quatre	tiro a quattro	cuarta

chap.	page	No.:	Deutsch — Bezeichnung	English — specification	Français — signification	Italiano — termini	Español — denominación
6	32	6/37	Parallelogramm-Feder	4-spring, telegraph spring, *Am.* full platform spring	ressort télégraphe	molle a telegrafo	muelle telegrafo
3	19	3/21	eiserne Trageöse	french shaft tug	porte-brancard métallique	portastanga a riccio in metallo	portavaras cuatro ruedas
7	40	7/50	Fröschl	frog	grenouille	fermaglio di regolazione delle redini ungheresi	ranilla
8	57		Fröschl	frog	grenouille	fermaglio delle redini	ranilla
7	38	7/36	Stirnschalanken	front sallang (Hungarian harness)	sallanques frontales	"sallang" per briglia	mosqueros húngaros
3	20	3/36	Kumt	full collar	collier	collana	collerón
5	27	5/15	Kumt	full collar	collier	collana	collerón
6	32	6/36	Voll-Elliptikfeder	full elliptic spring	ressort à pincettes	molla elittica	pinza

G

chap.	page	No.:	Deutsch	English	Français	Italiano	Español
8	51		Gesamteindruck	general impression	impression générale	impressione d'insieme	impulsión general
8	46		allgemeine Bestimmungen	general rules, regulations	prescriptions générales	regolamento generale	reglamento general
6	34		Argentan	german silver	maillechort	argentone, alpacca	plata alemana
7	41	7A/87	Gig	gig	gig	gig	coche ligero americano
1	11	1/21	großer Bauchgurt	girth	sangle	sottopancia del sellino	cincha
2	15	2/22	großer Bauchgurt	girth	sangle	sottopancia del sellino	barriguera
3	19	3/22	Bauchgurt	girth	sangle	sottopancia del sellino	cincha
5	27	5/9	Bauchgurt für Tandem-Selett	girth for leader	sangle de sellette	sottopancia per cavallo di volata	cincha para el guía
5	27	5/8	Bauchgurt für Stangenpferd	girth for wheeler	sangle de brancardier	sottopancia per cavallo di timone	cincha para el tronco o caballo de detrás
7	42		Handschuhe	gloves	gants	guanti	guantes
8	56		Haarseite	grain-side, hair-side	côté fleur	lato del fiore	lado del cuero capilar
8	49		Gras	grass	herbe	erba	hierba
7	42		Beifahrer	groom	aide, groom	groom, palafreniere	mozo
8	54		Beifahrer	groom	aide, groom	groom, palafreniere	mozo
8	53		Absteigen des Beifahrers	groom dismounting	pied à terre du groom	piedi a terra del groom	bajada del mozo
6	32	6/33	Beifahrersitz	groom seat, rumble	siège de groom	serpino del groom	asiento ayudante
7	40	7/65	Kerbe	groove	rainure	scanalatura	ranura

			Deutsch	English	Français	Italiano	Español
chap.	page	No.:	Bezeichnung	specification	signification	termini	denominación
8	56		Kerbe	groove	encoche	scanalatura	ranura
8	50		Raumgriff	ground cover, length of stride	amplitude	ampiezza della falcata	terreno que cubren, longitud del tranco
7	42		Kammerfreiheit	gullet, gullet width	liberté de garrot	libertà di garrese	espacio entre la cruz
				H			
7	40	7/47	Haarseite	hair-side, grain-side	côté fleur	lato del fiore	lado del cuero capilar
8	55		halbe Parade	half halt	demi-parade	mezza fermata	media parada
8	50		halten	halt	arrêt	arresto	parada
2	15	2/8	Kumtbügel	hame	attelle	ferri della collana, bastoni della collana	costillas
3	19	3/2	Kumtbügel	hame	attelle	ferri della collana, bastoni della collana	costillas
5	28	5/35	Kumtbügel	hame	attelle	ferri della collana, bastoni della collana	costillas
3	19	3/7	Schließkette	hame link chain	coulant d'attelle (chaînette)	maglione a catena	gargantilla de cadena
5	28	5/39	Schließkette	hame link chain	coulant d'attelle (chaîne)	maglione a catena	gargantilla de cadena
5	28	5/36	Zugkrampe	hame pull, anchor pull, draught seye, *Am.* anchor draft	tirant d'attelle	ganci della collana per boucleteau	nudillo del tirante
2	15	2/11	Kumtgürtel	hame-strap	courroie d'attelle	cinghia fermaferri, cinghia fermabastoni	correa de las costillas
3	19	3/5	Kumtgürtel	hame-strap	courroie d'attelle	cinghia fermaferri, cinghia fermabastoni	correa de las costillas
5	28	5/38	Kumtgürtel	hame-strap	courroie d'attelle	cinghia fermaferri, cinghia fermabastoni	correa de las costillas
1	11	1/19	Leinenauge	neck-strap terret	clé de surcou	chiave passaredini del reggipettorale	anilla del sobrecuello
2	15	2/10	bewegliches Leinenauge	hame terret	clé d'attelle mobile	chiave passaredini snodata della collana	pasa-rienda, llave
3	19	3/4	bewegliches Leinenauge	hame terret	clé d'attelle mobile	chiave passaredini snodata della collana	llave, pasa-rienda
5	28	5/37	bewegliches Leinenauge	hame terret	clé d'attelle mobile	chiave passaredini snodata della collana	llave, pasa-rienda
2	15	2/16	Strangstutzen	hame tug	boucleteau de trait	boucleteau	manoplillo
1	11	1/16	große Strangschnalle	hame tug buckle, *Am.* trace-buckle	boucle à mancelle	fibbione a doppio orecchio	cangreja del collerón
2	15	2/17	große Strangschnalle	hame tug buckle, *Am.* trace-buckle	boucle à mancelle	fibbione a doppio orecchio	hebilla de asas
3	19	3/10	Zweispänner-Strangschnalle	hame tug buckle for pair	boucle à mancelle pour attelage à deux	fibbione a doppio orecchio per pariglia	hebilla de la falsa martingala para tronco
3	19	3/9	Einspänner-Strangschnalle	hame tug buckle for single harness	boucle de trait pour attelage à un	fibbione delle tirelle per singolo	hebilla de la falsa martingala
3	19	3/11	Tandem-Strangschnalle	hame tug buckle for tandem	boucle de trait pour tandem	fibbione del boucleteau per tandem	hebilla de la falsa martingala para tándem

chap.	page	No.:	Deutsch Bezeichnung	English specification	Français signification	Italiano termini	Español denominación
5	28	5/41	Tandem-Strangschnalle	hame tug buckle for tandem	boucle de trait pour tandem	fibbione del boucleteau per tandem	hebilla del manoplillo
6	34		Haltegriff	handhold	poignée-montoir	maniglia	asidero de manos
7	39	7/44	Handstück	handpiece	main de guide	redine intera che va in mano	parte de las riendas para la mano
8	56		Handstück	handpiece	main de guide	redine che va in mano	parte de las riendas para la mano
6	32	6/42	Radbremse	handwheel brake	frein à volant	freno a ruota	freno de la rueda
8	49		Boden, harter	hard surface	terrain dur	terreno duro	pista dura
7	41	7A/94	Geschirr	harness	harnais	briglia da attacco	arnés
8	57		einspannen	harness up	atteler	attaccare	aparejar
1	11	1/17	Halskoppel	head collar, halter	tour de cou	sopracollo	quitipon
6	31	6/7	Verdeckgelenk	head joint, Am. top joint	compas de capote	compasso della capote, compasso del mantice	mecanismo plegable
6	34		Messing, Vollmessing	heavy brass	laiton	ottone, ottone pieno	laton
7	43		Karossiertyp, schweres Wagenpferd	heavy-weight carriage horse	type carrossier	cavallo carrozziere pesante	caballo pesado de enganche
8	52		Höhe der Deichsel und der Ersatzausrüstung	height of the pole and spare equipment	hauteur du timon/pièces de rechange	altezza del timone e pezzi di ricambio	altura de la lanza y del equipo de recambio
8	55		beliebige Leinenführung	holding of reins optional	tenue des guides à volonté	redini a volontà	sujetar la rienda opcional
7	43		Pferd in Stellung	horse in flexed position	cheval en position	cavallo in piego, cavallo con incollatura flessa	caballo colocado
3	19	3/1	Einspänner	horse in single harness	attelage à un	singolo	limonera
8	53		Einspänner	horse in single harness	attelage à un	singoli	limonera
7	41	7A/84	Sattelpferd	horse left of the pole	porteur	cavallo montato	caballo de fuera
8	56		Sattelpferd	horse left of the pole	porteur	cavallo di sinistra, montato	caballo de silla
7	41	7A/83	Handpferd	horse right of the pole	sous-verge	cavallo sottomano	caballo de mano
8	56		Stangenpferd	wheeler	brancardier	cavallo di stanghe	caballo de lanza
6	34		Nabenring	hub ring	frette	ghiera del coprimozzo	sortija de maza
8	57		Ungarische Leinen	Hungarian reins	guides hongroises	redini ungheresi	riendas húngaras
7	47	7/49	Ungarische Leinen	Hungarian reins	guides hongroises	redini ungheresi	riendas húngaras
8	51		übereilt	hurried	précipité	affrettato	rápido

			Deutsch	English	Français	Italiano	Español
chap.	page	No.:	Bezeichnung	specification	signification	termini	denominación

chap.	page	No.:	Deutsch Bezeichnung	English specification	Français signification	Italiano termini	Español denominación
4	23	4/15	Juckervorwaage	lead-bar for four-in-hand using rope, looping leather tracet	balance de volée pour traits à étrangle-chat	bilancia e bilancini per attacco all'ungherese	balancines para cuarta rústica
4	23	4/14	Vorderwaage für Coach, Vorderbracke	lead-bar for four-in-hand with metal furniture	balance de volée	bilancia e bilancini per coach	balancines para cuarta con embellecedores
4	23	4/18	Vorwaage für Fünfer-Juckerzug	lead-bar for three leaders Hungerian style	balance de volée pour attelage à cinq au style hongrois	bilancia e bilancini di volata per attacco ungherese a cinque cavalli	balancines para cinquo caballos a la húngara
4	23	4/17	Waage für 5-spännige Coach	lead-bar for three leaders of five-in-hand	balance de volée pour attelage à cinq	bilancia e bilancini per coach a cinque cavalli	balancines para media potencia
4	23	4/19	Vorderortscheit für Einhorn	lead-bar for unicorn	palonnier de volée pour unicorne	bilancino di volata per unicorno	balancín para tresillo
4	23	4/4	Vorderpferd, Kumt	lead harness, full collar	cheval de volée, collier	cavallo di volata, collana	guía, collerón
5	27	5/16	Leinenführungsring	lead rein drop	panurge	reggi guide	sujeta riendas de guía
4	23	4/9	Leinenführungsring	lead rein drop	panurge	reggi guide	sujeta riendas de guía
4	23	4/7	Vorderleinen	lead reins	guide de volée	redini della volata	riendas de guías
5	27	5/20	Vorderleinen	lead reins	guide de volée	redini della volata	riendas de guías
4	23	4/22	Stränge für Vorderpferde	lead trace	trait pour cheval de volée	tirelle per cavalli di volata	tiro de guías
5	27	5/5	Vorderstrang	lead trace	trait de volée	tirella del cavallo di volata	rienda para el guía
7	41	7A/92	Vorderpferd	leader	cheval de volée	cavallo di volata	guía
8	56		Vorderpferd	leader	cheval de volée	cavallo di volata	guía
7	39		Leder	leather	cuir	cuoio, pelle	cuero
6	31	6/6	Faltverdeck	leather head, folding head, *Am.* folding top	capote pliable	capote, mantice	capota
7	39	7A/33	Wechsel aus dem Zirkel	leave the circle	changement hors de la volte	cambiamento di circolo	salir del círculo
8	52		verlassen der Strafzone	leaving the penalty zone	quitter la zone de pénalité	lasciare la zona di penalità	salir de la zona de penalidad
6	34		Wagenheber	lifting jack	cric, chévre	cric	cabria
7	43		Juckerpferd, leichtes Wagenpferd	light-weight carriage horse, roadster	cheval d'attelage léger	cavallo carrozziere leggero, cavallo da attacco leggero	caballo de tiro ligero
8	48		Platzierung	line up, placement	classement	piazzamento	clasificación
6	34		Polsterung	lining, Am. striping	rembourrage	imbottitura	cojín tapiceria
6	34		Beschnitt der Lackierung	lining, Am. striping	filets	filettatura	líneas de pintura
7	43		Leinsamen	linseed	graines de lin	semi di lino	semilla de lino
8	47		Startliste	list of competitors	liste de départs	ordine di partenza	órden de salida
8	48		Ergebnisliste	list of results	classement	classifica	resultados

chap.	page	No.:	Deutsch Bezeichnung	English specification	Français signification	Italiano termini	Español denominación
2	16	2/34	Liverpoolkandare	Liverpool bit	mors Liverpool	morso Liverpool	bocado de globo
7	40		Liverpoolkandare	Liverpool bit	mors Liverpool	morso Liverpool	bocado de globo
7	41	7/80	Liverpoolkandare mit gebrochenem Gebiss	Liverpool bit with jointed mouthpiece	filet Liverpool	morso Liverpool a cannone spezzato	bocado de globo con el final de las barras unidas
7	40	7/70	Liverpoolkandare mit Pumpgebiss	Liverpool swinging bit	mors Liverpool à pompe	morso Liverpool a pompa	bocado de globo con barra móvil
7	42	7A/100	Livrèe	livery	livrée	livrea	librea
6	33		Sperrvorrichtung	locking device	système de blocage	sistema di bloccaggio	cierre
3	20	3/30	Strangträger	loin-strap	porte-trait	reggitirella	portatiros
5	27	5/13	Kreuzriemen	loin-strap	barre de fesse/croupe	reggibraga	caídas de riñón,caídas de grupa
1	12	1/32	Kreuzriemen gegabelt	loin-strap, *Am.* hip-strap	barre de fesse/croupe fourchée	reggi braga a forchetta	caídas de riñón,caídas de grupa
2	16	2/31	Kreuzriemen gegabelt	loin-strap, *Am.* hip-strap	barre de fesse/croupe fourchée	reggibraga a forchetta	caídas de riñón,caídas de grupa
3	20	3/25	Kreuzriemen gegabelt	loin-strap, *Am.* hip-strap	barre de fesse/croupe fourchée	reggibraga a forchetta	caídas de riñón,caídas de grupa
7	38	7/20	Doppellonge	long reins	longues guides	doppia longia	riendas para el trabajo de pie a tierra
7	42		Langstroh, Roggenstroh	long-straw, rye-straw	paille longue (seigle)	paglia a fibra lunga	paja larga
5	27	5/10	Durchlässe für die Stränge	loop on leader pad for lead trace	passe de trait de volée	passanti per tirelle	lazo en el guía para el tiro del guía
7	40	7/66	Tragering	loose ring	anneau de montant	anello del montante	anilla de filete para la carrillera
8	57		Tragering	loose ring	anneau de montant	anello del montante	anilla de apoyo
6	34		Gepäckkasten	luggage box	coffre à bagages	cassa portabagagli	porta maletas
7	39	7/25	Kappzaum	lungeing cavesson	caveçon	capezzone	cabezón
				M			
7	42		Mahagoniholz	mahogany wood	mahagoni	legno di mogano	madera de caoba
6	33		Hauptortscheit	main-bar	maître palonnier	bilancia	balancín primero
8	52		Marathon	marathon	marathon	maratona	maratón
8	49		Bahnpunkte	markers, points of the arena	lettres des carrés de dressage	lettere del rettangolo	leteras de la pista
8	49		Wertnote	marks, score, points	note d'appréciation	voto	puntos
8	52		Zusammenpassen der Pferde	match of the horses	ensemble des chevaux	assortimento dei cavalli	conjunto de caballos
8	47		Prüfung der Klasse M	medium test	concours catégorie M	prova per la categoria M (media)	prueba dificultad media

chap.	page	No.:	Deutsch Bezeichnung	English specification	Français signification	Italiano termini	Español denominación
7	42		Mittelschritt	medium walk	pas moyen	passo medio	paso medio
8	51		ausfahren der Ecken und Wechselpunkte	meet the corners and markers properly	marquer correctement angles et transitions	eseguire correttamente gli angoli e rispettare le lettere	pasar bien las esquinas y llegar a las entradas de los obstáculos
6	34		Beschläge	metal fittings	ferrure	ferramenta	herraje
6	34		Selett-Beschläge	metal fittings of saddle	ferrures de sellette	ferramenta del sellino	herraje de sobreaguja
7	39	7/26	mittlerer Ring, drehbar	middel lungeing rein ring	anneau central	campanella centrale girevole del capezzone	anilla para dar cuerda
8	46		Mindestleistung	minimum performance	performance minimale	prestazione minima	rendimento mínimo
8	50		Unbeweglichkeit im Halten	motionless standstill	immobilité à l'arrêt	immobilità all'arresto	inmovilidad
6	34		Zierleiste	moulding, edging	moulure	listello decorativo	ornamento
5	27	5/23	Gebissstück	mouthpiece	canon	cannone	bocado
7	40	7/64	Gebissstück	mouthpiece	canon	cannone snodato	embocadura
7	40	7/72	Gebissstück	mouthpiece	canon	cannone	bocado de barra recta
8	50		anfahren	move off	se mettre en mouvement	partenza	partir
8	53		Mehrfachhindernis	multiple obstacle	obstacle combiné	ostacolo multiplo	obstáculo múltiple
6	31		Mehrspännerwagen	multiplex harness	voiture à plusieurs chevaux	carrozza per attacco multiplo	coche varios caballos

N

chap.	page	No.:	Deutsch	English	Français	Italiano	Español
1	11	1/18	Halsriemen	neck-strap	courroie de surcou	reggipettorale	sobrecuello
7	38	7/22	Leinenauge	neck-strap terret	clé de surcou	chiave del reggipettorale	anilla de la caída
1	12	1/45	Nasenriemen	nose band	muserolle	nasiera, museruola	muserola
2	16	2/43	Nasenriemen	nose band	muserolle	nasiera, museruola	muserola
3	20	3/34	Einspänner Nasenriemen	nose band for singles	muserolle pour attelage à un	nasiera per singolo	muserola simple
5	28	5/32	Einspänner Nasenriemen	nose band for singles	muserolle pour attelage à un	nasiera per singolo	muserola para limonera
8	47		Prüfung der Klasse A	novice test	concours catégorie A	prova per la categoria A (principianti)	prueba de promoción

O

chap.	page	No.:	Deutsch	English	Français	Italiano	Español
8	51		Gehorsam und Losgelassenheit	obedience and suppleness	soumission et légèreté	sottomissione e leggerezza	obediencia y soltura
8	56		leinenführig	obedient to the rein	obéissant aux guides	sottomesso alle redini	caballo obediente a las riendas
8	56		stranggehorsam	obedient to the trace	docile au trait	sottomesso alle tirelle	caballo obediente al tiro

chap.	page	No.:	Deutsch Bezeichnung	English specification	Français signification	Italiano termini	Español denominación
8	53		Hindernisfahren	obstacle driving test	parcours d'obstacle, maniabilité	prova ad ostacoli mobili	prueba de manejabilidad
8	54		Hindernisrichter	obstacle judge	juge d'obstacle	commissario all'ostacolo	juez de obstáculo
8	52		abwerfbares Hindernis	obstacle with collapsible elements	obstacle tombant	ostacolo con elementi rovesciabili	obstáculo con elemento móvil
8	53		Hindernis mit Durchfahrtsbegrenzung	obstacle with markers	obstacle avec limitation de largeur	ostacolo con delimitazioni	obstáculo con limitacion de atravesar
8	47		Meldestelle	office	bureau du concours	segreteria del concorso	oficina del concurso
8	55		an das Gebiss gestellt	on the bit	en main	in appoggio	en la mano
3	19	3/20	Ledertrageöse	open shaft tug	bracelet de brancard en cuir	portastanga a bracciale in cuoio	portavaras dos ruedas
5	28	5/47	Trageöse (Leder/Metall)	open shaft tug/French shaft tug	bracelet de brancard	riscontro del portastanghe	manoplillo abierto o francés
8	46		Nennbeginn	opening date	début de l'inscription	data di apertura delle iscrizioni	fecha de apertura
8	47		Organisator	organizer	organisateur	organizzatore	organizador
8	47		Turnierleitung	organizing committee	comité d'organisation	direzione del concorso	comité organizador
1	11	1/9	Außenstrang	outside trace	trait extérieur	tirella esterna	tiro exterior
8	56		längsovale Löcher	oval punching	trous ovales	punti o fori ovali delle redini	agujero oval
7	41	7/74	Oberbaum	over bit, over ceek	branche supérieure	stanghetta con occhio per montante	portamozo
8	55		über dem Zügel	over the bit	au-dessus de la main	sopra l'imboccatura	delante de la mano
8	46		Pferdebesitzer	owner of a horse	proprietaire d'un cheval	proprietario del cavallo	propietario de un caballo

P

chap.	page	No.:	Deutsch	English	Français	Italiano	Español
1	11	1/20	Kammdeckel	pad	mantelet	sellino per pariglia	sobreaguja
2	15	2/21	Kammdeckel	pad	mantelet	sellino per pariglia	sobreaguja
1	11	1/23	Oberblattstrupfe	pad-point-strap, tug-strap billet, *Am.* tug-bearer	contre-sanglon de boucle à mancelle	riscontro del reggifibbione a orecchio	correa de sujeción de la mantilla, portavaras
1	12	1/24	Oberblattstrupfenstössel	pad-point-strap buckle	sanglon de boucle à mancelle	reggi fibbione a orecchio	hebilla de la correa de sujeción de la mantilla, hebilla portavaras
2	16	2/25	Oberblattstrupfenstössel	pad-point-strap buckle	sanglon de boucle à mancelle	reggifibbione a orecchio	hebilla de la correa de sujeción de la mantilla, hebilla portavaras
1	12	1/26	Schlüsselring	pad terret	clé de mantelet	chiave passaredini del sellino	pasa-rienda del sillín, llave
2	16	2/27	Schlüsselring	pad terret	clé de mantelet	chiave passaredini del sellino	pasa-rienda del sillín, llave
6	34		Lackierung	painting, coating	peinture	verniciatura	pintura
7	42		Lackierung	painting, coating	peinture	verniciatura	pintura

chap.	page	No.:	Deutsch Bezeichnung	English specification	Français signification	Italiano termini	Español denominación
2	15	2/1	Zweispänner	pair	attelage à deux	pariglia	tronco
7	38	7/10	Zweispänner	pair, double-harness	attelage à deux	pariglia	tronco
8	53		Zweispänner	pair	attelage à deux	pariglie	tronco
6	31		Zweispännerwagen	pair-horse carriage	voiture à deux chevaux	carrozza per pariglia	coche para tronco
7	39	7/38	Achenbachleinen	pair reins, Achenbach reins	guides Achenbach	redini Achenbach	riendas de tronco, riendas Achenbach
7	40	7/56	Bogenpeitsche, Zweispänner	pairs bow-topped whip	fouet col de cygne	frusta a pioggia per pariglia	látigo con tralla sin ballena para troncos
7	40	7/53	Stockpeitsche, Zweispänner	pairs german drop-thong whip	fouet noué pour attelage à deux	frusta spezzata per pariglia	látigo alemán
3	19	3/18	Polsterung	panel, Am. pad	matelassure	imbottitura della collana	sillín parte baja
6	32	6/40	Feststellbremse	parking brake	frein de stationnement	freno di stazionamento	freno de mano
8	54		Passagier	passenger	passager	passeggero	pasajero
8	47		Schirmherr	patron	président d'honneur	patrocinatore, presidente onorario	patrocinador
7	42		Birnenform des Kumtleibes	pear-shaped collar (pad)	forme en poire du collier	collana a forma di pera	collerón de forma pera
8	52		Strafpunkte	penalty points	points de pénalité	punti di penalità	puntos de penalidad
8	52		Strafzone	penalty zone	zone de pénalité	zona di penalità	zona de penalidad
8	46		Leistungsklassen	performance rating	catégories	categorie di livello	categoria de rendimento
8	46		Starterlaubnis	permission to start	autorisation de départ	permesso di partenza	permiso para la partida
7	43		Pillangos (Verzierung bei den Schalanken)	pillango	pillango (papillon)	pillango	pillangos
8	48		platziert	placed	classé	piazzato	clasificado
8	49		Stallplakette	plaquette	plaque d'écurie	targa di scuderia	placa
8	48		Wertnotensystem	points system	système d'appréciation aux points	sistema di assegnazione dei voti	sistema de puntos
8	48		nicht genügend 0	not performed 0	non realisé 0	non eseguito 0	no ejecutado 0
8	48		sehr schlecht 1	very bad 1	très mal 1	molto male 1	muy mal 1
8	48		schlecht 2	bad 2	mal 2	male 2	mal 2
8	48		ziemlich schlecht 3	fairly bad 3	assez mal 3	abbastanza male 3	bastante mal 3
8	48		mangelhaft 4	insufficient 4	insuffisant 4	insufficiente 4	insuficiente 4
8	48		genügend 5	sufficient 5	suffisant 5	sufficiente 5	suficiente 5

			Deutsch		English		Français		Italiano		Español	
chap.	page	No.:	Bezeichnung		specification		signification		termini		denominación	
8	48		befriedigend	6	satisfactory	6	satisfaisant	6	soddisfacente	6	satisfactorio	6
8	48		ziemlich gut	7	fairly good	7	assez bien	7	abbastanza bene	7	bastante bien	7
8	48		gut	8	good	8	bien	8	bene	8	bien	8
8	48		sehr gut	9	very good	9	très bien	9	molto bene	9	muy bien	9
8	48		ausgezeichnet	10	excellent	10	excellent	10	eccellente	10	excelente	10
6	31	6/13	Deichsel		pole, shaft, *Am*. pole, tongue		timon		timone		lanza	
7	38	7/17	Deichsel		pole, shaft, *Am*. pole, tongue		timon		timone		lanza	
6	31	6/16	Deichselschuh		pole bracket		douille de timon		staffa portatimone		abrazadera de balancín	
1	11	1/5	Deichselkette		pole-chain		chaînette		giungola a catena, chaînette		cadena de la lanza	
2	15	2/5	Aufhaltekette		pole-chain		chaînette		giungola a catena, chaînette		cegaderos de cadena	
4	23	4/21	Aufhaltekette		pole-chain		chaînette		giungola di catena, chaînette		cadena de la lanza	
6	34		Deichselhülle		pole cover		housse de timon		guaina copritimone		cubre lanza	
4	23	4/20	Deichselbrille für Viererzug		pole-head rings for pole-chains		crapaud de timon pour attelage à quatre		anelli del timone per tiro a quattro		anillas de punta de lanza para cuarta	
6	31	6/15	Viererzughaken		pole-hook		trompe		tromba del timone per tiro a quattro		cuello de cisne	
4	23	4/13	Viererzughaken		pole-hook		trompe		tromba del timone per tiro a quattro		punta de lanza con cuello de cisne	
6	31	6/17	Deichselnagel		polepin		cheville de timon		fermo per timone		clavija	
1	11	1/4	Aufhalteriemen		pole-strap, pole-piece		courroie de timon/chaînette		giungola		correa de la lanza, cegadero	
2	15	2/4	Aufhalteriemen		pole-strap, pole-piece		courroie de timon/chaînette		giungola		correa de la lanza, cegadero	
4	24	4/26	Aufhalteriemen		pole-strap, pole-piece		courroie de timon/chaînette		giungola		correa de la lanza, cegadero	
1	11	1/6	Aufhaltering		pole-strap ring		D de bricole		anello reggigiungola del pettorale		arandela de la correa de la lanza	
6	34		poliert		polished		poli		lucidato		pulido	
7	43		Pony, Kleinpferd		pony		poney		pony		poni	
7	43		Zungenfreiheit		port		passage de langue		passaggio di lingua		libralengua, desveno	
8	51		Stellung		position		position		piego		posición	
7	41	7/79	Postkandare		post bit		mors de poste		morso da posta		bocado de trotador	
7	41	7A/86	Anspannung à la Daumont, vierspännig		postillion four-in-hand		attelage à quatre à la Daumont		attacco alla Daumont, tiro a quattro		a la Daumont	

chap.	page	No.:	Deutsch Bezeichnung	English specification	Français signification	Italiano termini	Español denominación
7	41	7A/85	Anspannung à la demi Daumont, zweispännig	postillion pair	attelage à la Daumont	attacco alla Daumont, pariglia	a la media Daumont
8	51		Haltung auf dem Bock	posture on the box	position sur le siège	posizione a cassetta	posición de cochero
8	54		Fahrlehrgerät	practice apparatus, "dummy"	simulateur de conduite	simulatore di guida	rastra
8	47		Abfahrplatz	practice area	place d'échauffement	campo prova	pista de ensayo
6	34		Edelmetall	precious metal	métal précieux	metallo prezioso	metales preciosos
8	51		Gespannkontrolle	presentation	présentation	presentazione	presentación
8	48		Geldpreis	prize money	prix en argent	premio in denaro	premio en efectivo
8	46		Turnierveranstalter	promoter	organisateur	organizzatore del concorso	promotor
8	48		Einspruch, Protest	protest, objection	recours, protêt	ricorso	reclamación
6	32	6/43	Zugbremse	pulling handbrake lever	frein à crémaillère à tirer	freno a cremagliera a trazione	hongo del freno
6	32	6/44	Druckbremse	pushing handbrake lever	frein à crémaillère à pousser	freno a cremagliera a spinta	presión del freno

Q

chap.	page	No.:	Deutsch	English	Français	Italiano	Español
8	46		Qualifikation	qualification	qualification	qualificazione	calificación

R

chap.	page	No.:	Deutsch	English	Français	Italiano	Español
5	27	5/2	Random	randem	tridem	random	tres a la larga, tridem
7	38	7/4	Random	randem	tridem	random	tres a la larga, tridem
5	27	5/19	Random-Schlüsselring	randem wheeler terret	clé de tridem	chiave passaredini del sellino del random	llave, pasa-rienda para tres a la larga, tridem
7	43		Langbaum	reach	flèche	codone	vara de unión entre los ejes
6	34		Rücklicht	rear light	réflecteur	luce posteriore	piloto trasero luz
8	54		Hilfsrichter	referee	juge auxiliaire	guidice ausiliario	arbitro
8	46		Eintragung des Pferdes als Turnierpferd	registration of a horse as a competition horse	enregistrement du cheval comme cheval de sport	iscrizione dei cavalli nel registro cavalli da concorso	registrar un caballo para competición
8	51		Regelmäßigkeit und Freiheit der Gänge	regularity and freedom of the paces	régularité et décontraction	regolarità e libertà delle andature	regularidad y soltura de los aires
8	56		Leinenführungsschlaufe	rein guide	passant de guide	passante per redini	pasador de las riendas
7	39	7/43	Kreuzschlaufe	rein guilet	passant de guide	passante delle redini di crociera	hebilla en las riendas
6	34		Leinenhalter	rein rail	porte-guide	barra portaredini	pasa-riendas
7	40	7/67	Leinenring	rein ring, cutter ring	anneau de guide	anello della redine	anilla de filete para las riendas

chap.	page	No.:	Deutsch Bezeichnung	English specification	Français signification	Italiano termini	Español denominación
8	56		Leinenring	rein ring, cutter ring	anneau de guide	anello della redine	anilla para la rienda
7	41	7/73	Leinenschlitze	rein-slot	passes de guides	chiamate	pasa-riendas del bocado
1	12	1/34	Leinen	reins	guides	redini	riendas
2	16	2/33	Leinen	reins	guides	redini	riendas
3	20	3/41	Leinen	reins	guides	redini	riendas
8	56		Leinen	reins	guides	redini	riendas
8	55		Grundhaltung	reins in "basic gear"	position de base	tenuta delle redini in posizione di base	las riendas en una mano
8	55		Dressurhaltung	reins in "dressage gear"	position de dressage	tenuta delle redini in posizione di lavoro o addestramento	las riendas en dos manos
8	55		Gebrauchshaltung	reins in "working gear"	position de travail	tenuta delle redini in posizione di aiuto	posición del trabajo
8	50		Leinen in einer Hand	reins in one hand	guides dans une main	redini in una mano	riendas en una mano
5	28	5/52	verschiebbarer Sitz	removable driving cushion	siège coulissant	sedile scorrevole	cojín móvil
6	33	6/51	verstellbarer Sitz	removable driving cushion	siège coulissant	sedile scorrevole	asiento movible
8	46		Anforderungen	requirements	exigences	richieste	requisitos
8	54		Ersatzpferd	reserve horse	cheval de réserve	cavallo di riserva	caballo de reserva
8	50		unruhig	restless	défaut d'immobilité	mancanza di immobilità	no hay inmovilidad
8	48		Resultat	result	résultat	risultato	resultado
8	48		Schleife	ribbon, rosette	flot	coccarda	escarapela
1	11	1/3	feste/bewegliche Deichselbrille	rigid/flexible pole-head	crapaud de timon, fixe/mobile	nottola del timone con anelli fissi/snodati	punta de lanza rígida/flexible
6	31	6/14	feste/bewegliche Deichselbrille	rigid/flexible pole-head	crapaud de timon	anelli fissi/snodati della nottola del timone	punta de lanza rígida/flexible
6	31	6/11	Docken	roller-bolt, safe	paumelle	funghi	botariles
7	38	7/23	Leinenführungsring	rollet rein terret	anneau de longue guide	reggi guide, campanella o anello o chiave del fascione	sobrebarriguera
1	12	1/43	Rosette	rosette	fleuron ou cocarde	rosetta	escarapela
2	16	2/40	Rosette	rosette	fleuron ou cocarde	rosetta	escarapela
5	28	5/30	Rosette	rosette	fleuron	rosetta	escarapela
6	32	6/30	Reifen	rubber casing, pneumatic tyre, *Am.* rubber tire	cercle/bandage	cerchione della ruota	llanta de goma
8	48		Zweitplatzierte	runner up	deuxième	secondo classificato	segundo

chap.	page	No.:	Deutsch Bezeichnung	English specification	Français signification	Italiano termini	Español denominación
6	32	6/31	Achse, Achsschenkel	running axle	essieu	assale	eje
6	33		Trittbrett	running board	marche-pied	pedana, predella, montatoio	estribo
			S				
3	19	3/13	Selett	saddle, *Am.* "skirt"	sellette	cappellina	faldoncillo del sillín
5	28	5/42	Selett	saddle, *Am.* "skirt"	sellette	sellino per singolo	faldoncillo del sillín
3	19	3/14	Sättelchen	saddle seat	troussequin	truschino	sillín
5	28	5/43	Sättelchen	saddle seat	troussequin	truschino	sillín
2	16	2/48	Docken	safe, roller-bolt	paumelle	funghi	botaril
7	39	7/37	Rücken-(Seiten-) Schalanken	sallangs	sallanques	"sallang" per finimenti laterali	adornos de guarnición húngara
8	50		Gruß	salute	salut	saluto	saludo
8	49		Sand	sand	sable	sabbia	arena
3	20	3/37	Schulterblatt	scapula, bladebone	omoplate	scapola	escapula
8	46		Ausschreibung	schedule, fixture	proposition de concours	avamprogramma	programa
8	47		Schwarzes Brett	score board	panneau d'affichage	tabellone	tablón de puntuaciones
8	49		Protokoll	score sheet, minutes, notes	protocole	scheda dei punteggi	hoja de puntuaciones
8	47		Bewertung	scoring	appréciation	valutazione	puntuaciones
8	47		Richtverfahren	scoring method	methode de notation	metodo di giudizio	método de puntuación
6	34		Sitz	seat	siège	sedile	asiento
8	52		Teilstrecke	section	section, phase	fase	fase
6	32	6/38	Halb-Elliptikfeder	semi-elliptic spring, *Am.* half-elliptic spring	ressort demi-pincette	molla semi-elittica	media pinza
8	50		richten, getrennt	separate judgement	jugement séparé	giudizio separato	juzgar por separado
8	53		Schlangenlinie	serpentine	serpentine	serpentina	serpentina
6	34		Schmutzfänger	set-off sheet, waterproof sheet	garde-boue	telina parafango, telina paraspruzzi	guardabarros
3	20	3/32	Schere/Anze	shaft, thills	brancards	stanghe (legno/acciaio)	vara
3	20	3/38	Öse	shaft-loop, staple, *Am.* footman-loop	crampon	cambra	ojal
8	52		Kondition der Pferde	shape, form of the horses	condition physique des chevaux	condizione dei cavalli	estado de los caballos

chap.	page	No.:	Deutsch Bezeichnung	English specification	Français signification	Italiano termini	Español denominación
7	40		scharfe Schnallung	sharp buckling	bouclage dur, sévère	affibbiatura severa	collocation del bocado dura
8	57		scharfe Schnallung	sharp buckling	bouclage dur, sévère	affibbiatura severa	colocación del bocado dura
8	49		Späne, Schnitzel	shavings	copeaux	trucioli	viruta
8	52		Beschlag	shoeing	ferrure	ferratura	herraje
3	19	3/8	kurzer Strangstutzen	short hame tug	boucleteau d'attelle	boucleteau da singolo	manoplillo
5	28	5/40	kurzer Strangstutzen	short hame tug	boucleteau d'attelle	boucleteau per cavallo di stanghe	manoplillo
8	51		kurze, eilige Tritte	short, hurried steps	pas courts et précipités	falcate corte, affrettate	pasos cortos, precipitados
8	47		Turnierplatz	show ground	place de concours	terreno del concorso	pista de competición
6	33		Nebenortscheit	side-bar	palonnier latéral	bilancino laterale	balancín segundo (adicional)
7	39	7/27	seitlicher Ring, feststehend	side lungeing ring	anneau latéral	campanella laterale fissa del capezzone	anilla lateral de cinchuelo para pasar la cuerda
3	20	3/35	kurzes Brustblatt	single harness breast-collar	bricole courte	pettorale per singolo	collerón de limonera
6	31		Einspännerwagen	single horse carriage	voiture à un cheval	carrozza per singolo	coche limonera
7	38	7/2	Einspänner, zweiachsig	single horse four-wheeler	attelage à un, voiture à quatre roues	singolo a quattro ruote	limonera, carruaje de cuatro ruedas
7	38	7/1	Einspänner, einachsig	single horse two-wheeler	attelage à un, voiture à deux roues	singolo a due ruote	limonera, carruaje de dos ruedas
4	23	4/16	Postwaage	single lead-bar for four-in-hand, European pattern	balance de poste	bilancia per attacco da posta, bilancia di volata in stile continentale	balancín de una barra
8	53		Einfachhindernis	single obstacle	obstacle simple	ostacolo singolo	obstáculo único
8	49		Einzelnote	single score	note individuelle	voto singolo	puntuación unica
7	38	7/13	Sechsspänner	six-horses team	attelage à six	tiro a sei	tres pares de caballos
7	38	7/14	Wildgang	six-horses team with four leaders, two wheelers	attelage à six avec quatre de front	tiro a sei (4 cavalli di volata, 2 di timone)	cuatro guías con dos caballos del tronco
7	42		Schleppe	sledge	traîneau de dressage	treggia	Trineo
7	40	7/59	Schlittenpeitsche	sledge-whip	fouet de traîneau	frusta per slitta	látigo para trineo
7	43		Schlaufen	slide	boucles	passanti	pasador, lazo
5	28	5/46	Trageriemen	sliding back-band, Am. tug-strap, back-strap	dossière	dorsiera	sujeta manoplillo
8	49		Boden, rutschiger	slippery surface	terrain glissant	terreno scivoloso	surperficie resbaladiza
8	51		schleppend, träge	sluggish, shuffling	lent, se traîne	rade il tappeto	se arrastra
7	39	7/28	Trensenzaum	snaffle cheek ring	filet	filetto	anilla del filete

chap.	page	No.:	Deutsch Bezeichnung	English specification	Français signification	Italiano termini	Español denominación
7	40		weiche Schnallung	soft buckling	bouclage doux	affibbiatura dolce	colocación del bocado suave
8	57		weiche Schnallung	soft buckling	bouclage doux (en bouquet)	affibbiatura dolce	colocación del bocado suave
6	34		Ersatzausrüstung	spare equipment	accessoires	parti di ricambio	equipo de repuesto
8	46		besondere Bestimmungen	special rules	prescriptions particulières	prescrizioni particolari	reglamento particular
8	52		Schnelltrabstrecke	speed section in trot	section de trot rapide	fase al trotto veloce	fase de velocidad al trote
6	32	6/41	Kurbelbremse	spindle brake	frein à manivelle	freno a manovella	freno manivela
6	33	6/53	Kotflügel	splashboard, *Am.* fender	garde-boue	parafango	guardabarros
2	16	2/45	feste Bracke	splinter-bar	volée	volata, bilancia	vara de guardia
6	31	6/21	feste Bracke	splinter-bar	volée	bilancia fissa, volata	vara de guardia
6	32	6/28	Speiche	spoke	rais	raggio	radios
7	42	7A/104	Speichen	spokes	rayons	raggi	radios
8	49		Sponsor	sponsor	sponsor	sponsor	patrocinador
6	33		Federaufhängung	spring suspension	suspension à ressorts	sospensioni a molla	fijación de los muelles
6	33		Federn	springs	ressorts	molle	muelles
8	46		Boxentaxe	stabling charge	finance de départ	quota di partecipazione	gastos de box
7	43		Prägung	stamping	impression	punzonatura, cuoio stampato	Repujado
8	50		Stehen am Gebiss	standstill on the bit	arrêt en main	arresto in mano	parada en la mano
8	47		Startgeld	starting fee	finance de départ	quota d' iscrizione	dinero para matrícula
8	47		Startnummer	starting number	numéro de départ	numero del concorrente	dorsal
8	47		Startzeit	starting time	heure de départ	orario di partenza	hora de comienzo
6	33		Stahlrad	steel wheel	roue en acier	ruota di acciaio	rueda de acero
6	32	6/32	Auftritt	step	marche-pied	predella, pedile, montatoio	estribo
7	41	7A/90	Auftritt	step	marche-pied	predella, pedile, montatoio	estribo
8	47		Aufsichtsperson am Abfahrplatz	steward at the practice area	responable carré d'entraînement	commissario al campo prova	comisario de la pista de ensayo
7	43		Pferd ist steif	stiffness	cheval raide	cavallo rigido	Rigidez
6	32	6/26	Nabe	stock, nave, hub, *Am.* hub	moyeu	mozzo	maza de la rueda

chap.	page	No.:	Deutsch Bezeichnung	English specification	Français signification	Italiano termini	Español denominación
7	39	7/35	gerader Zug	straight pull	traction droite	tirare in linea retta	línea de tiro recta
8	50		Losgelassenheit, Durchlässigkeit	submission	soumission, légèreté	leggerezza e sottomissione	sumisión
8	50		Durchlässigkeit	submission	soumission	sottomissione	sumisión
8	51		Anzug/Hut/Handschuhe des Fahrers	suit/hat/gloves of the driver	habits/coiffure/gants du meneur	abbigliamento/copricapo/guanti del guidatore	traje/sombrero/guantes del cochero
8	49		Boden	surface	surface	terreno	superficie
4	24	4/27	Deichselträger (Sechsspänner)	swing pole carrier for six-horse team	support de timon intermédiaire	supporto per falso timone (tiro a sei)	sujeta balancín o lanza de seis caballos
4	24	4/25	Mitteldeichsel (Sechsspänner)	swing pole for six-horse team	timon intermédiaire	falso timone (tiro a sei)	balancín para seis caballos
6	32	6/24	Spielwaage	swingletree	balance	bilancia	Balancín
1	11	1/11	Ortscheit	swingletree, *Am.* whiffletree	palonnier	bilancino	balancín
2	16	2/46	Ortscheit	swingletree, *Am.* whiffletree	palonnier	bilancino	balancín
3	20	3/33	Ortscheit	swingletree, *Am.* whiffletree	palonnier	bilancino	balancín
6	31	6/22	Ortscheit	swingletree, *Am.* whiffletree	palonnier	bilancino	balancín
1	11	1/12	Ortscheitriemen	swingletree strap	courroie de palonnier	bracciale di cuoio reggi-bilancino	francalete del balancín
6	31	6/23	Ortscheitriemen	swingletree strap	courroie de palonnier	bracciale di cuoio reggi-bilancino	francalete del balancín
7	40	7/55	Wirbel, Spindelgelenk	swivel-joint	émerillon	girello per fruste spezzate	conexión articulada para tralla
2	15	2/3	Deichselbrille, feste Ringe/bewegliche Ringe	swivel pole-head with rings	crapaud de timon, fixe/mobile	nottola del timone con anelli fissi/snodati	anillas de punta de lanza rígida/flexible

T

chap.	page	No.:	Deutsch	English	Français	Italiano	Español
8	53		Einschlagen einer falschen Bahn	taking the wrong course	erreur de parcours	sbagliare percorso	equivocarse de recorrido
5	27	5/1	Tandem	tandem	tandem	tandem	tándem
7	38	7/3	Tandem	tandem	tandem	tandem	tándem
8	53		Tandem	tandem	tandem	tandem	tándem
5	27	5/3	Tandem Cart	tandem cart	tandem cart	tandem cart	coche de tándem
7	41	7A/88	Tandem Cart	tandem cart	tandem cart	tandem cart	coche de dos ruedas alto para enganchar en tándem
6	33		Tandem-Vorderortscheit	tandem lead-bar	palonnier de volée	bilancino largo della volata del tandem	balancín segundo
5	27	5/4	Tandem-Doppelortscheit	tandem lead-bar	double palonnier de tandem	doppio bilancino per volata del tandem	balancín para el guía de tándem
5	27	5/7	Tandem-Selett	tandem leading pad	sellette de tandem	sellino per tandem	pechera para el guía

			Deutsch	English	Français	Italiano	Español
chap.	page	No.:	Bezeichnung	specification	signification	termini	denominación
5	27	5/18	Tandem-Schlüsselring	tandem wheeler terret	clé de tandem	chiave passaredini del sellino del tandem	llave, pasa-rienda para el tonco de tándem
8	54		Mannschaft	team	équipe	squadra	equipo
8	48		Mannschaftswertung	team result	classement des équipes	classifica a squadre	resultado por equipos
8	54		technischer Delegierter	technical delegate	délégué technique	delegato tecnico	delegado técnico
6	33		Federbein	telescopic fork	fourche téléscopique	base della molla, biscottino	parte del muelle
3	19	3/17	Schlüsselring	terret	clé de sellette	chiave passaredini del sellino	pasa-rienda de sillín, llave
5	27	5/17	Schlüsselring	terret	clé de sellette	chiave passaredini del sellino	llave, pasa-rienda de sillín
6	31	6/12	Anze/Schere (Holz, Stahlrohr)	thills, shaft (wooden, tubular steel)	brancard	stanghe	varas
7	43		Vollblutpferd	thoroughbred	pur sang	cavallo purosangue	caballo de pura sangre
7	38	7/8	Einspänner mit zwei Vorderpferden, zweiachsig	three-horses team with two leaders	arbalète	arbalète	tresillo
7	39	7/30	Kehlriemen	throat lash	sous-gorge	sottogola	ahogadero
1	12	1/42	Kehlriemen	throat lash	sous-gorge	sottogola	ahogadero
2	16	2/39	Kehlriemen	throat lash	sous-gorge	sottogola	ahogadero
5	28	5/31	Kehlriemen	throat lash	sous-gorge	sottogola	ahogadero
8	54		Zeitnehmer	time keeper	chronométreur	cronometrista	cronometrador
8	52		Zeitfehler	time penalties	temps de pénalité	punti di penalità sul tempo	penalidad por tiempo
8	54		verschnallen	to buckle	modifier le réglage	affibbiare	abrochar
8	54		absitzen	to dismount	descendre de voiture	smontare dalla carrozza	desmontar
8	49		auswendig fahren	to drive from memory, by heart	parcours mémorisé	guidare a memoria	ejecución de memoria
7	42		zulegen	to drive on	accélérer	allungare,accelerare	avanzar
8	46		nennen	to enter	inscription	iscriversi	matrícular
8	55		auseinanderfallen	to fall apart	se désunir	l'attacco di disunisce	pérdida de reunión
8	55		in die Wendung fallen	to fall into the turn	se coucher dans le virage	cadere sulla spalla in curva	caerse al interior del círculo
8	55		hinter den Zügel „kriechen"	to "hide" behind the bit	derrière la main	dietro l'imboccatura	lr detrás de la mano
8	54		anspannen	to hitch up, to pole up	atteler	attaccare	enganchar los caballos al coche
8	55		abdeichseln	to lean away from the pole	s'écarter du timon	scostarsi dal timone	separarse de la lanza

chap.	page	No.:	Deutsch Bezeichnung	English specification	Français signification	Italiano termini	Español denominación
8	55		drängen	to lean onto the pole	s'appuyer au timon	appoggio al timone	echarse sobre la lanza
8	55		Leinen verlängern	to lengthen the reins	rendre les guides	allungare le redini	alargar las riendas
8	54		aufsitzen	to mount	monter en voiture	montare a cassetta	montar
8	55		gut an der Hand gehen	to move well in hand	être bien en main	procedere bene alla mano	lr bien en la mano
8	54		aufschirren	to put on the harness, to harness	harnacher, garnir	vestire il cavallo	aparejar
7	42		Rückwärtsrichten	to rein back	reculer	rinculare, indietreggiare	pasos atrás
8	50		Rückwärtsrichten	to rein back	reculer	rinculare, indietreggiare	pasos atrás
8	53		Zurücksetzen des Gespanns	to rein back	reculer	rinculare, indietreggiare	pasos atrás
8	56		Einfahren eines Pferdes	to school the horse to harness, breaking	débourrer à l'attelage	addestrare un cavallo ad essere attaccato	poner el caballo al enganche
8	55		Leinen verkürzen	to shorten the reins	raccourcir les guides	accorciare le redini	acortar las riendas
7	43		Pferd ist gerade gerichtet	to straighten the horse spine	cheval en ligne droite	cavallo diritto	enderezar la columna vertebral del caballo
8	54		Leinen ausdrehen	to straighten the reins	mettre les guides sur leur plat	mettere a piatto redini	enderezar las riendas
8	54		ausspannen	to take out	dételer	staccare	quitar
8	55		Leinen in eine Hand nehmen	to take the reins into one hand	prendre les guides dans une main	prendere le redini in una mano	sujetar las riendas en una mano
8	54		Leinen aufnehmen	to take up the reins	prendre les guides en main	prendere in mano le redini	sujetar las riendas
8	55		Peitsche aufwerfen	to touch with the whip	toucher du fouet	toccare con la frusta	tocar con el látigo
8	54		abschirren	to unharness, to put off the harness	deharnacher, dégarnir	svestire il cavallo	desaparejar
8	55		Peitsche abwickeln	to unwind the whip	dérouler le fouet	srotolare la frusta	desenrollar la tralla
8	55		Peitsche aufwickeln	to wind up the whip	enrouler le fouet	attorcigliare la frusta, arrotolare la frusta	enrollar la tralla
5	28	5/51	Zahnleiste	tooth moulding	crémaillère de siège	rotaie del sedile	posiciones para asiento movible
6	32	6/52	Zahnleiste	tooth moulding	crémaillère	rotaie del sedile	posiciones para asiento movible
6	32	6/25	Querholm	top-bed, transom	lisoir	chiavarda	palo del juego
7	42	7A/99	Zylinder	top hat	haut de forme	cilindro	chistera
8	50		Gesamtnote	total score	note totale	punteggio totale	total de puntos
1	11	1/8	Strang	trace	trait	tirella	tiro, tirante
2	15	2/18	Strang	trace	trait	tirella	tiro, tirante

chap.	page	No.:	Deutsch	English	Français	Italiano	Español
			Bezeichnung	specification	signification	termini	denominación
3	19	3/12	Strang	trace	trait	tirella	tiro
6	32	6/48	Strang	trace	trait	tirella con attacco a ricciolo	tiro
4	23	4/6	Strangträger	trace-bearer	porte-trait	reggi tirelle	portatiros
5	28	5/48	Strangträger Vorderpferd	trace-bearer, loin-strap	porte-trait de volée	reggitirella per cavallo di volata	portatiros para guía
1	12	1/46	Strangauge	trace-eye	œil de trait	passante proteggitirella del boucleteau	ojal del tiro
2	16	2/49	Strangauge	trace-eye	œil de trait	passante proteggitirella del boucleteau	hebilla del tiro
3	20	3/42	Strangauge	trace-eye	œil de trait	passante proteggitirella del boucleteau	pasa-tiro
1	11	1/15	Strangring	trace-loop	carré de trait	attacco della tirella a ricciolo	lazo del tiro
6	32	6/49	Aufziehleder	trace-loop, hand piece	tirant de carré de trait	linguetta di cuoio sbloccatirella	punta final del tiro en el lazo
1	11	1/14	Aufziehleder	trace-loop, hand piece	tirant de carré de trait	linguetta di cuoio sbloccatirella	manoplillo del tiro
4	24	4/24	Aufziehleder	trace-loop, hand piece	tirant de carré de trait	linguetta di cuoio sbloccatirella	manoplillo del tiro
2	15	2/20	Strangring	trace-loop	carré de trait	attacco delle tirelle a ricciolo	vuelta del tiro
2	15	2/19	Aufziehleder	trace-loop, hand piece	tirant de carré de trait	linguetta di cuoio sbloccatirella	manoplillo del tiro
7	41	7A/91	Stränge	traces	traits	tirelle	tiros
8	49		Hufschlag	track	piste	pista	pista
6	33	6/56	Spurbreite	track width	largeur de la trace	carreggiata	paso de rueda
7	42	7A/102	Spurbreite	track width	largeur de la trace	carreggiata	paso de rueda
8	56		verkehrssicher	traffic proof	sûr dans le trafic	sicuro nel traffico	caballo obediente en el tráfico
8	51		Übergang	transition	transition	transizione	transición
8	49		Transportvergütung	travel refund, refund of transport	indemnité de transport	rimborso spese di trasporto	subvencion de transporte
7	38	7/7	Troika	troika	troika	troika	potencia (troika)
8	48		Ehrenpreis	trophy	prix d'honneur	premio d'onore	trofeo
8	56		Zugausgleich	tug adjustment	ajustement de la traction	regolazione del tiro	ajustar los tiros
2	16	2/24	Oberblattstrupfe	tug-strap billet, pad-point-strap, *Am.* tug-bearer	contre-sanglon de boucle à mancelle	riscontro del reggifibbione a orecchio	correa de sujeción de la mantilla, portavaras
8	51		Bogen, Wendung	turn	boucle, demi-tour	curva, girata	girar
8	52		Herausbringen der Pferde	turn out of the horses	expression des chevaux	presentare i cavalli	aspecto de los caballos

chap.	page	No.:	Deutsch Bezeichnung	English specification	Français signification	Italiano termini	Español denominación
8	55		Wendung nach links	turn to the left, left turn	virage à gauche	curva a sinistra	girar a mano izquierda, giro a la izquierda
8	55		Wendung nach rechts	turn to the right, right turn	virage à droite	curva a destra	girar a mano derecha, giro a la derecha
8	55		Einschlagwinkel	turning angle	angle de braquage	angolo di sterzata	ángulo de la pista
8	52		Umwerfen des Wagens	turning over the vehicle	renversement du véhicule	ribaltamento della vettura	volear del coche
				U			
7	41	7/75	Unterbaum	under bit, under cheek	branche inférieure	guardia	pierna
6	33		Unterbau, Chassis	undercarriage	chassis	chassis	parte de la caja inferior
7	38	7/9	Einhorn	unicorn, pick-axe, spike, *Am.* unicorn	unicorne	unicorno	tresillo
8	49		Boden, unebener	unlevel surface	terrain bosselé	terreno sconnesso	pista desnivelada
8	53		Sackgasse, die Kehre	U-turn, "cul de sac"	cul de sac, demi-tour	passaggio senza uscita, inversione ad U	giro en U
				V			
6	31		Wagen	vehicle	voiture	carrozza	coche
8	55		Zuruf	voice command	ordre vocal	comando vocale	ayuda con la voz
				W			
8	50		Schritt am Gebiss	walk on the bit	pas en main	passo in mano	paso en la mano
8	52		Schrittstrecke	walking section	section de pas	fase al passo	fase de paso
7	43		Warmblut	warm-blood	demi-sang	cavallo a sangue caldo, cavallo mezzosangue	aballo de sangre caliente
8	47		Verwarnung	warning	avertissement	ammonimento	aviso
8	52		Wasserhindernis	waterobstacle, water hazard	obstacle d'eau	ostacolo d'acqua	obstáculo de agua
8	51		Handhabung der Leinen und der Peitsche	way of handling reins and whip	maniement des guides et du fouet	modo di tenere le redini e la frusta	forma de sujetar las riendas y el látigo
8	51		Handhabung der Pferde	way of handling the horses	conduite de l'attelage	controllo dei cavalli, guida dell'attacco	forma de manejar los caballos
8	54		Haltung der Leinen	way of holding the reins	tenue de guides	tenuta delle redini	forma de sujetar las riendas
8	52		Peitschenhaltung	way of holding the whip	maniement du fouet	tenuta della frusta	forma de sujetar el látigo
6	31	6/19	Drehkranz	wheel plate, *Am.* fifth wheel	rond de sellette	ralla	rodete
4	23	4/8	Hinterleinen	wheel reins	guide de timonier	redini del timoniere	riendas de tronco
5	27	5/21	Hinterleinen	wheel reins	guide de brancadier	redini del timoniere	riendas de tronco

X

Y

Z

Index français

chap.	page	No.:	Deutsch Bezeichnung	English specification	Français signification	Italiano termini	Español denominación
					A		
8	49		Richterhäuschen	judge's box	abri de juge	capannina del giudice	caseta de juez
7	42		zulegen	to drive on	accélérer	allungare,accelerare	avanzar
8	46		Startgenehmigung	acceptance of entry, eligibility	acceptation de départ	autorizzazione a partecipare	aceptación de la matrícula
6	34		Ersatzausrüstung	spare equipment	accessoires	parti di ricambio	equipo de repuesto
8	52		Unfall	accident	accident	incidente	accidente
8	54		Beifahrer	groom	aide, groom	groom, palafreniere	mozo
8	56		Zugausgleich	tug adjustment	ajustement de la traction	regolazione del tiro	ajustar los tiros
8	52		Passen des Geschirrs	fit of the harness	ajustement, réglage	regolazione dei finimenti	guarnición bien colocada
4	23	4/5	Koppelriemen	coupling-rein, couple-rein	alliance	guinzaglio	riendas de dentro
6	37		Aluminium	aluminium	aluminium	alluminio	aluminio
8	50		Raumgriff	ground cover, length of stride	amplitude	ampiezza della falcata	terreno que cubren, longitud del tranco
8	55		Einschlagwinkel	turning angle	angle de braquage	angolo di sterzata	ángulo de la pista
7	39	7/26	mittlerer Ring, drehbar	middel lungeing rein ring	anneau central	campanella centrale girevole del capezzone	anilla para dar cuerda
2	15	2/6	Aufhaltering	kidney link ring	anneau de coulant d'attelle	anello portagiungola	aro gargantilla
7	40	7/67	Leinenring	rein ring, cutter ring	anneau de guide	anello della redine	anilla de filete para las riendas
8	56		Leinenring	rein ring, cutter ring	anneau de guide	anello della redine	anilla para la rienda
7	38	7/23	Leinenführungsring	rollet rein terret	anneau de longue guide	reggi guide, campanella o anello o chiave del fascione	sobrebarriguera
7	40	7/66	Tragering	loose ring	anneau de montant	anello del montante	anilla de filete para la carrillera
8	57		Tragering	loose ring	anneau de montant	anello del montante	anilla de apoyo
7	39	7/27	seitlicher Ring, feststehend	side lungeing ring	anneau latéral	campanella laterale fissa del capezzone	anilla lateral de cinchuelo para pasar la cuerda
8	51		Anwendung der Hilfen	application of the aids	application des aides	impiego degli aiuti	empleo de las ayudas
8	47		Bewertung	scoring	appréciation	valutazione	puntuaciones
7	38	7/8	Einspänner mit zwei Vorderpferden, zweiachsig	three-horses team with two leaders	arbalète	arbalète	tresillo
8	50		halten	halt	arrêt	arresto	parada
8	50		Stehen am Gebiss	standstill on the bit	arrêt en main	arresto in mano	parada en la mano

chap.	page	No.:	Deutsch Bezeichnung	English specification	Français signification	Italiano termini	Español denominación
3	20	3/39	Verschlussriemen	eyelet	arrêtoir de brancard	cinghia fermabracciale	cerrar
7	38	7/12	Fünfspänner, Juckeranspannung	five-horses team, three leaders	attelage à cinq	tiro a cinque, attacco all'ungherese	media potencia
2	15	2/1	Zweispänner	pair, double-harness	attelage à deux	pariglia	tronco
7	38	7/10	Zweispänner	pair, double-harness	attelage à deux	pariglia	tronco
8	53		Zweispänner	pair, double-harness	attelage à deux	pariglie	tronco
7	41	7A/85	Anspannung à la demi Daumont, zweispännig	postillion pair	attelage à la Daumont	attacco alla Daumont, pariglia	a la media Daumont
4	23	4/1	Viererzug	four-in-hand, Am. team	attelage à quatre	tiro a quattro	cuarta
7	38	7/11	Vierspänner	four-in-hand, Am. team	attelage à quatre	tiro a quattro	cuartas
7	41	7A/86	Anspannung à la Daumont, vierspännig	postillion four-in-hand	attelage à quatre à la Daumont	attacco alla Daumont, tiro a quattro	a la Daumont
7	38	7/13	Sechsspänner	six-horses team	attelage à six	tiro a sei	tres pares de caballos
7	38	7/14	Wildgang	six-horses team with four leaders, two wheelers	attelage à six avec quatre de front	tiro a sei (4 cavalli di volata, 2 di timone)	cuatro guías con dos caballos del tronco
3	19	3/1	Einspänner	horse in single harness	attelage à un	singolo	limonera
8	53		Einspänner	horse in single harness	attelage à un	singoli	limonera
7	38	7/2	Einspänner, zweiachsig	single horse four-wheeler	attelage à un, voiture à quatre roues	singolo a quattro ruote	limonera, carruaje de cuatro ruedas
7	38	7/1	Einspänner, einachsig	single horse two-wheeler	attelage à un, voiture à deux roues	singolo a due ruote	limonera, carruaje de dos ruedas
8	54		anspannen	to hitch up, to pole up	atteler	attaccare	enganchar los caballos al coche
8	57		einspannen	harness up	atteler	attaccare	aparejar
2	15	2/8	Kumtbügel	hame	attelle	ferri della collana, bastoni della collana	costillas
3	19	3/2	Kumtbügel	hame	attelle	ferri della collana, bastoni della collana	costillas
5	28	5/35	Kumtbügel	hame	attelle	ferri della collana, bastoni della collana	costillas
8	55		über dem Zügel	over the bit	au-dessus de la main	sopra l'imboccatura	delante de la mano
8	46		Starterlaubnis	permission to start	autorisation de départ	permesso di partenza	permiso para la partida
1	12	1/33	Umgang	breeching	avaloire	braga	retranca
2	16	2/32	Umgang	breeching	avaloire	braga	retranca
3	20	3/26	Umgang	breeching	avaloire	braga	retranca
5	28	5/49	Umgang	breeching	avaloire	braga	retranca

chap.	page	No.:	Deutsch Bezeichnung	English specification	Français signification	Italiano termini	Español denominación
8	51		vorwärtstreten	forward moving	avancer	portarsi avanti	movimiento hacia delante
6	33		Vorderbracke	lead-bar	avant-train	bilancino stretto della volata del tandem	vara primera
8	47		Verwarnung	warning	avertissement	ammonimento	aviso
6	33		Bremsachse (Trommelbremse)	braking axle (drum brake)	axe de frein (frein à tambour)	assale del freno (freno a tamburo)	parte de freno de tambor
					B		
6	32	6/24	Spielwaage	swingletree	balance	bilancia	balancín
4	23	4/16	Postwaage	single lead-bar for four-in-hand, European pattern	balance de poste	bilancia per attacco da posta, bilancia di volata in stile continentale	balancín de una barra
4	23	4/14	Vorderwaage für Coach, Vorderbracke	lead-bar for four-in-hand with metal furniture	balance de volée	bilancia e bilancini per coach	balancines para cuarta con embellecedores
4	23	4/17	Waage für 5-spännige Coach	lead-bar for three leaders of five-in-hand	balance de volée pour attelage à cinq	bilancia e bilancini per coach a cinque cavalli	balancines para media potencia
4	23	4/18	Vorwaage für Fünfer-Juckerzug	lead-bar for three leaders Hungarian style	balance de volée pour attelage à cinq au style hongrois	bilancia e bilancini di volata per attacco ungherese a cinque cavalli	balancines para cinquo caballos a la húngara
4	23	4/15	Juckervorwaage	lead-bar for four-in-hand using rope, looping leather tracet	balance de volée pour traits à étrangle-chat	bilancia e bilancini per attacco all'ungherese	balancines para cuarta rústica
8	53		Hindernisball	ball	balle	pallina	pelota
7	40	7/71	Schaumring	foam ring	banquet	banco	rostea
	53		Stechen	drive off	barrage	barrage	irse de caña
5	27	5/13	Kreuzriemen	loin-strap	barre de fesse/croupe	reggibraga	caídas de riñón,caídas de grupa
3	20	3/25	Kreuzriemen gegabelt	loin-strap, *Am.* hip-strap	barre de fesse/croupe fourchée	reggibraga a forchetta	caídas de riñón,caídas de grupa
1	12	1/32	Kreuzriemen gegabelt	loin-strap, *Am.* hip-strap	barre de fesse/croupe fourchée	reggi braga a forchetta	caídas de riñón,caídas de grupa
2	16	2/31	Kreuzriemen gegabelt	loin-strap, *Am.* hip-strap	barre de fesse/croupe fourchée	reggibraga a forchetta	caídas al tiro
7	43		Kastenschlaufe	coffer	boîte	passante a trombino	cofre
8	51		Lahmheit	lameness	boiterie	zoppia	cojera
7	42		Stiefeletten	jodhpur boots, ankle boots	bottines	stivaletti jodhpur	botines
7	40		weiche Schnallung	soft buckling	bouclage doux	affibbiatura dolce	colocación del bocado suave
8	57		weiche Schnallung	soft buckling	bouclage doux (en bouquet)	affibbiatura dolce	colocación del bocado suave
7	40		scharfe Schnallung	sharp buckling	bouclage dur, sévère	affibbiatura severa	collocation del bocado dura
8	57		scharfe Schnallung	sharp buckling	bouclage dur, sévère	affibbiatura severa	colocación del bocado dura
8	51		Bogen, Wendung	turn	boucle, demi-tour	curva, girata	girar

chap.	page	No.:	Deutsch Bezeichnung	English specification	Français signification	Italiano termini	Español denominación
1	11	1/16	große Strangschnalle	hame tug buckle, *Am.* trace-buckle	boucle à mancelle	fibbione a doppio orecchio	cangreja del collerón
2	15	2/17	große Strangschnalle	hame tug buckle, *Am.* trace-buckle	boucle à mancelle	fibbione a doppio orecchio	hebilla de asas
3	19	3/10	Zweispännerstrang-schnalle	hame tug buckle for pair	boucle à mancelle pour attelage à deux	fibbione a doppio orecchio per pariglia	hebilla de la falsa martingala para tronco
8	56		Kreuzleinenschnalle	coupling-rein buckle	boucle de croisée	fibbia delle redini di crociera	lebilla para las riendas
3	19	3/23	Trageriemen-Verschnallung	belly-band, *Am.* belly-band, tug-girth	boucle de sous-ventrière	sottopancia della dorsiera a doppia fibbia	cincha corta
1	12	1/39	Blendriemenschnalle	blinker stay buckle	boucle de support d'œillère	fibbia della forcella del paraocchi	hebilla del sujeta-anteojera
2	16	2/38	Blendriemenschnalle	blinker stay buckle	boucle de support d'œillère	fibbia della forcella del paraocchi	hebilla sujeta-anteojeras
5	27	5/24	Blendriemenschnalle	blinker stay buckle	boucle de support d'œillère	fibbia della forcella del paraocchi	hebilla del sujeta-anteojera
3	19	3/9	Einspänner-Strangschnalle	hame tug buckle for single harness	boucle de trait pour attelage à un	fibbione delle tirelle per singolo	hebilla de la falsa martingala
3	19	3/11	Tandem-Strangschnalle	hame tug buckle for tandem	boucle de trait pour tandem	fibbione del boucleteau per tandem	hebilla de la falsa martingala para tándem
5	28	5/41	Tandem-Strangschnalle	hame tug buckle for tandem	boucle de trait pour tandem	fibbione del boucleteau per tandem	hebilla del manoplillo
7	43		Schlaufen	slide	boucles	passanti	pasador, lazo
3	19	3/8	kurzer Strangstutzen	short hame tug	boucleteau d'attelle	boucleteau da singolo	manoplillo
5	28	5/40	kurzer Strangstutzen	short hame tug	boucleteau d'attelle	boucleteau per cavallo di stanghe	manoplillo
2	15	2/16	Strangstutzen	hame tug	boucleteau de trait	boucleteau	manoplillo
5	28	5/47	Trageöse (Leder/Metall)	open shaft tug/French shaft tug	bracelet de brancard	riscontro del portastanghe	manoplillo abierto o francés
3	19	3/20	Ledertrageöse	open shaft tug	bracelet de brancard en cuir	portastanga a bracciale in cuoio	portavaras dos ruedas
3	20	3/29	Schlagriemenstössel	kicking-strap tug, *Am.* kicking-strap shaft loop	bracelet de sangle anti-ruade	ciappa della siciliana	sujeta caídas al tiro
6	31	6/12	Anze/Schere (Holz, Stahlrohr)	thills, shaft (wooden, tubular steel)	brancard	stanghe	varas
7	41	7A/93	Stangenpferd	wheeler	brancardier	cavallo di timone	tronco
	56		Stangenpferd	wheeler	brancardier	cavallo di stanghe	caballo de lanza
3	20	3/32	Schere/Anze	shaft, thills	brancards	stanghe (legno/acciaio)	vara
7	41	7/75	Unterbaum	under bit, under cheek	branche inférieure	guardia	pierna
7	41	7/74	Oberbaum	over bit, over ceek	branche supérieure	stanghetta con occhio per montante	portamozo
7	41	7/76	Gesamtbaum	cheek piece	branches	asta	longitud entera del bocado
7	40	7/51	Schnallstössel (Brezel)	brezel	brezel	impugnatura delle redini ungheresi	conexión de las riendas de guarnición húngara

			Deutsch	English	Français	Italiano	Español
chap.	page	No.:	Bezeichnung	specification	signification	termini	denominación
1	11	1/5	Deichselkette	pole-chain	chaînette	giungola a catena, chaînette	cadena de la lanza
2	15	2/5	Aufhaltekette	pole-chain	chaînette	giungola a catena, chaînette	cegaderos de cadena
4	23	4/21	Aufhaltekette	pole-chain	chaînette	giungola di catena, chaînette	cadena de la lanza
7	39	7A/32	Wechsel durch den Zirkel	change of hand in the circle, through the circle	changement de main dans la volte	cambiamento di mano sul circolo	cambio de mano en el círculo
8	46		Ausschreibungsänderung	change of schedule	changement de proposition	modifica dell'avamprogramma	cambio de programa
8	46		Besitzerwechsel	change of ownership	changement de propriétaire	cambiamento di proprietario	cambio de propietario
7	39	7A/33	Wechsel aus dem Zirkel	leave the circle	changement hors de la volte	cambiamento di circolo	salir del círculo
2	15	2/23	Fallring	back-strap loop, *Am.* crupper-strap loop	chape	mezza campanella per groppiera	porta-baticola
7	39	7/24	Fallring	back-strap loop, *Am.* crupper-strap loop	chape	mezza campanella	porta-baticola
1	11	1/22	Fallring	back-strap loop, *Am.* crupper-strap loop	chape de croupière	mezza campanella per groppiera	porta-baticola
5	28	5/45	Fallring	back-strap loop , *Am.* crupper-strap loop	chape de croupière	mezza campanella per groppiera	porta-baticola
3	19	3/16	Fallring	back-strap loop, *Am.* crupper-strap loop	chape de culeron	mezza campanella della groppiera	porta-baticola
6	32	6/27	Staubkappe	axel-cap, oil cap, *Am.* hub-cap	chapeau de roue	coprimozzo	bocín
2	15	2/13	Kumtspitz	collar cap	chapeau de verge	cappellotto del naso della collana	cubre collerón
5	28	5/34	Hütchen	collar cap	chapeau de verge	cappellotto del naso della collana	cubre collerón
6	33		Unterbau, Chassis	undercarriage	chassis	chassis	parte de la caja inferior
8	54		Parcours-Chef	course designer	chef de parcours	costruttore del percorso	jefe de pista
7	43		Fahrpferd	driving horse	cheval d'attelage	cavallo da attacco	caballo de enganche
7	43		Juckerpferd, leichtes Wagenpferd	light-weight carriage horse, roadster	cheval d'attelage léger	cavallo carrozziere leggero, cavallo da attacco leggero	caballo de tiro ligero
7	43		Wagenpferd	carriage horse, *Am.* draft horse	cheval de carrosse	cavallo carrozziere	caballo de coche
8	54		Ersatzpferd	reserve horse	cheval de réserve	cavallo di riserva	caballo de reserva
7	43		Arbeitspferd, Zugpferd, Kaltblut	cart horse, heavy horse, draught horse	cheval de trait	cavallo a sangue freddo, cavallo da tiro	caballo de tiro
7	41	7A/92	Vorderpferd	leader	cheval de volée	cavallo di volata	guía
8	56		Vorderpferd	leader	cheval de volée	cavallo di volata	guía
4	23	4/3	Vorderpferd, Brustblatt	breast collar lead harness	cheval de volée, bricole	cavallo di volata, pettorale	guía, petral
4	23	4/4	Vorderpferd, Kumt	lead harness, full collar	cheval de volée, collier	cavallo di volata, collana	guía, collerón

			Deutsch	English	Français	Italiano	Español
chap.	page	No.:	Bezeichnung	specification	signification	termini	denominación
7	43		Pferd in Biegung	bent horse	cheval en flexion	cavallo flesso	caballo incurvado
7	43		Pferd ist gerade gerichtet	to straighten the horse spine	cheval en ligne droite	cavallo diritto	enderezar la columna vertebral del caballo
7	43		Pferd in Stellung	horse in flexed position	cheval en position	cavallo in piego, cavallo con incollatura flessa	caballo colocado
7	43		Pferd ist steif	stiffness	cheval raide	cavallo rigido	rigidez del caballo
6	31	6/17	Deichselnagel	pole-pin	cheville de timon	fermo per timone	clavija
6	31	6/20	Königsbolzen	king-bolt, king-pin	cheville ouvrière	scannello, barra dello sterzo	palo del juego
6	34		verchromt	chromed	chromé	cromato	cromado
8	54		Zeitnehmer	time keeper	chronométreur	cronometrista	cronometrador
8	48		platziert	placed	classé	piazzato	clasificado
8	48		Ergebnisliste	list of results	classement	classifica	resultados
8	48		Platzierung	line up, placement	classement	piazzamento	clasificación
8	48		Mannschaftswertung	team result	classement des équipes	classifica a squadre	resultado por equipos
6	31	6/18	Splintsicherung	cotter-pin, split-pin	clavette	coppiglia	perno
4	23	4/10	Mittelschlüssel mit Aufsatzhaken	bearing rein-hook with lead rein terret	clé centrale avec crochet d'enrênement	gancio dello strick con chiave passaredini centrale	gancho engallador
5	28	5/37	bewegliches Leinenauge	hame terret	clé d'attelle mobile	chiave passaredini snodata della collana	llave, pasa-rienda
2	15	2/10	bewegliches Leinenauge	hame terret	clé d'attelle mobile	chiave passaredini snodata della collana	pasa-rienda, llave
1	12	1/26	Schlüsselring	pad terret	clé de mantelet	chiave passaredini del sellino	pasa-rienda de sillín, llave
2	16	2/27	Schlüsselring	pad terret	clé de mantelet	chiave passaredini del sellino	pasa-rienda de sillín, llave
7	38	7/18	Curricle-Schlüsselring	curricle-bearing-rein-hook	clé de pompe	bambola della barra del curricle	anilla oval de curricle
3	19	3/17	Schlüsselring	pad terret	clé de sellette	chiave passaredini del sellino	pasa-rienda de sillín, llave
5	27	5/17	Schlüsselring	pad terret	clé de sellette	chiave passaredini del sellino	llave, pasa-rienda de sillín
1	11	1/19	Leinenauge	neck-strap terret	clé de surcou	chiave passaredini del reggipettorale	anilla del sobrecuello
7	38	7/22	Leinenauge	neck-strap terret	clé de surcou	chiave del reggipettorale	anilla de la caída
5	27	5/18	Tandem-Schlüsselring	tandem wheeler terret	clé de tandem	chiave passaredini del sellino del tandem	llave, pasa-rienda para el tronco de tándem
5	27	5/19	Random-Schlüsselring	random wheeler terret	clé de tridem	chiave passaredini del sellino del random	llave, pasa-rienda para tres a la larga, tridem
3	19	3/4	bewegliches Leinenauge	hame terret	clé d'attelle mobile	chiave passaredini snodata della collana	llave, pasa-rienda

chap.	page	No.:	Deutsch Bezeichnung	English specification	Français signification	Italiano termini	Español denominación
8	49		Koeffizient	coefficient	coefficient	coefficiente	coeficiente
6	34		Gepäckkasten	luggage box	coffre à bagages	cassa portabagagli	porta maletas
3	20	3/36	Kumt	full collar	collier	collana	collerón
5	27	5/15	Kumt	full collar	collier	collana	collerón
8	47		Turnierleitung	organizing committee	comité d'organisation	direzione del concorso	comité organizador
6	31	6/7	Verdeckgelenk	head joint, Am. top joint	compas de capote	compasso della capote, compasso del mantice	mecanismo plegable
8	47		Prüfung der Klasse A	novice test	concours catégorie A	prova per la categoria A (principianti)	prueba de promoción
8	47		Prüfung der Klasse L	elementary test	concours catégorie L	prova per la categoria L (facile)	prueba elemental
8	47		Prüfung der Klasse M	medium test	concours catégorie M	prova per la categoria M (media)	prueba dificultad media
8	47		Prüfung der Klasse S	advanced test	concours catégorie S	prova per la categoria S (difficile)	prueba dificultad alta
8	53		Fahrbewerb	driving event, competition	concours d'attelage	concorso di attacchi	concurso de enganches
8	52		Kondition der Pferde	shape, form of the horses	condition physique des chevaux	condizione dei cavalli	estado de los caballos
8	51		Handhabung der Pferde	way of handling the horses	conduite de l'attelage	controllo dei cavalli, guida dell'attacco	forma de manejar los caballos
8	53		Hinderniskegel	cone	cône	coni	cono
1	11	1/23	Oberblattstrupfe	pad-point-strap, tug-strap billet, Am. tug-bearer	contre-sanglon de boucle à mancelle	riscontro del reggifibbione a orecchio	correa de sujeción de la mantilla, portavaras
2	16	2/24	Oberblattstrupfe	tug-strap billet, pad-point-strap, Am. tug-bearer	contre-sanglon de boucle à mancelle	riscontro del reggifibbione a orecchio	correa de sujeción de la mantilla, portavaras
8	47		Dopingkontrolle	doping control	contrôle de dopage	controllo anti-doping	control de dopaje
8	47		Gebisskontrolle	bit control	contrôle des embouchures	controllo delle imboccature	comisario de embocaduras
8	49		Späne, Schnitzel	shavings	copeaux	trucioli	viruta
6	33	6/55	Fußstütze	footrest	coquille	poggiapiedi	piso del pescante
2	15	2/12	Kumtleib	after-awle, collar-body, Am. collar body	corps de collier	corpo della collana	forro para collerón
3	19	3/6	Kumtleib	after-awle, collar-body, Am. collar body	corps de collier	corpo della collana	forro para collerón
5	28	5/33	Kumtleib	after-awle, collar-body, Am. collar body	corps de collier	corpo della collana	forro para collerón
7	40	7/48	Fleischseite	flesh-side	côté chair	lato carne	asiento
8	56		Fleischseite	flesh-side	côté chair	lato carne	asiento
7	40	7/47	Haarseite	hair-side, grain-side	côté fleur	lato del fiore	lado del cuero capilar

chap.	page	No.:	Deutsch Bezeichnung	English specification	Français signification	Italiano termini	Español denominación
8	56		Haarseite	grain-side, hair-side	côté fleur	lato del fiore	lado del cuero capilar
2	15	2/7	ovaler Langring	kidney link	coulant d'attelle	maglione ovale della collana	gargantilla, sapo
5	28	5/39	Schließkette	hame link chain	coulant d'attelle (chaîne)	maglione a catena	gargantilla de cadena
3	19	3/7	Schließkette	hame link chain	coulant d'attelle (chaînette)	maglione a catena	gargantilla de cadena
3	15	3/5	Kumtgürtel	hame-strap	courroie d'attelle	cinghia fermaferri, cinghia fermabastoni	correa de las costillas
2	19	2/11	Kumtgürtel	hame-strap	courroie d'attelle	cinghia fermaferri, cinghia fermabastoni	correa de las costillas
5	28	5/38	Kumtgürtel	hame-strap	courroie d'attelle	cinghia fermaferri, cinghia fermabastoni	correa de las costillas
7	39	7/29	Ganaschenriemen	jowl-piece	courroie de ganaches	sottoganasce	correa de conexión de ahogadero con muserola
1	11	1/12	Ortscheitriemen	swingletree strap	courroie de palonnier	bracciale di cuoio reggi-bilancino	francalete del balancín
6	31	6/23	Ortscheitriemen	swingletree strap	courroie de palonnier	bracciale di cuoio reggi-bilancino	francalete del balancín
3	20	3/27	Scherriemen	breeching-strap, Am. hip-strap	courroie de reculement	correggia della braga	caídas a la retranca
5	28	5/50	Scherriemen	breeching-strap, Am. hip-strap	courroie de reculement	correggia della braga	sujeta retranca
1	11	1/18	Halsriemen	neck-strap	courroie de surcou	reggipettorale	sobrecuello
2	15	2/4	Aufhalteriemen	pole-strap, pole-piece	courroie de timon/chaînette	giungola	correa de la lanza, cegadero
4	24	4/26	Aufhalteriemen	pole-strap, pole-piece	courroie de timon/chaînette	giungola	correa de la lanza, cegadero
1	11	1/4	Aufhalteriemen	pole-strap, pole-piece	courroie de timon/chaînette	giungola	correa de la lanza, cegadero
6	32	6/34	Keilsitz, Bockkissen	box seat	coussin de guide	cuneo	asiento cuña conductor
6	33	6/54	Bock	box seat, box	coussin de guide	serpa, cassetta	asiento cochero
3	20	3/38	Öse	shaft-loop, staple, Am. footman-loop	crampon	cambra	ojal
6	31	6/14	feste/bewegliche Deichselbrille	rigid/flexible pole-head	crapaud de timon	anelli fissi/snodati della nottola del timone	punta de lanza rígida/flexible
4	23	4/20	Deichselbrille für Viererzug	pole-head rings for pole-chains	crapaud de timon pour attelage à quatre	anelli del timone per tiro a quattro	anillas de punta de lanza para cuarta
2	15	2/3	Deichselbrille, feste Ringe/ bewegliche Ringe	swivel pole-head with rings	crapaud de timon, fixe/mobile	nottola del timone con anelli fissi/snodati	anillas de punta de lanza rígida/flexible
1	11	1/3	feste/bewegliche Deichselbrille	rigid/flexible pole-head	crapaud de timon, fixe/mobile	nottola del timone con anelli fissi/snodati	punta de lanza rígida/flexible
6	32	6/52	Zahnleiste	tooth moulding	crémaillère	rotaie del sedile	posiciones para asiento movible
5	28	5/51	Zahnleiste	tooth moulding	crémaillère de siège	rotaie del sedile	posiciones para asiento movible
6	34		Wagenheber	lifting jack	cric, chévre	cric	cabria

			Deutsch	English	Français	Italiano	Español
chap.	page	No.:	Bezeichnung	specification	signification	termini	denominación
7	41	7/82	Kinnkettenhaken	curb chain hook	crochet de gourmette	gancio a S del barbozzale	alacrán
1	12	1/27	Aufsatzhaken	bearing rein-hook	crochet d'enrênement	gancio dello strick	gancho engallador
2	16	2/28	Aufsatzhaken	bearing rein-hook	crochet d'enrênement	gancio dello strick	gancho engallador
3	19	3/15	Aufsatzhaken	bearing rein-hook	crochet d'enrênement	gancio dello strick	gancho engallador
5	28	5/44	Aufsatzhaken	bearing rein-hook	crochet d'enrênement	gancio dello strick	gancho engallador
1	12	1/28	Schweifriemen	back-strap, crupper-strap, *Am.* crupper-strap, turnback	croupière	groppiera	gruperín, tira de la baticola
2	16	2/29	Schweifriemen	back-strap, crupper-strap, *Am.* crupper-strap, turnback	croupière	groppiera	gruperín, tira de la baticola
3	20	3/24	Schweifriemen	back-strap, crupper-strap, *Am.* crupper-strap, turnback	croupière	groppiera	gruperín, tira de la baticola
4	23	4/11	Schweifriemen	back-strap, crupper-strap, *Am.* crupper-strap, turnback	croupière	groppiera	gruperín, tira de la baticola
5	27	5/11	Schweifriemen	back-strap, crupper-strap, *Am.* crupper-strap, turnback	croupière	groppiera	gruperín, tira de la baticola
7	39		Kernleder	bend leather	croupon	cuoio di schiena	cuero volteado
7	39		Leder	leather	cuir	cuoio, pelle	cuero
8	53		Sackgasse, die Kehre	U-turn, "cul de sac"	cul de sac, demi-tour	passaggio senza uscita, inversione ad U	giro en U
1	12	1/29	Schweifmetze	crupper dock	culeron	forcella del sottocoda normale	baticola
2	16	2/30	Schweifmetze	crupper dock	culeron	sottocoda	baticola
3	20	3/40	Schweifmetze	crupper dock	culeron	sottocoda	baticola
4	23	4/12	Schweifmetze	crupper dock	culeron	sottocoda	baticola
5	27	5/12	Schweifmetze	crupper dock	culeron	sottocoda	baticola
1	12	1/31	Schweifmetze mit Schweifträger	crupper dock, spoonform	culeron releveur	sottocoda a paletta	horcilla con elevador-baticolade
					D		
1	11	1/6	Aufhaltering	pole-strap ring	D de bricole	anello reggigiungola del pettorale	arandela de la correa de la lanza
8	56		Einfahren eines Pferdes	to school the horse to harness, breaking	débourrer à l'attelage	addestrare un cavallo ad essere attaccato	poner el caballo al enganche
8	46		Nennbeginn	opening date	début de l'inscription	data di apertura delle iscrizioni	fecha de apertura
8	49		Blumenschmuck	flower arrangement	décoration florale	decorazioni floreali	arreglos florales
8	50		Abzug für Verfahren	deduction for error of course	déduction pour erreur de parcours	penalità per errore di percorso	deducción por error
8	50		unruhig	restless	défaut d'immobilité	mancanza di immobilità	no hay inmovilidad

chap.	page	No.:	Deutsch Bezeichnung	English specification	Français signification	Italiano termini	Español denominación
8	46		Nennungsschluss	acceptance date, closing date	délai de l'inscription	data di chiusura delle iscrizioni	cierre de la matrícula
8	54		technischer Delegierter	technical delegate	délégué technique	delegato tecnico	delegado técnico
8	55		halbe Parade	half halt	demi-parade	mezza fermata	media parada
7	43		Warmblut	warm-blood	demi-sang	cavallo a sangue caldo, cavallo mezzosangue	aballo de sangre caliente
8	55		Rechtskehrtwendung	about turn right	demi-tour à droite	inversione di marcia a destra	vuelta a la derecha
8	55		Linkskehrtwendung	about turn left	demi-tour à gauche	inversione di marcia a sinistra	vuelta a la izquierda
8	53		Niederlegen oder Verlieren der Peitsche	driver putting down his whip	déposer ou perdre le fouet	deporre o perdere la frusta	cochero que pone el látigo en el fustero
8	55		Peitsche abwickeln	to unwind the whip	dérouler le fouet	srotolare la frusta	desenrollar la tralla
8	55		hinter den Zügel „kriechen"	to "hide" behind the bit	derrière la main	dietro l'imboccatura	lr detrás de la mano
8	54		absitzen	to dismount	descendre de voiture	smontare dalla carrozza	desmontar
8	54		abschirren	to unharness, to put off the harness	deharnacher, dégarnir	svestire il cavallo	desaparejar
7	43		Widersetzlichkeit	disobedience, defence	désobéissance, défense	difesa, disobbedienza	desobediencia, defensa
8	56		Widersetzlichkeit	disobedience, defence	désobéissance, défense	in difesa	desobediencia, defensa
8	54		ausspannen	to take out	dételer	staccare	quitar
8	48		Zweitplatzierte	runner up	deuxième	secondo classificato	segundo
8	48		Siegerehrung	distribution of prizes, prize giving	distribution des prix	premiazione	entrega de premios
8	56		stranggehorsam	obedient to the trace	docile au trait	sottomesso alle tirelle	caballo obediente al tiro
5	28	5/46	Trageriemen	sliding back-band, *Am.* tug-strap, back-strap	dossière	dorsiera	sujeta manoplillo
3	19	3/19	Trageriemen fest/beweglich	back-band, *Am.* back-band, tug-strap	dossière fixe/coulissante	dorsiera fissa/scorrevole	punta del portavaras
5	27	5/4	Tandem-Doppelortscheit	tandem lead-bar	double palonnier de tandem	doppio bilancino per volata del tandem	balancín para el guía de tándem
6	31	6/16	Deichselschuh	pole bracket	douille de timon	staffa portatimone	abrazadera de balancín

E

chap.	page	No.:	Deutsch Bezeichnung	English specification	Français signification	Italiano termini	Español denominación
8	47		Ausschluss	elimination	élimination	eliminazione	eliminación
7	40	7/55	Wirbel, Spindelgelenk	swivel-joint	émerillon	girello per fruste spezzate	conexión articulada para tralla
8	56		Kerbe	groove	encoche	scanalatura	ranura
8	55		an das Gebiss gestellt	on the bit	en main	in appoggio	en la mano

chap.	page	No.:	Deutsch Bezeichnung	English specification	Français signification	Italiano termini	Español denominación
8	46		Eintragung des Pferdes als Turnierpferd	registration of a horse as a competition horse	enregistrement du cheval comme cheval de sport	iscrizione dei cavalli nel registro cavalli da concorso	registrar un caballo para competición
8	55		Peitsche aufwickeln	to wind up the whip	enrouler le fouet	attorcigliare la frusta, arrotolare la frusta	enrollar la tralla
8	52		Zusammenpassen der Pferde	match of the horses	ensemble des chevaux	assortimento dei cavalli	conjunto de caballos
8	49		Eintritt	entrance	entrée	entrata	entrada
8	56		Einfahren eines Pferdes	enter	entrée	entrare nel rettangolo	entrada
8	54		Vielseitigkeits-Fahrprüfung	combined driving event	épreuve combinée	concorso completo	prueba de enganches combinada
8	53		Vierspänner-Prüfung	four-in-hand class, *Am.* team class	épreuve d'attelage à quatre	categoria tiri a quattro	prueba de cuartas, prueba por equipos
8	50		Dressurprüfung	dressage test	épreuve de dressage	prova di dressage	reprise de doma
8	52		Gelände- und Streckenfahren	cross-country and long distance driving	épreuve de terrain et de distance	guidare in campagna e su lunghe distanze	recorrido en el campo
8	54		Mannschaft	team	équipe	squadra	equipo
8	46		Ausrüstung	equipment	équipement	equipaggiamento	equipo
8	49		verfahren	error of course	erreur de parcours	errore di percorso	error de recorrido
8	53		Einschlagen einer falschen Bahn	taking the wrong course	erreur de parcours	sbagliare percorso	equivocarse de recorrido
8	53		korrigiertes Verfahren	corrected error of course	erreur de parcours corrigée	errore di percorso corretto	corregir un error de recorrido
6	32	6/31	Achse, Achsschenkel	running axle	essieu	assale	eje
8	52		Zustand des Geschirrs/Wagens	condition of the harness/vehicle	état de l'harnachement/ de la voiture	condizioni dei finimenti/ della carrozza	estado de la guarnición/coche
8	55		gut an der Hand gehen	to move well in hand	être bien en main	procedere bene alla mano	Ir bien en la mano
8	51		Hufschlagfiguren genau einhalten	execute the figures accurately	éxécuter les figures avec précision	eseguire con precisione le figure	ejecutar las figuras con precisión
8	46		Anforderungen	requirements	exigences	richieste	requisitos
8	52		Herausbringen der Pferde	turn out of the horses	expression des chevaux	presentare i cavalli	aspecto de los caballos
					F		
8	53		Abwurf eines abwerfbaren Elementes	knockdown of a dislodgeable element	faire chuter un élément tombant	abbattimento di un elemento rovesciabile	derribo de un elemento móvil
2	15	2/14	Sprungriemen	breast-plate, false martingale	fausse martingale	falsa martingala	falsa martingala o gamarra
8	53		Gangartenfehler	break of pace	faute d'allure	rottura di andatura	romper el ritmo
6	34		Beschläge	metal fittings	ferrure	ferramenta	herraje
8	52		Beschlag	shoeing	ferrure	ferratura	herraje

chap.	page	No.:	Deutsch Bezeichnung	English specification	Français signification	Italiano termini	Español denominación
6	34		Selett-Beschläge	metal fittings of saddle	ferrures de sellette	ferramenta del sellino	herraje de sobreaguja
8	46		Nennungsformular	entry form	feuille d'inscription	modulo di iscrizione	formulario para matrículas
8	49		Bahnfiguren	figures	figures	figure di maneggio	figuras
7	39	7/28	Trensenzaum	snaffle cheek ring	filet	filetto	anilla del filete
1	12	1/35	Doppelringtrense	Wilson snaffle, double-ring snaffle	filet à quatre anneaux	filetto ungherese, filetto Wilson, filetto a quattro anelli	filete de doble anilla
5	27	5/22	Doppelringtrense	Wilson snaffle, double-ring snaffle	filet à quatre anneaux	filetto ungherese, filetto Wilson, filetto a quattro anelli	filete de doble anilla
7	40	7/63	Doppelringtrense	Wilson snaffle, double-ring snaffle	filet à quatre anneaux	filetto ungherese, filetto Wilson, filetto a quattro anelli	filete Wilson, filete de doble anilla
8	56		Doppelringtrense	Wilson snaffle, double-ring snaffle	filet à quatre anneaux	filetto ungherese, filetto Wilson, filetto a quattro anelli	filete Wilson, filete de doble anilla
7	41	7/80	Liverpoolkandare mit gebrochenem Gebiss	Liverpool bit with jointed mouthpiece	filet Liverpool	morso Liverpool a cannone spezzato	bocado de globo con el final de las barras unidas
6	34		Beschnitt der Lackierung	lining, *Am.* striping	filets	filettatura	líneas de pintura
8	46		Boxentaxe	stabling charge	finance de départ	quota di partecipazione	gastos de box
8	47		Startgeld	starting fee	finance de départ	quota d' iscrizione	dinero para matrícula
8	46		Einsatz	entry fee	finance d'inscription	quota d' iscrizione	matrícula
7	43		Langbaum	reach	flèche	codone	vara de unión entre los ejes
5	28	5/30	Rosette	rosette	fleuron	rosetta	escarapela
1	12	1/43	Rosette	rosette	fleuron ou cocarde	rosetta	escarapela
2	16	2/40	Rosette	rosette	fleuron ou cocarde	rosetta	escarapela
8	48		Schleife	ribbon, rosette	flot	coccarda	escarapela
6	34		Aluminiumguss	cast aluminium	fonte d'aluminium	alluminio fuso	fundición de aluminio
8	54		Fahrausbildung	driving school	formation d'attelage	istruzione agli attacchi	escuela de enganches
7	42		Birnenform des Kumtleibes	pear-shaped collar (pad)	forme en poire du collier	collana a forma di pera	collerón de forma pera
7	40	7/52	Peitsche	whip	fouet	frusta	látigo
7	40	7A/60	Fahrgerte	driving-cane	fouet américain (stick)	frusta da corsa, fouet	látigo de caña
7	40	7/56	Bogenpeitsche Zweispänner	pairs bow-topped whip	fouet col de cygne	frusta a pioggia per pariglia	látigo con tralla sin ballena para troncos
7	40	7/57	Bogenpeitsche, Vierspänner	bow-topped four-in-hand whip	fouet col de cygne pour attelage à quatre	frusta a pioggia per tiro a quattro	látigo con tralla sin ballena para cuartas
7	40	7/59	Schlittenpeitsche	sledge-whip	fouet de traîneau	frusta per slitta	látigo para trineo

chap.	page	No.:	Deutsch Bezeichnung	English specification	Français signification	Italiano termini	Español denominación
7	40	7/53	Stockpeitsche, Zweispänner	pairs german drop-thong whip	fouet noué pour attelage à deux	frusta spezzata per pariglia	látigo alemán
7	40	7/54	Stockpeitsche, Vierspänner	four-in-hand german drop-thong whip	fouet noué pour attelage à quatre	frusta spezzata per tiro a quattro	látigo alemán de cuartas
6	33		Federbein	telescopic fork	fourche téléscopique	base della molla, biscottino	parte del muelle
6	32	6/44	Druckbremse	pushing handbrake lever	frein à crémaillère à pousser	freno a cremagliera a spinta	presión del freno
6	32	6/43	Zugbremse	pulling handbrake lever	frein à crémaillère à tirer	freno a cremagliera a trazione	hongo del freno
6	32	6/45	Scheibenbremse	disc brake	frein à disque	freno a disco	freno de disco
6	32	6/41	Kurbelbremse	spindle brake	frein à manivelle	freno a manovella	freno manivela
6	32	6/46	Fußbremse	brake pedal	frein à pied	freno a pedale	pedal del freno
6	33		Trommelbremse	cylindric brake	frein à tambour	freno a tamburo	freno de tambor
6	32	6/42	Radbremse	handwheel brake	frein à volant	freno a ruota	freno de la rueda
6	32	6/40	Feststellbremse	parking brake	frein de stationnement	freno di stazionamento	freno de mano
7	42		Eschenholz	ash wood	frêne	legno di frassino	madera de fresno
6	34		Nabenring	hub ring	frette	ghiera del coprimozzo	sortija de maza
1	12	1/44	Stirnriemen	brow band	frontal	frontale	frontalera
2	16	2/41	Stirnriemen	brow band	frontal	frontale	frontalera
5	28	5/29	Stirnriemen	brow band	frontal	frontale	frontalera
7	39	7/31	Stirnriemen	brow band	frontal	frontale	frontalera
					G		
7	42		Galopp	canter	galop	galoppo	galope
7	42		Handschuhe	gloves	gants	guanti	guantes
6	33	6/53	Kotflügel	splashboard, *Am.* fender	garde-boue	parafango	guardabarros
6	34		Schmutzfänger	set-off sheet, waterproof sheet	garde-boue	telina parafango, telina paraspruzzi	guardabarros
6	31	6/10	Spritzbrett	dashboard, dasher, *Am.* dash	garde-crotte	orfanella, cruscotto	salpicadero
7	41	7A/87	Gig	gig	gig	gig	coche ligero americano
7	41	7/81	Kinnkette	curb chain	gourmette	barbozzale	cadenilla
7	43		Leinsamen	linseed	graines de lin	semi di lino	semilla de lino

11

Index français

chap.	page	No.:	Deutsch Bezeichnung	English specification	Français signification	Italiano termini	Español denominación
7	40	7/50	Fröschl	frog	grenouille	fermaglio di regolazione delle redini ungheresi	ranilla
8	57		Fröschl	frog	grenouille	fermaglio delle redini	ranilla
7	42		Beifahrer	groom	groom, aide	groom, palafreniere	mozo
1	12	1/30	dicke Schweifmetze für Leinenfänger	crupper dock, thick	gros culeron	sottocoda doppio	horcilla de la baticola
7	39	7/40	Kreuzleine	cross-over rein, coupling-rein	guide croisée	redine di crociera	rienda de dentro
8	56		Kreuzleine	coupling-rein, cross-over rein	guide croisée ou de croisière	redini di crociera	rienda cruzada (de dentro)
5	23	5/21	Hinterleinen	wheel reins	guide de brancadier	redini del timoniere	riendas de tronco
4	27	4/8	Hinterleinen	wheel reins	guide de timonier	redini del timoniere	riendas de tronco
4	23	4/7	Vorderleinen	lead reins	guide de volée	redini della volata	riendas de guías
5	27	5/20	Vorderleinen	lead reins	guide de volée	redini della volata	riendas de guías
7	39	7/39	Außenleine	draught-rein, outer rein	guide extérieure	redine esterna	rienda d´exterior
8	56		Außenleine	draught-rein, outer rein	guide extérieure	redine esterna	rienda de exterior
1	12	1/34	Leinen	reins	guides	redini	riendas
2	16	2/33	Leinen	reins	guides	redini	riendas
3	20	3/41	Leinen	reins	guides	redini	riendas
8	56		Leinen	reins	guides	redini	riendas
7	39	7/38	Achenbachleinen	pair reins, Achenbach reins	guides Achenbach	redini Achenbach	riendas de tronco, riendas Achenbach
8	56		Achenbachleinen	Achenbach reins, pair reins	guides Achenbach	redini Achenbach	riendas de tronco, riendas Achenbach
8	50		Leinen in einer Hand	reins in one hand	guides dans une main	redini in una mano	riendas en una mano
7	47	7/49	Ungarische Leinen	Hungarian reins	guides hongroises	redini ungheresi	riendas húngaras
8	57		Ungarische Leinen	Hungarian reins	guides hongroises	redini ungheresi	riendas húngaras

H

chap.	page	No.:	Deutsch	English	Français	Italiano	Español
8	51		Anzug/Hut/Handschuhe des Fahrers	suit/hat/gloves of the driver	habits/coiffure/gants du meneur	abbigliamento/copricapo/ guanti del guidatore	traje/sombrero/guantes del cochero
8	54		aufschirren	to put on the harness, to harness	harnacher, garnir	vestire il cavallo	aparejar
7	41	7A/94	Geschirr	harness	harnais	briglia da attacco	arnés
1	11	1/2	Brustblattgeschirr	breast collar harness	harnais à bricole	finimento a pettorale	guarnición de pecho petral

chap.	page	No.:	Deutsch Bezeichnung	English specification	Français signification	Italiano termini	Español denominación
2	15	2/2	Zweispänner-Kumtanspannung	collar harness for pairs	harnais à deux, à collier	finimento a collana per pariglia	a la inglesa (para tronco)
7	42	7A/99	Zylinder	top hat	haut de forme	cilindro	chistera
8	52		Höhe der Deichsel und der Ersatzausrüstung	height of the pole and spare equipment	hauteur du timon/pièces de rechange	altezza del timone e pezzi di ricambio	altura de la lanza y del equipo de recambio
8	49		Gras	grass	herbe	erba	hierba
8	47		Startzeit	starting time	heure de départ	orario di partenza	hora de comienzo
6	34		Abdeckplane	canvas hood	housse	telo di copertura	funda
6	34		Deichselhülle	pole cover	housse de timon	guaina copritimone	cubre lanza
					I		
8	50		unbeweglich	immobile	immobile	immobile	inmóvil
8	50		Unbeweglichkeit im Halten	motionless standstill	immobilité à l'arrêt	immobilità all'arresto	inmovilidad
7	43		Prägung	stamping	impression	punzonatura, cuoio stampato	repujado
8	51		Gesamteindruck	general impression	impression générale	impressione d'insieme	impulsión general
8	51		Schwung	impulsion	impulsion	impulso	impulsión
8	51		Biegung	bending	incurvation	flessione	incurvación
8	49		Transportvergütung	travel refund, refund of transport	indemnité de transport	rimborso spese di trasporto	subvencion de transporte
8	54		Einzelfahrer	individual	individuel	concorrente individuale	individual
8	46		nennen	to enter	inscription	iscriversi	matrícular
8	48		Unterbrechung der Prüfung	interruption of a competition	interruption du concours	interruzione di una prova	interrupción de la competición
					J		
6	32	6/29	Felge	felloe	jante	gavello della ruota	pina
8	47		Richter	judge	juge	giudice	juez
8	54		Hilfsrichter	referee	juge auxiliaire	guidice ausiliario	arbitro
8	54		Hindernisrichter	obstacle judge	juge d'obstacle	commissario all'ostacolo	juez de obstáculo
8	50		richten, gemeinsam	joint judgement	jugement d'ensemble	giudizio concertato	juzgar conjuntamente
8	50		richten, getrennt	separate judgement	jugement séparé	giudizio separato	juzgar por separado
8	48		Schiedsgericht	appeal committee	jury d'appel	giuria di appello	comité de apelación

			Deutsch	English	Français	Italiano	Español
chap.	page	No.:	Bezeichnung	specification	signification	termini	denominación
					K		
					L		
6	34		Messing, Vollmessing	heavy brass	laiton	ottone, ottone pieno	laton
6	31	6/9	Laternen	carriage lamp	lanterne	fanale	faroles
6	33	6/56	Spurbreite	track width	largeur de la trace	carreggiata	paso de rueda
7	42	7A/102	Spurbreite	track width	largeur de la trace	carreggiata	paso de rueda
8	53		Hindernisbreite	distance between markers, width	largeur d'obstacle	larghezza dell'ostacolo	distancia entre conos
8	54		Fahrstunde, Lektion	driving lesson	leçon d'attelage	lezione di guida	lección de enganchar
8	51		schleppend, träge	sluggish, shuffling	lent, se traîne	rade il tappeto	se arrastra
8	49		Bahnpunkte	markers, points of the arena	lettres des carrés de dressage	lettere del rettangolo	leteras de la pista
7	42		Kammerfreiheit	gullet, gullet width	liberté de garrot	libertà di garrese	espacio entre la cruz
8	50		Mittellinie	centerline	ligne médiane	linea mediana	línea central
6	32	6/25	Querholm	top-bed, transom	lisoir	chiavarda	palo del juego
8	49		Viereckbegrenzung	enclosure of the arena	lisse	recinzione del rettangolo	perimetro de la pista
8	47		Startliste	list of competitors	liste de départs	ordine di partenza	órden de salida
7	42	7A/100	Livrèe	livery	livrée	livrea	librea
7	38	7/20	Doppellonge	long reins	longues guides	doppia longia	riendas para el trabajo de pie a tierra
					M		
7	42		Mahagoniholz	mahogany wood	mahagoni	legno di mogano	madera de caoba
6	34		Argentan	german silver	maillechort	argentone, alpacca	plata alemana
7	39	7/44	Handstück	handpiece	main de guide	redine intera che va in mano	parte de las riendas para la mano
8	56		Handstück	handpiece	main de guide	redine che va in mano	parte de las riendas para la mano
8	51		Beibehaltung der Gangarten durch alle Pferde	keeping all horses in the same gait	maintien des allures par tous les chevaux	tutti i cavalli mantengono l'andatura	mantener todos los caballos en el mismo aire
6	33		Hauptortscheit	main-bar	maître palonnier	bilancia	balancín primero
8	51		Handhabung der Leinen und der Peitsche	way of handling reins and whip	maniement des guides et du fouet	modo di tenere le redini e la frusta	forma de sujetar las riendas y el látigo
8	52		Peitschenhaltung	way of holding the whip	maniement du fouet	tenuta della frusta	forma de sujetar el látigo

chap.	page	No.:	Deutsch Bezeichnung	English specification	Français signification	Italiano termini	Español denominación
1	11	1/20	Kammdeckel	pad	mantelet	sellino per pariglia	sobreaguja
2	15	2/21	Kammdeckel	pad	mantelet	sellino per pariglia	sobreaguja
8	52		Marathon	marathon	marathon	maratona	maratón
6	32	6/32	Auftritt	step	marche-pied	predella, pedile, montatoio	estribo
7	41	7A/90	Auftritt	step	marche-pied	predella, pedile, montatoio	estribo
6	33		Trittbrett	running board	marche-pied	pedana, predella, montatoio	estribo
8	51		ausfahren der Ecken und Wechselpunkte	meet the corners and markers properly	marquer correctement angles et transitions	eseguire correttamente gli angoli e rispettare le lettere	pasar bien las esquinas y llegar a las entradas de los obstáculos
3	19	3/18	Polsterung	panel, Am. pad	matelassure	imbottitura della collana	sillín parte baja
7	40	7/58	Peitschenschlag	whip thong, lash	mèche	battuta, mozzone	tralla
7	41	7A/98	Melone	bowler hat	melon	bombetta	bombín
8	51		fahren auf gerader Linie	drive on a straight line	mener en ligne droite	guidare in linea diretta	conducir en línea recta
7	41	7A/97	Fahrer	driver	meneur	guidatore	cochero
8	46		zugelassener Fahrer	eligible driver	meneur habilité	guidatore abilitato	cochero admitido
6	34		Edelmetall	precious metal	métal précieux	metallo prezioso	metales preciosos
8	47		Richtverfahren	scoring method	methode de notation	metodo di giudizio	método de puntuación
8	54		Leinen ausdrehen	to straighten the reins	mettre les guides sur leur plat	mettere a piatto le redini	enderezar las riendas
8	54		verschnallen	to buckle	modifier le réglage	affibbiare	abrochar
1	12	1/36	Backenriemen	cheek piece	montant	montante dell'imboccatura	carrillera
2	16	2/35	Backenstück	cheek piece	montant	montante	carrillera
5	28	5/27	Backenstück	cheek piece	montant	montante	carrillera
8	54		aufsitzen	to mount	monter en voiture	montare a cassetta	montar
7	40		Kandare	curb bit	mors	morso	bocado
7	41	7/78	Buxtonkandare	Buxton bit	mors Buxton	morso Buxton	bocado de buxton
7	41	7/77	Ellbogenkandare	elbow bit	mors coudé	morso inglese, morso a gomito	bocado de codo (bocado ashley)
7	41	7/79	Postkandare	post bit	mors de poste	morso da posta	bocado de trotador
2	16	2/34	Liverpoolkandare	Liverpool bit	mors Liverpool	morso Liverpool	bocado de globo

chap.	page	No.:	Deutsch Bezeichnung	English specification	Français signification	Italiano termini	Español denominación
7	40		Liverpoolkandare	Liverpool bit	mors Liverpool	morso Liverpool	bocado de globo
7	40	7/70	Liverpoolkandare mit Pumpgebiss	Liverpool swinging bit	mors Liverpool à pompe	morso Liverpool a pompa	bocado de globo con barra móvil
6	34		Zierleiste	moulding, edging	moulure	listello decorativo	ornamento
6	32	6/26	Nabe	stock, nave, hub, *Am.* hub	moyeu	mozzo	maza de la rueda
1	12	1/45	Nasenriemen	nose band	muserolle	nasiera, museruola	muserola
2	16	2/43	Nasenriemen	nose band	muserolle	nasiera, museruola	muserola
3	20	3/34	Einspänner Nasenriemen	nose band for singles	muserolle pour attelage à un	nasiera per singolo	muserola simple
5	28	5/32	Einspänner Nasenriemen	nose band for singles	muserolle pour attelage à un	nasiera per singolo	muserola para limonera

					N		
8	49		Wertnote	marks, score, points	note d'appréciation	voto	puntos
8	50		Gesamtnote für Reinheit der Gänge	collective mark for paces	note d'ensemble pour les allures	voto d'insieme per correttezza delle andature	puntos de conjuntos por aires
8	49		Einzelnote	single score	note individuelle	voto singolo	puntuación unica
8	50		Gesamtnote	total score	note totale	punteggio totale	total de puntos
8	47		Startnummer	starting number	numéro de départ	numero del concorrente	dorsal

					O		
8	56		leinenführig	obedient to the rein	obéissant aux guides	sottomesso alle redini	caballo obediente a las riendas
8	52		künstliches Hindernis	artificial obstacle	obstacle artificiel	ostacoli artificiali	obstáculo artificial
8	53		Hindernis mit Durchfahrtsbegrenzung	obstacle with markers	obstacle avec limitation de largeur	ostacolo con delimitazioni	obstáculo con limitacion de atravesar
8	53		Mehrfachhindernis	multiple obstacle	obstacle combiné	ostacolo multiplo	obstáculo múltiple
8	52		Wasserhindernis	waterobstacle, water hazard	obstacle d'eau	ostacolo d'acqua	obstáculo de agua
8	53		Eckenhindernis	corner obstacle	obstacle en équerre	ostacolo d'angolo	obstáculo de esquina
8	53		L- oder U-förmiges Hindernis	L- or U-shaped obstacle	obstacle en L ou en U	ostacolo ad L o ad U	obstáculo en L y en U
8	53		Einfachhindernis	single obstacle	obstacle simple	ostacolo singolo	obstáculo único
8	52		abwerfbares Hindernis	obstacle with collapsible elements	obstacle tombant	ostacolo con elementi rovesciabili	obstáculo con elemento móvil
5	27	5/6	Schlagzugöse	cock-eye	œil de palonnier	ganci del bilancino	anclaje del valalcín para el mosqueton del tirante
1	12	1/46	Strangauge	trace-eye	œil de trait	passante proteggitirella del boucleteau	ojal del tiro

chap.	page	No.:	Deutsch Bezeichnung	English specification	Français signification	Italiano termini	Español denominación
8	50		Schritt am Gebiss	walk on the bit	pas en main	passo in mano	paso en la mano
8	51		unregelmäßige Tritte	irregular steps	pas irréguliers	falcate irregolari	pasos irregulares
7	42		Mittelschritt	medium walk	pas moyen	passo medio	paso medio
7	42		versammelter Schritt	collected walk	pas rassemblé	passo riunito	paso reunido
7	43		Zungenfreiheit	port	passage de langue	passaggio di lingua	libralengua, desveno
8	54		Passagier	passenger	passager	passeggero	pasajero
7	39	7/43	Kreuzschlaufe	rein guilet	passant de guide	passante delle redini di crociera	hebilla en las riendas
8	56		Leinenführungsschlaufe	rein guide	passant de guide	passante per redini	pasador de las riendas
5	27	5/10	Durchlässe für die Stränge	loop on leader pad for lead trace	passe de trait de volée	passanti per tirelle	lazo en el guía para el tiro del guía
7	41	7/73	Leinenschlitze	rein-slot	passes de guides	chiamate	pasa-riendas del bocado
2	16	2/48	Docken	safe, roller-bolt	paumelle	funghi	botaril
6	31	6/11	Docken	roller-bolt, safe	paumelle	funghi	botariles
6	34		Lackierung	painting, coating	peinture	verniciatura	pintura
7	42		Lackierung	painting, coating	peinture	verniciatura	pintura
8	46		Mindestleistung	minimum performance	performance minimale	prestazione minima	rendimento mínimo
8	52		Geländestrecke	cross-country course	phase d'obstacles	percorso di fondo	recorrido de campo
8	53		Absteigen des Beifahrers	groom dismounting	pied à terre du groom	piedi a terra del groom	bajada del mozo
8	53		Absteigen des Fahrers	driver dismounting	pied à terre du meneur	piedi a terra del guidatore	bajada del cochero
7	43		Pillangos (Verzierung bei den Schalanken)	pillango	pillango (papillon)	pillango	pillangos
8	49		Hufschlag	track	piste	pista	pista
8	47		Turnierplatz	show ground	place de concours	terreno del concorso	pista de competición
8	47		Abfahrplatz	practice area	place d'échauffement	campo prova	pista de ensayo
8	49		Stallplakette	plaquette	plaque d'écurie	targa di scuderia	placa
6	34		Haltegriff	handhold	poignée-montoir	maniglia	asidero de manos
8	52		Strafpunkte	penalty points	points de pénalité	punti di penalità	puntos de penalidad
1	12	1/40	Spieler	face drop	poire	giocattolo del frontale	juguetillo

			Deutsch	English	Français	Italiano	Español
chap.	page	No.:	Bezeichnung	specification	signification	termini	denominación
					S		
8	49		Sand	sand	sable	sabbia	arena
6	33		Bremsklotz	brake block	sabot de frein	ceppo di frenaggio	taco del freno
6	32	6/47	Hemmschuh	drag-shoe (or skid) and chain	sabot d'enrayage	scarpa	zapata de freno
7	39	7/37	Rücken-(Seiten-)Schalanken	sallangs	sallanques	"sallang" per finimenti laterali	adornos de guarnición húngara
7	39	7/36	Stirnschalanken	front sallang (Hungarian harness)	sallanques frontales	"sallang" per briglia	mosqueros húngaros
8	50		Gruß	salute	salut	saluto	saludo
1	11	1/21	großer Bauchgurt	girth	sangle	sottopancia del sellino	cincha
2	15	2/22	großer Bauchgurt	girth	sangle	sottopancia del sellino	barriguera
3	19	3/22	Bauchgurt	girth	sangle	sottopancia del sellino	cincha
3	20	3/28	Schlagriemen	kicking-strap	sangle anti-ruade	siciliana	caídas al tiro
5	27	5/8	Bauchgurt für Stangenpferd	girth for wheeler	sangle de brancardier	sottopancia per cavallo di timone	cincha para el tronco o caballo de detrás
5	27	5/9	Bauchgurt für Tandem-Selett	girth for leader	sangle de sellette	sottopancia per cavallo di volata	cincha para el guía
1	12	1/24	Oberblattstrupfenstössel	pad-point-strap buckle	sanglon de boucle à mancelle	reggi fibbione a orecchio	hebilla de la correa de sujeción de la mantilla, hebilla portavaras
2	16	2/25	Oberblattstrupfenstössel	pad-point-strap buckle	sanglon de boucle à mancelle	reggifibbione a orecchio	hebilla de la correa de sujeción de la mantilla, hebilla portavaras
8	55		drängen	to lean onto the pole	s'appuyer au timon	appoggio al timone	echarse sobre la lanza
8	55		in die Wendung fallen	to fall into the turn	se coucher dans le virage	cadere sulla spalla in curva	caerse al interior del círculo
8	55		auseinanderfallen	to fall apart	se désunir	l'attacco si disunisce	pérdida de reunión
8	50		anfahren	move off	se mettre en mouvement	partenza	partir
8	55		abdeichseln	to lean away from the pole	s'écarter du timon	scostarsi dal timone	separarse de la lanza
8	52		Teilstrecke	section	section, phase	fase	fase
8	52		Schrittstrecke	walking section	section de pas	fase al passo	fase de paso
8	52		Schnelltrabstrecke	speed section in trot	section de trot rapide	fase al trotto veloce	fase de velocidad al trote
3	19	3/13	Selett	saddle, Am. "skirt"	sellette	cappellina	faldoncillo del sillín
5	28	5/42	Selett	saddle, Am. "skirt"	sellette	sellino per singolo	faldoncillo del sillín
5	27	5/7	Tandem-Selett	tandem leading pad	sellette de tandem	sellino per tandem	pechera para el guía

Index français

			Deutsch	English	Français	Italiano	Español
chap.	page	No.:	Bezeichnung	specification	signification	termini	denominación
8	49		Boden, unebener	unlevel surface	terrain bosselé	terreno sconnesso	pista desnivelada
8	49		Boden, harter	hard surface	terrain dur	terreno duro	pista dura
8	49		Boden, rutschiger	slippery surface	terrain glissant	terreno scivoloso	surperficie resbaladiza
8	49		Boden, tiefer	deep surface	terrain profond	terreno pesante	pista profunda
1	12	1/41	Genickstück	crown piece	têtière	sopracapo	cucarda
2	16	2/42	Genickstück	crown piece	têtière	sopracapo	testera
5	28	5/28	Genickstück	crown piece	têtière	sopracapo	testera
6	31	6/13	Deichsel	pole, shaft, *Am.* pole, tongue	timon	timone	lanza
7	28	7/17	Deichsel	pole, shaft, *Am.* pole, tongue	timon	timone	lanza
2	16	2/47	Deichsel hölzern/stählern	wooden pole, shaft/steel pole, shaft	timon en bois/en métal	timone di legno/di acciaio	lanza torpe/azerado
4	24	4/25	Mitteldeichsel (Sechsspänner)	swing pole for six-horse team	timon intermédiaire	falso timone (tiro a sei)	balancín para seis caballos
4	23	4/2	Stangenpferd	wheeler	timonier	cavallo di timone	tronco
8	56		Hinterpferd	wheeler	timonier	cavallo di timone	caballo por detrás
8	46		Losverfahren	ballot	tirage au sort	estrazione a sorte	sorteo
2	15	2/9	Zugkrampe	anchor pull, hame pull, draught seye, *Am.* anchor draft	tirant d'attelle	ganci della collana per boucleteau	nudillo del tirante
3	19	3/3	Zugkrampe	anchor pull, hame pull, draught seye, *Am.* anchor draft	tirant d'attelle	gancio della collana per tirelle	nudillo del tirante
5	28	5/36	Zugkrampe	hame pull, anchor pull, draught seye, *Am.* anchor draft	tirant d'attelle	ganci della collana per boucleteau	nudillo del tirante
1	11	1/14	Aufziehleder	trace-loop, hand piece	tirant de carré de trait	linguetta di cuoio sbloccatirella	manoplillo del tiro
2	15	2/19	Aufziehleder	trace-loop, hand piece	tirant de carré de trait	linguetta di cuoio sbloccatirella	manoplillo del tiro
4	24	4/24	Aufziehleder	trace-loop, hand piece	tirant de carré de trait	linguetta di cuoio sbloccatirella	manoplillo del tiro
6	32	6/49	Aufziehleder	trace-loop, hand piece	tirant de carré de trait	linguetta di cuoio sbloccatirella	punta final del tiro en el lazo
8	55		Peitsche aufwerfen	to touch with the whip	toucher du fouet	toccare con la frusta	tocar con el látigo
1	11	1/17	Halskoppel	head collar, halter	tour de cou	sopracollo	quitipon
7	39	7/34	gebrochener Zug	broken pull	traction brisée	linea spezzata della tirella	línea de tiro rota
7	39	7/35	gerader Zug	straight pull	traction droite	tirare in linea retta	línea de tiro recta
8	56		gleichmäßiger Zug	even tug	traction équilibrée	tiro uniforme	tirar por igual

			Deutsch	English	Français	Italiano	Español
chap.	page	No.:	Bezeichnung	specification	signification	termini	denominación
7	42		Schleppe	sledge	traîneau de dressage	treggia	trineo
1	11	1/8	Strang	trace	trait	tirella	tiro, tirante
2	15	2/18	Strang	trace	trait	tirella	tiro, tirante
3	19	3/12	Strang	trace	trait	tirella	tiro
6	32	6/48	Strang	trace	trait	tirella con attacco a ricciolo	tiro
5	27	5/5	Vorderstrang	lead trace	trait de volée	tirella del cavallo di volata	rienda para el guía
1	11	1/9	Außenstrang	outside trace	trait extérieur	tirella esterna	tiro exterior
1	11	1/10	Innenstrang	inside trace	trait intérieur	tirella interna	tiro interior
7	43		Kutschpferd	coach horse	trait léger	cavallo da carrozza, cavallo da coach	caballo de enganche
4	23	4/22	Stränge für Vorderpferde	lead trace	trait pour cheval de volée	tirelle per cavalli di volata	tiro de guías
4	23	4/23	Stangenpferdstränge	wheel trace	trait pour timonier	tirelle con attacco a ricciolo per cavalli di timone	tiro de tronco
7	41	7A/91	Stränge	traces	traits	tirelle	tiros
8	51		Übergang	transition	transition	transizione	transición
8	51		Arbeit aller Pferde	work load shared equally by all horses	travail de tous les chevaux	tutti i cavalli lavorano	todos vayan trabajando bien
5	27	5/2	Random	randem	tridem	random	tres a la larga, tridem
7	38	7/4	Random	randem	tridem	random	tres a la larga, tridem
7	38	7/7	Troika	troika	troika	troika	potencia (troika)
4	23	4/13	Viererzughaken	pole-hook	trompe	tromba del timone per tiro a quattro	punta de lanza con cuello de cisne
6	31	6/15	Viererzughaken	pole-hook	trompe	tromba del timone per tiro a quattro	cuello de cisne
7	42		starker Trab	extended trot	trot allongé	trotto allungato	trote largo
8	50		starker Trab	extended trot	trot allongé	trotto allungato	trote largo
7	42		Gebrauchstrab	working trot	trot de travail	trotto di lavoro	trote de trabajo
8	50		Gebrauchstrab	working trot	trot de travail	trotto di lavoro	trote de trabajo
8	52		Arbeitstrab	working trot	trot de travail	trotto di lavoro	trote de trabajo
7	42		versammelter Trab	collected trot	trot rassemblé	trotto riunito	trote reunido
8	50		versammelter Trab	collected trot	trot rassemblé	trotto riunito	trote reunido

			Deutsch	**English**	**Français**	**Italiano**	**Español**
chap.	page	No.:	Bezeichnung	specification	signification	termini	denominación
8	56		längsovale Löcher	oval punching	trous ovales	punti o fori ovali delle redini	agujero oval
3	19	3/14	Sättelchen	saddle seat	troussequin	truschino	sillín
5	28	5/43	Sättelchen	saddle seat	troussequin	truschino	sillín
7	43		Karossiertyp, schweres Wagenpferd	heavy-weight carriage horse	type carrossier	cavallo carrozziere pesante	caballo pesado de enganche
					U		
7	38	7/9	Einhorn	unicorn, pick-axe, spike, *Am.* unicorn	unicorne	unicorno	tresillo
					V		
8	48		Sieger	winner	vainqueur	vincitore	ganador
8	55		Wendung nach rechts	turn to the right, right turn	virage à droite	curva a destra	girar a mano derecha, giro a la derecha
8	55		Wendung nach links	turn to the left, left turn	virage à gauche	curva a sinistra	girar a mano izquierda, giro a la izquierda
6	31		Wagen	vehicle	voiture	carrozza	coche
7	42	7A/101	Kutsche	carriage	voiture	vettura, carrozza	coche
6	31		Einspännerwagen	single horse carriage	voiture à un cheval	carrozza per singolo	coche limonera
6	31		Zweispännerwagen	pair-horse carriage	voiture à deux chevaux	carrozza per pariglia	coche para tronco
6	31		Mehrspännerwagen	multiplex harness	voiture à plusieurs chevaux	carrozza per attacco multiplo	coche varios caballos
6	34		Einfahrwagen	break	voiture d'entraînement	vettura da addestramento all'attacco, domatrice	coche de doma
1	11	1/13	feste Bracke	splinter-bar	volée	volata, bilancia	vara de guardia
2	16	2/45	feste Bracke	splinter-bar	volée	volata, bilancia	vara de guardia
6	31	6/21	feste Bracke	splinter-bar	volée	bilancia fissa, volata	vara de guardia
8	50		Volte	circle	volte	circolo	círculo
					W		
					X		
					Y		
					Z		
8	52		Strafzone	penalty zone	zone de pénalité	zona di penalità	zona de penalidad

Indice Italiano

			Deutsch	English	Français	Italiano	Español
cap.	pagina	num.	Bezeichnung	specification	signification	termini	denominación
						A	
8	53		Abwurf eines abwerfbaren Elementes	knockdown of a dislodgeable element	faire chuter un élément tombant	abbattimento di un elemento rovesciabile	derribo de un elemento móvil
8	51		Anzug/Hut/Handschuhe des Fahrers	suit/hat/gloves of the driver	habits/coiffure/gants du meneur	abbigliamento/copricapo/guanti del guidatore	traje/sombrero/guantes del cochero
8	55		Leinen verkürzen	to shorten the reins	raccourcir les guides	accorciare le redini	acortar las riendas
8	56		Einfahren eines Pferdes	to school the horse to harness, breaking	débourrer à l'attelage	addestrare un cavallo ad essere attaccato	poner el caballo al enganche
8	54		verschnallen	to buckle	modifier le réglage	affibbiare	abrochar
7	40		weiche Schnallung	soft buckling	bouclage doux	affibbiatura dolce	colocación del bocado suave
8	57		weiche Schnallung	soft buckling	bouclage doux (en bouquet)	affibbiatura dolce	colocación del bocado suave
7	40		scharfe Schnallung	sharp buckling	bouclage dur, sévère	affibbiatura severa	collocation del bocado dura
8	57		scharfe Schnallung	sharp buckling	bouclage dur, sévère	affibbiatura severa	colocación del bocado dura
8	51		übereilt	hurried	précipité	affrettato	rápido
6	34		Aluminium	aluminium	aluminium	alluminio	aluminio
6	34		Aluminiumguss	cast aluminium	fonte d'aluminium	alluminio fuso	fundición de aluminio
8	55		Leinen verlängern	to lengthen the reins	rendre les guides	allungare le redini	alargar las riendas
7	42		zulegen	to drive on	accélérer	allungare, accelerare	avanzar
8	52		Höhe der Deichsel und der Ersatzausrüstung	height of the pole and spare equipment	hauteur du timon/pièces de rechange	altezza del timone e pezzi di ricambio	altura de la lanza y del equipo de recambio
8	47		Verwarnung	warning	avertissement	ammonimento	aviso
8	50		Raumgriff	ground cover, length of stride	amplitude	ampiezza della falcata	terreno que cubren, longitud del tranco
4	23	4/20	Deichselbrille für Viererzug	pole-head rings for pole-chains	crapaud de timon pour attelage à quatre	anelli del timone per tiro a quattro	anillas de punta de lanza para cuarta
6	31	6/14	feste/bewegliche Deichselbrille	rigid/flexible pole-head	crapaud de timon	anelli fissi/snodati della nottola del timone	punta de lanza rígida/flexible
7	40	7/66	Tragering	loose ring	anneau de montant	anello del montante	anilla de filete para la carrillera
8	57		Tragering	loose ring	anneau de montant	anello del montante	anilla de apoyo
7	40	7/67	Leinenring	rein ring, cutter ring	anneau de guide	anello della redine	anilla de filete para las riendas
8	56		Leinenring	rein ring, cutter ring	anneau de guide	anello della redine	anilla para la rienda
2	15	2/6	Aufhaltering	kidney link ring	anneau de coulant d'attelle	anello portagiungola	aro gargantilla
1	11	1/6	Aufhaltering	pole-strap ring	D de bricole	anello reggigiungola del pettorale	arandela de la correa de la lanza

cap.	pagina	num.	Deutsch Bezeichnung	English specification	Français signification	Italiano termini	Español denominación
8	55		Einschlagwinkel	turning angle	angle de braquage	angolo di sterzata	ángulo de la pista
8	55		drängen	to lean onto the pole	s'appuyer au timon	appoggio al timone	echarse sobre la lanza
7	38	7/8	Einspänner mit zwei Vorderpferden, zweiachsig	three-horses team with two leaders	arbalète	arbalète	tresillo
6	34		Argentan	german silver	maillechort	argentone, alpacca	plata alemana
8	50		halten	halt	arrêt	arresto	parada
8	50		Stehen am Gebiss	standstill on the bit	arrêt en main	arresto in mano	parada en la mano
6	32	6/31	Achse, Achsschenkel	running axle	essieu	assale	eje
6	33		Bremsachse (Trommelbremse)	braking axle (drum brake)	axe de frein (frein à tambour)	assale del freno (freno a tamburo)	parte de freno de tambor
8	52		Zusammenpassen der Pferde	match of the horses	ensemble des chevaux	assortimento dei cavalli	conjunto de caballos
7	41	7/76	Gesamtbaum	cheek piece	branches	asta	longitud entera del bocado
8	54		anspannen	to hitch up, to pole up	atteler	attaccare	enganchar los caballos al coche
8	57		einspannen	harness up	atteler	attaccare	aparejar
7	41	7A/85	Anspannung à la demi Daumont, zweispännig	postillion pair	attelage à la Daumont	attacco alla Daumont, pariglia	a la media Daumont
7	41	7A/86	Anspannung à la Daumont, vierspännig	postillion four-in-hand	attelage à quatre à la Daumont	attacco alla Daumont, tiro a Quattro	a la Daumont
1	11	1/15	Strangring	trace-loop	carré de trait	attacco della tirella a ricciolo	lazo del tiro
2	15	2/20	Strangring	trace-loop	carré de trait	attacco delle tirelle a ricciolo	vuelta del tiro
8	55		Peitsche aufwickeln	to wind up the whip	enrouler le fouet	attorcigliare la frusta, arrotolare la frusta	enrollar la tralla
8	46		Startgenehmigung	acceptance of entry, eligibility	acceptation de départ	autorizzazione a partecipare	aceptación de la matrícula
8	46		Ausschreibung	schedule, fixture	proposition de concours	avamprogramma	programa
						B	
7	38	7/18	Curricle-Schlüsselring	curricle-bearing-rein-hook	clé de pompe	bambola della barra del curricle	anilla oval de curricle
7	40	7/71	Schaumring	foam ring	banquet	banco	rostea
7	41	7/81	Kinnkette	curb chain	gourmette	barbozzale	cadenilla
6	34		Leinenhalter	rein rail	porte-guide	barra portaredini	pasa-riendas
7	38	7/15	Curricle-Stange	curricle bar	pompe de carick	barra trasversale del curricle	violín
8	53		Stechen	drive off	barrage	barrage	irse de caña

			Deutsch	**English**	**Français**	**Italiano**	**Español**
cap.	**pagina**	**num.**	Bezeichnung	specification	signification	termini	denominación
6	33		Federbein	telescopic fork	fourche télescopique	base della molla, biscottino	parte del muelle
7	40	7/58	Peitschenschlag	whip thong, lash	mèche	battuta, mozzone	tralla
6	32	6/24	Spielwaage	swingletree	balance	bilancia	balancín
6	33		Hauptortscheit	main-bar	maître palonnier	bilancia	balancín primero
4	23	4/18	Vorwaage für Fünfer-Juckerzug	lead-bar for three leaders Hungarian style	balance de volée pour attelage à cinq au style hongrois	bilancia e bilancini di volata per attacco ungherese a cinque cavalli	balancines para cinquo caballos a la húngara
4	23	4/15	Juckervorwaage	lead-bar for four-in-hand using rope, looping leather tracet	balance de volée pour traits à étrangle-chat	bilancia e bilancini per attacco all'ungherese	balancines para cuarta rústica
4	23	4/14	Vorderwaage für Coach, Vorderbracke	lead-bar for four-in-hand with metal furniture	balance de volée	bilancia e bilancini per coach	balancines para cuarta con embellecedores
4	23	4/17	Waage für 5-spännige Coach	lead-bar for three leaders of five-in-hand	balance de volée pour attelage à cinq	bilancia e bilancini per coach a cinque cavalli	balancines para media potencia
6	31	6/21	feste Bracke	splinter-bar	volée	bilancia fissa, volata	vara de guardia
4	23	4/16	Postwaage	single lead-bar for four-in-hand, European pattern	balance de poste	bilancia per attacco da posta, bilancia di volata in stile continentale	balancín de una barra
1	11	1/11	Ortscheit	swingletree	palonnier	bilancino	balancín
2	16	2/46	Ortscheit	swingletree, *Am.* whiffletree	palonnier	bilancino	balancín
3	20	3/33	Ortscheit	swingletree, *Am.* whiffletree	palonnier	bilancino	balancín
6	31	6/22	Ortscheit	swingletree, *Am.* whiffletree	palonnier	bilancino	balancín
4	23	4/19	Vorderortscheit für Einhorn	lead-bar for unicorn	palonnier de volée pour unicorne	bilancino di volata per unicorno	balancín para tresillo
6	33		Tandem-Vorderortscheit	tandem lead-bar	palonnier de volée	bilancino largo della volata del tandem	balancín segundo
6	33		Nebenortscheit	side-bar	palonnier latéral	bilancino laterale	balancines segundos (adicionales)
6	33		Vorderbracke	lead-bar	avant-train	bilancino stretto della volata del tandem	vara primera
7	41	7A/98	Melone	bowler hat	melon	bombetta	bombín
2	15	2/16	Strangstutzen	hame tug	boucleteau de trait	boucleteau	manoplillo
3	19	3/8	kurzer Strangstutzen	short hame tug	boucleteau d'attelle	boucleteau da singolo	manoplillo
5	28	5/40	kurzer Strangstutzen	short hame tug	boucleteau d'attelle	boucleteau per cavallo di stanghe	manoplillo
1	11	1/12	Ortscheitriemen	swingletree strap	courroie de palonnier	bracciale di cuoio reggi-bilancino	francalete del balancín
6	31	6/23	Ortscheitriemen	swingletree strap	courroie de palonnier	bracciale di cuoio reggi-bilancino	francalete del balancín
1	12	1/33	Umgang	breeching	avaloire	braga	retranca
2	16	2/32	Umgang	breeching	avaloire	braga	retranca

cap.	pagina	num.	**Deutsch** Bezeichnung	**English** specification	**Français** signification	**Italiano** termini	**Español** denominación
3	20	3/26	Umgang	breeching	avaloire	braga	retranca
5	28	5/49	Umgang	breeching	avaloire	braga	retranca
2	16	2/44	Fahrzaum	driving bridle, headpiece	bride d'attelage	briglia da attacco	cabezada
7	41	7A/95	Fahrzaum	driving bridle, headpiece	bride d'attelage	briglia da attacco	cabezada
7	41	7A/94	Geschirr	harness	harnais	briglia da attacco	arnés
7	41	7A/89	Amerikanisches Buggy – Brustblattgeschirr	american buggy-breast harness	buggy, harnais à bricole	buggy americano, finimenti a pettorale	guarnición limonera de petral para buggy

C

cap.	pagina	num.	**Deutsch** Bezeichnung	**English** specification	**Français** signification	**Italiano** termini	**Español** denominación
8	55		in die Wendung fallen	to fall into the turn	se coucher dans le virage	cadere sulla spalla in curva	caerse al interior del círculo
7	39	7A/33	Wechsel aus dem Zirkel	leave the circle	changement hors de la volte	cambiamento di circolo	salir del círculo
7	39	7A/32	Wechsel durch den Zirkel	change of hand in the circle, through the circle	changement de main dans la volte	cambiamento di mano sul circolo	cambio de mano en el círculo
8	46		Besitzerwechsel	change of ownership	changement de propriétaire	cambiamento di proprietario	cambio de propietario
3	20	3/38	Öse	shaft-loop, staple, *Am.* footman-loop	crampon	cambra	ojal
6	33	6/57	Radsturz	camber	carrossage	campanatura e incavallatura	peralte de la rueda
7	42	7A/103	Radsturz	camber	cambrure	campanatura, incavallatura	peralte de la rueda
7	39	7/26	mittlerer Ring, drehbar	middel lungeing rein ring	anneau central	campanella centrale girevole del capezzone	anilla para dar cuerda
7	39	7/27	seitlicher Ring, feststehend	side lungeing ring	anneau latéral	campanella laterale fissa del capezzone	anilla lateral de cinchuelo para pasar la cuerda
8	47		Abfahrplatz	practice area	place d'échauffement	campo prova	pista de ensayo
5	27	5/23	Gebissstück	mouthpiece	canon	cannone	bocado
7	40	7/72	Gebissstück	mouthpiece	canon	cannone	bocado de barra recta
7	40	7/64	Gebissstück	mouthpiece	canon	cannone snodato	embocadura
8	49		Richterhäuschen	judge's box	abri de juge	capannina del giudice	caseta de juez
7	39	7/25	Kappzaum	lungeing cavesson	caveçon	capezzone	cabezón
6	31	6/6	Faltverdeck	leather head, folding head, *Am.* folding top	capote pliable	capote, mantice	capota
3	19	3/13	Selett	saddle, *Am.* "skirt"	sellette	cappellina	faldoncillo del sillín
2	15	2/13	Kumtspitz	collar cap	chapeau de verge	cappellotto del naso della collana	cubre collerón
5	28	5/34	Hütchen	collar cap	chapeau de verge	cappellotto del naso della collana	cubre collerón

cap.	pagina	num.	Deutsch Bezeichnung	English specification	Français signification	Italiano termini	Español denominación
6	33	6/56	Spurbreite	track width	largeur de la trace	carreggiata	paso de rueda
7	42	7A/102	Spurbreite	track width	largeur de la trace	carreggiata	paso de rueda
6	31		Wagen	vehicle	voiture	carrozza	coche
6	32	6/50	Cart	cart	cart	carrozza a due ruote	coche de dos ruedas para limonera
6	31		Mehrspännerwagen	multiplex harness	voiture à plusieurs chevaux	carrozza per attacco multiplo	coche varios caballos
6	31		Zweispännerwagen	pair-horse carriage	voiture à deux chevaux	carrozza per pariglia	coche para tronco
6	31		Einspännerwagen	single horse carriage	voiture à un cheval	carrozza per singolo	coche limonera
6	31	6/5	Wagenkasten	bodywork	caisse	cassa	caja
6	34		Gepäckkasten	luggage box	coffre à bagages	cassa portabagagli	porta maletas
8	53		Vierspänner-Prüfung	four-in-hand class, *Am.* team class	épreuve d'attelage à quatre	categoria tiri a quattro	prueba de cuartas, prueba por equipos
8	46		Leistungsklassen	performance rating	catégories	categorie di livello	categoria de rendimento
7	43		Warmblut	warm-blood	demi-sang	cavallo a sangue caldo, cavallo mezzosangue	aballo de sangre caliente
7	43		Arbeitspferd, Zugpferd, Kaltblut	cart horse, heavy horse, draught horse	cheval de trait	cavallo a sangue freddo, cavallo da tiro	caballo de tiro
7	43		Wagenpferd	carriage horse, *Am.* draft horse light-weight carriage horse,	cheval de carrosse	cavallo carrozziere	caballo de coche
7	43		Juckerpferd, leichtes Wagenpferd	roadster	cheval d'attelage léger	cavallo carrozziere leggero, cavallo da attacco leggero	caballo de tiro ligero
7	43		Karossiertyp, schweres Wagenpferd	heavy-weight carriage horse	type carrossier	cavallo carrozziere pesante	caballo pesado de enganche
7	43		Fahrpferd	driving horse	cheval d'attelage	cavallo da attacco	caballo de enganche
7	43		Kutschpferd	coach horse	trait léger	cavallo da carrozza, cavallo da coach	caballo de enganche
8	54		Ersatzpferd	reserve horse	cheval de réserve	cavallo di riserva	caballo de reserva
8	56		Sattelpferd	horse left of the pole	porteur	cavallo di sinistra, montato	caballo de silla
8	56		Stangenpferd	wheeler	brancardier	cavallo di stanghe	caballo de lanza
7	41	7A/93	Stangenpferd	wheeler	brancardier	cavallo di timone	tronco
4	23	4/2	Stangenpferd	wheeler	timonier	cavallo di timone	tronco
8	56		Hinterpferd	wheeler	timonier	cavallo di timone	caballo por detrás
7	41	7A/92	Vorderpferd	leader	cheval de volée	cavallo di volata	guía
8	56		Vorderpferd	leader	cheval de volée	cavallo di volata	guía

cap.	pagina	num.	**Deutsch** Bezeichnung	**English** specification	**Français** signification	**Italiano** termini	**Español** denominación
4	23	4/4	Vorderpferd, Kumt	lead harness, full collar	cheval de volée, collier	cavallo di volata, collana	guía, collerón
4	23	4/3	Vorderpferd, Brustblatt	breast collar lead harness	cheval de volée, bricole	cavallo di volata, pettorale	guía, petral
7	43		Pferd ist gerade gerichtet	to straighten the horse spine	cheval en ligne droite	cavallo diritto	enderezar la columna vertebral del caballo
7	43		Pferd in Biegung	bent horse	cheval en flexion	cavallo flesso	caballo incurvado
7	43		Pferd in Stellung	horse in flexed position	cheval en position	cavallo in piego, cavallo con incollatura flessa	caballo colocado
7	41	7A/84	Sattelpferd	horse left of the pole	porteur	cavallo montato	caballo de fuera
7	43		Vollblutpferd	thoroughbred	pur sang	cavallo purosangue	caballo de pura sangre
7	43		Pferd ist steif	stiffness	cheval raide	cavallo rigido	rigidez del caballo
7	41	7A/83	Handpferd	horse right of the pole	sous-verge	cavallo sottomano	caballo de mano
6	33		Bremsklotz	brake block	sabot de frein	ceppo di frenaggio	taco del freno
6	32	6/30	Reifen	rubber casing, pneumatic tyre, *Am.* rubber tire	cercle/bandage	cerchione della ruota	llanta de goma
6	33		Unterbau, Chassis	undercarriage	chassis	chassis	parte de la caja inferior
7	41	7/73	Leinenschlitze	rein-slot	passes de guides	chiamate	pasa-riendas del bocado
6	32	6/25	Querholm	top-bed, transom	lisoir	chiavarda	palo del juego
7	38	7/22	Leinenauge	neck-strap terret	clé de surcou	chiave del reggipettorale	anilla de la caída
1	11	1/19	Leinenauge	hame terret	clé de surcou	chiave passaredini del reggipettorale	anilla del sobrecuello
1	12	1/26	Schlüsselring	pad terret	clé de mantelet	chiave passaredini del sellino	pasa-rienda de sillín, llave
2	16	2/27	Schlüsselring	pad terret	clé de mantelet	chiave passaredini del sellino	pasa-rienda de sillín, llave
3	19	3/17	Schlüsselring	pad terret	clé de sellette	chiave passaredini del sellino	pasa-rienda de sillín, llave
5	27	5/17	Schlüsselring	pad terret	clé de sellette	chiave passaredini del sellino	llave, pasa-rienda de sillín
5	27	5/19	Random-Schlüsselring	randem wheeler terret	clé de tridem	chiave passaredini del sellino del random	llave, pasa-riendas para tres a la larga, tridem
5	27	5/18	Tandem-Schlüsselring	tandem wheeler terret	clé de tandem	chiave passaredini del sellino del tandem	llave, pasa-rienda para el tonco de tándem
3	19	3/4	bewegliches Leinenauge	hame terret	clé d'attelle mobile	chiave passaredini snodata della collana	llave, pasa-rienda
5	28	5/37	bewegliches Leinenauge	hame terret	clé d'attelle mobile	chiave passaredini snodata della collana	llave, pasa-rienda
2	15	2/10	bewegliches Leinenauge	hame terret	clé d'attelle mobile	chiave passaredini snodata della collana	pasa-rienda, llave
3	20	3/29	Schlagriemenstössel	kicking-strap tug, *Am.* kicking-strap shaft loop	bracelet de sangle anti-ruade	ciappa della siciliana	sujeta caídas al tiro

cap.	pagina	num.	Deutsch Bezeichnung	English specification	Français signification	Italiano termini	Español denominación
7	42	7A/99	Zylinder	top hat	haut de forme	cilindro	chistera
7	38	7/16	Curricle-Aufhängung	curricle bar strap	support de pompe	cinghia di sospensione del curricle	manoplillo del violín
3	20	3/39	Verschlussriemen	eyelet	arrêtoir de brancard	cinghia fermabracciale	cerrar
3	15	3/5	Kumtgürtel	hame-strap	courroie d'attelle	cinghia fermaferri, cinghia fermabastoni	correa de las costillas
2	19	2/11	Kumtgürtel	hame-strap	courroie d'attelle	cinghia fermaferri, cinghia fermabastoni	correa de las costillas
5	28	5/38	Kumtgürtel	hame-strap	courroie d'attelle	cinghia fermaferri, cinghia fermabastoni	correa de las costillas
8	50		Volte	circle	volte	circolo	círculo
8	48		Ergebnisliste	list of results	classement	classifica	resultados
8	48		Mannschaftswertung	team result	classement des équipes	classifica a squadre	resultado por equipos
8	48		Schleife	ribbon, rosette	flot	coccarda	escarapela
7	43		Langbaum	reach	flèche	codone	vara de unión entre los ejes
8	49		Koeffizient	coefficient	coefficient	coefficiente	coeficiente
3	20	3/36	Kumt	full collar	collier	collana	collerón
5	27	5/15	Kumt	full collar	collier	collana	collerón
7	42		Birnenform des Kumtleibes	pear-shaped collar (pad)	forme en poire du collier	collana a forma di pera	collerón de forma pera
8	55		Zuruf	voice command	ordre vocal	comando vocale	ayuda con la voz
8	47		Aufsichtsperson am Abfahrplatz	steward at the practice area	responable carré d'entraînement	commissario al campo prova	comisario de la pista de ensayo
8	54		Hindernisrichter	obstacle judge	juge d'obstacle	commissario all'ostacolo	juez de obstáculo
6	31	6/7	Verdeckgelenk	head joint, *Am.* top joint	compas de capote	compasso della capote, compasso del mantice	mecanismo plegable
8	54		Einzelfahrer	individual	individuel	concorrente individuale	individual
8	54		Teilnehmer, Fahrer	competitor, driver	participant, meneur	concorrente, guidatore	competidor, cochero
8	54		Vielseitigkeits-Fahrprüfung	combined driving event	épreuve combinée	concorso completo	prueba de enganches combinada
8	53		Fahrbewerb	driving event, competition	concours d'attelage	concorso di attacchi	concurso de enganches
8	52		Kondition der Pferde	shape, form of the horses	condition physique des chevaux	condizione dei cavalli	estado de los caballos
8	52		Zustand des Geschirrs/Wagens	condition of the harness/vehicle	état de l'harnachement/ de la voiture	condizioni dei finimenti/della carrozza	estado de la guarnición/coche
8	53		Hinderniskegel	cone	cône	coni	cono

cap.	pagina	num.	Deutsch Bezeichnung	English specification	Français signification	Italiano termini	Español denominación
8	47		Dopingkontrolle	doping control	contrôle de dopage	controllo anti-doping	control de dopaje
8	51		Handhabung der Pferde	way of handling the horses	conduite de l'attelage	controllo dei cavalli, guida dell'attacco	forma de manejar los caballos
8	47		Gebisskontrolle	bit control	contrôle des embouchures	controllo delle imboccature	comisario de embocaduras
7	41	7A/96	Bockdecke	driving apron	tablier de meneur, plaid	copertina, grembiule	mandil
6	31	6/18	Splintsicherung	cotter-pin, split-pin	clavette	coppiglia	perno
6	32	6/27	Staubkappe	axel-cap, oil cap, *Am.* hub-cap	chapeau de roue	coprimozzo	bocín
2	15	2/12	Kumtleib	after-awle, collar-body, *Am.* collar body	corps de collier	corpo della collana	forro para collerón
3	19	3/6	Kumtleib	after-awle, collar-body, *Am.* collar body	corps de collier	corpo della collana	forro para collerón
5	28	5/33	Kumtleib	after-awle, collar-body, *Am.* collar body	corps de collier	corpo della collana	forro para collerón
3	20	3/27	Scherriemen	breeching-strap, *Am.* hip-strap	courroie de reculement	correggia della braga	caídas a la retranca
5	28	5/50	Scherriemen	breeching-strap, *Am.* hip-strap	courroie de reculement	correggia della braga	sujeta retranca
8	54		Parcours-Chef	course designer	chef de parcours	costruttore del percorso	jefe de pista
6	34		Wagenheber	lifting jack	cric, chévre	cric	cabria
6	34		verchromt	chromed	chromé	cromato	cromado
8	54		Zeitnehmer	time keeper	chronométreur	cronometrista	cronometrador
7	43		Kleie	bran	son	crusca	salvado
6	32	6/34	Keilsitz, Bockkissen	box seat	coussin de guide	cuneo	asiento cuña conductor
7	39		Kernleder	bend leather	croupon	cuoio di schiena	cuero volteado
7	39		Leder	leather	cuir	cuoio, pelle	cuero
7	38	7/5	Curricle	curricle	carick à pompe	curricle	a la pompe
8	55		Wendung nach rechts	turn to the right, right turn	virage à droite	curva a destra	girar a mano derecha, giro a la derecha
8	55		Wendung nach links	turn to the left, left turn	virage à gauche	curva a sinistra	girar a mano izquierda, giro a la izquierda
8	51		Bogen, Wendung	turn	boucle, demi-tour	curva, girata	girar
						D	
8	46		Nennbeginn	opening date	début de l'inscription	data di apertura delle iscrizioni	fecha de apertura
8	46		Nennungsschluss	acceptance date, closing date	délai de l'inscription	data di chiusura delle iscrizioni	cierre de la matrícula

cap.	pagina	num.	Deutsch Bezeichnung	English specification	Français signification	Italiano termini	Español denominación
8	49		Blumenschmuck	flower arrangement	décoration florale	decorazioni floreali	arreglos florales
8	54		technischer Delegierter	technical delegate	délégué technique	delegato tecnico	delegado técnico
8	53		Niederlegen oder Verlieren der Peitsche	driver putting down his whip	déposer ou perdre le fouet	deporre o perdere la frusta	cochero que pone el látigo en el fustero
8	55		hinter den Zügel „kriechen"	to "hide" behind the bit	derrière la main	dietro l'imboccatura	Ir detrás de la mano
7	43		Widersetzlichkeit	disobedience, defence	désobéissance, défense	difesa, disobbedienza	desobediencia, defensa
8	47		Turnierleitung	organizing committee	comité d'organisation	direzione del concorso	comité organizador
7	38	7/20	Doppellonge	long reins	longues guides	doppia longia	riendas para el trabajo de pie a tierra
5	27	5/4	Tandem-Doppelortscheit	tandem lead-bar	double palonnier de tandem	doppio bilancino per volata del tandem	balancín para el guía de tándem
5	28	5/46	Trageriemen	sliding back-band, *Am.* tug-strap, back-strap	dossière	dorsiera	sujeta manoplillo
3	19	3/19	Trageriemen fest/beweglich	back-band, *Am.* back-band, tug-strap	dossière fixe/coulissante	dorsiera fissa/scorrevole	punta del portavaras

E

cap.	pagina	num.	Deutsch	English	Français	Italiano	Español
8	47		Ausschluss	elimination	élimination	eliminazione	eliminación
8	50		einfahren	enter	entrée	entrare nel rettangolo	entrada
8	49		Eintritt	entrance	entrée	entrata	entrada
8	46		Ausrüstung	equipment	équipement	equipaggiamento	equipo
8	49		Gras	grass	herbe	erba	hierba
8	49		verfahren	error of course	erreur de parcours	errore di percorso	error de recorrido
8	53		korrigiertes Verfahren	corrected error of course	erreur de parcours corrigée	errore di percorso corretto	corregir un error de recorrido
8	51		Hufschlagfiguren genau einhalten	execute the figures accurately	éxécuter les figures avec précision	eseguire con precisione le figure	ejecutar las figuras con precisión
8	51		ausfahren der Ecken und Wechselpunkte	meet the corners and markers properly	marquer correctement angles et transitions	eseguire correttamente gli angoli e rispettare le lettere	pasar bien las esquinas y llegar a las entradas de los obstáculos
8	46		Losverfahren	ballot	tirage au sort	estrazione a sorte	sorteo

F

cap.	pagina	num.	Deutsch	English	Français	Italiano	Español
8	51		kurze, eilige Tritte	short, hurried steps	pas courts et précipités	falcate corte, affrettate	pasos cortos, precipitados
8	51		unregelmäßige Tritte	irregular steps	pas irréguliers	falcate irregolari	pasos irregulares
3	20	3/31	Sperrriemen	false-breeching, Brown´s Patent Breeching	reculement fixe à la voiture	falsa braga	falsa retranca
2	15	2/14	Sprungriemen	breast-plate, false martingale	fausse martingale	falsa martingala	falsa martingala o gamarra

			Deutsch	English	Français	Italiano	Español
cap.	pagina	num.	Bezeichnung	specification	signification	termini	denominación
4	24	4/25	Mitteldeichsel (Sechsspänner)	swing pole for six-horse team	timon intermédiaire	falso timone (tiro a sei)	balancín para seis caballos
6	31	6/9	Laternen	carriage lamp	lanterne	fanale	faroles
7	38	7/19	Longiergurt	body roller, training roller	surfaix à longer	fascione per lavoro alla longia	cinchuelo de trabajo
8	52		Teilstrecke	section	section, phase	fase	fase
8	52		Schrittstrecke	walking section	section de pas	fase al passo	fase de paso
8	52		Schnelltrabstrecke	speed section in trot	section de trot rapide	fase al trotto veloce	fase de velocidad al trote
8	57		Fröschl	frog	grenouille	fermaglio delle redini	ranilla
7	40	7/50	Fröschl	frog	grenouille	fermaglio di regolazione delle redini ungheresi	ranilla
6	31	6/17	Deichselnagel	pole-pin	cheville de timon	fermo per timone	clavija
6	34		Beschläge	metal fittings	ferrure	ferramenta	herraje
6	34		Selett-Beschläge	metal fittings of saddle	ferrures de sellette	ferramenta del sellino	herraje de sobreaguja
8	52		Beschlag	shoeing	ferrure	ferratura	herraje
2	15	2/8	Kumtbügel	hame	attelle	ferri della collana, bastoni della collana	costillas
3	19	3/2	Kumtbügel	hame	attelle	ferri della collana, bastoni della collana	costillas
5	28	5/35	Kumtbügel	hame	attelle	ferri della collana, bastoni della collana	costillas
1	12	1/39	Blendriemenschnalle	blinker stay buckle	boucle de support d'œillère	fibbia della forcella del paraocchi	hebilla del sujeta-anteojera
2	16	2/38	Blendriemenschnalle	blinker stay buckle	boucle de support d'œillère	fibbia della forcella del paraocchi	hebilla sujeta-anteojeras
5	27	5/24	Blendriemenschnalle	blinker stay buckle	boucle de support d'œillère	fibbia della forcella del paraocchi	hebilla del sujeta-anteojera
8	56		Kreuzleinenschnalle	coupling-rein buckle	boucle de croisée	fibbia delle redini di crociera	lebilla para las riendas
1	11	1/16	große Strangschnalle	hame tug buckle, *Am.* trace-buckle	boucle à mancelle	fibbione a doppio orecchio	cangreja del collerón
2	15	2/17	große Strangschnalle	hame tug buckle, *Am.* trace-buckle	boucle à mancelle	fibbione a doppio orecchio	hebilla de asas
3	19	3/10	Zweispänner-Strangschnalle	hame tug buckle for pair	boucle à mancelle pour attelage à deux	fibbione a doppio orecchio per pariglia	hebilla de la falsa martingala para tronco
3	19	3/11	Tandem-Strangschnalle	hame tug buckle for tandem	boucle de trait pour tandem	fibbione del boucleteau per tandem	hebilla de la falsa martingala para tándem
5	28	5/41	Tandem-Strangschnalle	hame tug buckle for tandem	boucle de trait pour tandem	fibbione del boucleteau per tandem	hebilla del manoplillo
3	19	3/9	Einspänner-Strangschnalle	hame tug buckle for single harness	boucle de trait pour attelage à un	fibbione delle tirelle per singolo	hebilla de la falsa martingala
8	49		Bahnfiguren	figures	figures	figure di maneggio	figuras

Indice Italiano

cap.	pagina	num.	Deutsch Bezeichnung	English specification	Français signification	Italiano termini	Español denominación
7	40	7/56	Bogenpeitsche, Zweispänner	pairs bow-topped whip	fouet col de cygne	frusta a pioggia per pariglia	látigo con tralla sin ballena para troncos
7	40	7/57	Bogenpeitsche, Vierspänner	bow-topped four-in-hand whip	fouet col de cygne pour attelage à quatre	frusta a pioggia per tiro a quattro	látigo con tralla sin ballena para cuartas
7	40	7A/60	Fahrgerte	driving-cane	fouet américain (stick)	frusta da corsa, fouet	látigo de caña
7	40	7/59	Schlittenpeitsche	sledge-whip	fouet de traîneau	frusta per slitta	látigo para trineo
7	40	7/53	Stockpeitsche, Zweispänner	pairs german drop-thong whip	fouet noué pour attelage à deux	frusta spezzata per pariglia	látigo alemán
7	40	7/54	Stockpeitsche, Vierspänner	four-in-hand german drop-thong whip	fouet noué pour attelage à quatre	frusta spezzata per tiro a quattro	látigo alemán de cuartas
2	16	2/48	Docken	safe, roller-bolt	paumelle	funghi	botaril
6	31	6/11	Docken	roller-bolt, safe	paumelle	funghi	botariles
						G	
7	42		Galopp	canter	galop	galoppo	galope
5	27	5/6	Schlagzugöse	cock-eye	œil de palonnier	ganci del bilancino	anclaje del valalcín para el mosqueton del tirante
2	15	2/9	Zugkrampe	anchor pull, hame pull, draught seye, *Am.* anchor draft	tirant d'attelle	ganci della collana per boucleteau	nudillo del tirante
5	28	5/36	Zugkrampe	hame pull, anchor pull, draught seye, *Am.* anchor draft	tirant d'attelle	ganci della collana per boucleteau	nudillo del tirante
7	41	7/82	Kinnkettenhaken	curb chain hook	crochet de gourmette	gancio a S del barbozzale	alacrán
3	19	3/3	Zugkrampe	anchor pull, hame pull, draught seye, *Am.* anchor draft	tirant d'attelle	gancio della collana per tirelle	nudillo del tirante
1	12	1/27	Aufsatzhaken	bearing rein-hook	crochet d'enrênement	gancio dello strick	gancho engallador
2	16	2/28	Aufsatzhaken	bearing rein-hook	crochet d'enrênement	gancio dello strick	gancho engallador
3	19	3/15	Aufsatzhaken	bearing rein-hook	crochet d'enrênement	gancio dello strick	gancho engallador
5	28	5/44	Aufsatzhaken	bearing rein-hook	crochet d'enrênement	gancio dello strick	gancho engallador
4	23	4/10	Mittelschlüssel mit Aufsatzhaken	bearing rein-hook with lead rein terret	clé centrale avec crochet d'enrênement	gancio dello strick con chiave passaredini centrale	gancho engallador
6	32	6/29	Felge	felloe	jante	gavello della ruota	pina
6	34		Nabenring	hub ring	frette	ghiera del coprimozzo	sortija de maza
7	41	7A/87	Gig	gig	gig	gig	coche ligero americano
1	12	1/40	Spieler	face drop	poire	giocattolo del frontale	juguetillo
2	15	2/15	Spieler	face drop	poire	giocattolo del frontale	jugetillo
7	40	7/55	Wirbel, Spindelgelenk	swivel-joint	émerillon	girello per fruste spezzate	conexión articulada para tralla

			Deutsch	English	Français	Italiano	Español
cap.	pagina	num.	Bezeichnung	specification	signification	termini	denominación
8	47		Richter	judge	juge	giudice	juez
8	50		richten, gemeinsam	joint judgement	jugement d'ensemble	giudizio concertato	juzgar conjuntamente
8	50		richten, getrennt	separate judgement	jugement séparé	giudizio separato	juzgar por separado
2	15	2/4	Aufhalteriemen	pole-strap, pole-piece	courroie de timon/chaînette	giungola	correa de la lanza, cegadero
4	14	4/26	Aufhalteriemen	pole-strap, pole-piece	courroie de timon/chaînette	giungola	correa de la lanza, cegadero
1	11	1/4	Aufhalteriemen	pole-strap, pole-piece	courroie de timon/chaînette	giungola	correa de la lanza, cegadero
1	11	1/5	Deichselkette	pole-chain	chaînette	giungola a catena, chaînette	cadena de la lanza
2	15	2/5	Aufhaltekette	pole-chain	chaînette	giungola a catena, chaînette	cegaderos de cadena
4	23	4/21	Aufhaltekette	pole-chain	chaînette	giungola di catena, chaînette	cadena de la lanza
8	48		Schiedsgericht	appeal committee	jury d'appel	giuria di appello	comité de apelación
8	54		Beifahrer	groom	aide, groom	groom, palafreniere	mozo
7	42		Beifahrer	groom	aide, groom	groom, palafreniere	mozo
1	12	1/28	Schweifriemen	back-strap, crupper-strap, *Am.* crupper-strap, turnback	croupière	groppiera	gruperín, tira de la baticola
2	16	2/29	Schweifriemen	back-strap, crupper-strap, *Am.* crupper-strap, turnback	croupière	groppiera	gruperín, tira de la baticola
3	20	3/24	Schweifriemen	back-strap, crupper-strap, *Am.* crupper-strap, turnback	croupière	groppiera	gruperín, tira de la baticola
4	23	4/11	Schweifriemen	back-strap, crupper-strap, *Am.* crupper-strap, turnback	croupière	groppiera	gruperín, tira de la baticola
5	27	5/11	Schweifriemen	back-strap, crupper-strap, *Am.* crupper-strap, turnback	croupière	groppiera	gruperín, tira de la baticola
6	34		Deichselhülle	pole cover	housse de timon	guaina copritimone	cubre lanza
7	42		Handschuhe	gloves	gants	guanti	guantes
7	41	7/75	Unterbaum	under bit, under cheek	branche inférieure	guardia	pierna
8	49		auswendig fahren	to drive from memory, by heart	parcours mémorisé	guidare a memoria	ejecución de memoria
8	52		Gelände- und Streckenfahren	cross-country and long distance driving	épreuve de terrain et de distance	guidare in campagna e su lunghe distanze	recorrido en el campo
8	51		fahren auf gerader Linie	drive on a straight line	mener en ligne droite	guidare in linea diretta	conducir en línea recta
7	41	7A/97	Fahrer	driver	meneur	guidatore	cochero
8	46		zugelassener Fahrer	eligible driver	meneur habilité	guidatore abilitato	cochero admitido
8	54		Hilfsrichter	referee	juge auxiliaire	guidice ausiliario	arbitro

cap.	pagina	num.	**Deutsch** Bezeichnung	**English** specification	**Français** signification	**Italiano** termini	**Español** denominación
4	23	4/5	Koppelriemen	coupling-rein, couple-rein	alliance	guinzaglio	riendas de dentro
						H	
						I	
6	34		Polsterung	lining, *Am.* striping	rembourrage	imbottitura	cojín tapiceria
3	19	3/18	Polsterung	panel, *Am.* pad	matelassure	imbottitura della collana	sillín parte baja
8	50		unbeweglich	immobile	immobile	immobile	inmóvil
8	50		Unbeweglichkeit im Halten	motionless standstill	immobilité à l'arrêt	immobilità all'arresto	inmovilidad
8	51		Anwendung der Hilfen	application of the aids	application des aides	impiego degli aiuti	empleo de las ayudas
8	51		Gesamteindruck	general impression	impression générale	impressione d'insieme	impulsión general
7	40	7/51	Schnallstössel (Brezel)	brezel	brezel	impugnatura delle redini ungheresi	conexión de las riendas de guarnición húngara
8	51		Schwung	impulsion	impulsion	impulso	impulsión
8	55		an das Gebiss gestellt	on the bit	en main	in appoggio	en la mano
8	56		Widersetzlichkeit	disobedience, defence	désobéissance, défense	in difesa	desobediencia, defensa
8	52		Unfall	accident	accident	incidente	accidente
8	48		Unterbrechung der Prüfung	interruption of a competition	interruption du concours	interruzione di una prova	interrupción de la competición
8	55		Rechtskehrtwendung	about turn right	demi-tour à droite	inversione di marcia a destra	vuelta a la derecha
8	55		Linkskehrtwendung	about turn left	demi-tour à gauche	inversione di marcia a sinistra	vuelta a la izquierda
8	46		nennen	to enter	inscription	iscriversi	matrícular
8	46		Eintragung des Pferdes als Turnierpferd	registration of a horse as a competition horse	enregistrement du cheval comme cheval de sport	iscrizione dei cavalli nel registro cavalli da concorso	registrar un caballo para competición
8	54		Fahrausbildung	driving school	formation d'attelage	istruzione agli attacchi	escuela de enganches
						J	
						K	
						L	
8	55		auseinanderfallen	to fall apart	se désunir	l'attacco si disunisce	pérdida de reunión
8	53		Hindernisbreite	distance between markers, width	largeur d'obstacle	larghezza dell'ostacolo	distancia entre conos
8	52		verlassen der Strafzone	leaving the penalty zone	quitter la zone de pénalité	lasciare la zona di penalità	salir de la zona de penalidad

			Deutsch	English	Français	Italiano	Español
cap.	pagina	num.	Bezeichnung	specification	signification	termini	denominación
7	40	7/48	Fleischseite	flesh-side	côté chair	lato carne	asiento
8	56		Fleischseite	flesh-side	côté chair	lato carne	asiento
7	40	7/47	Haarseite	hair-side, grain-side	côté fleur	lato del fiore	lado del cuero capilar
8	56		Haarseite	grain-side, hair-side	côté fleur	lato del fiore	lado del cuero capilar
8	50		Losgelassenheit, Durchlässigkeit	submission	soumission, légèreté	leggerezza e sottomissione	sumisión
7	42		Zedernholz	cedar wood	cèdre	legno di cedro	madera de cedro
7	42		Eschenholz	ash wood	frêne	legno di frassino	madera de fresno
7	42		Mahagoniholz	mahogany wood	mahagoni	legno di mogano	madera de caoba
8	49		Bahnpunkte	markers, points of the arena	lettres des carrés de dressage	lettere del rettangolo	leteras de la pista
8	54		Fahrstunde, Lektion	driving lesson	leçon d'attelage	lezione di guida	lección de enganchar
7	42		Kammerfreiheit	gullet, gullet width	liberté de garrot	libertà di garrese	espacio entre la cruz
8	50		Mittellinie	centerline	ligne médiane	linea mediana	línea central
7	39	7/34	gebrochener Zug	broken pull	traction brisée	linea spezzata della tirella	línea de tiro rota
1	11	1/14	Aufziehleder	trace-loop, hand piece	tirant de carré de trait	linguetta di cuoio sbloccatirella	manoplillo del tiro
2	15	2/19	Aufziehleder	trace-loop, hand piece	tirant de carré de trait	linguetta di cuoio sbloccatirella	manoplillo del tiro
4	24	4/24	Aufziehleder	trace-loop, hand piece	tirant de carré de trait	linguetta di cuoio sbloccatirella	manoplillo del tiro
6	32	6/49	Aufziehleder	trace-loop, hand piece	tirant de carré de trait	linguetta di cuoio sbloccatirella	punta final del tiro en el lazo
7	39	7/41	Leinenschoner	coupling-rein safety billet	protège-boucle	linguetta proteggiredine	hebilla de seguridad de la rienda de dentro
6	34		Zierleiste	moulding, edging	moulure	listello decorativo	ornamento
7	42	7A/100	Livrèe	livery	livrée	livrea	librea
6	34		Rücklicht	rear light	réflecteur	luce posteriore	piloto trasero luz
6	34		poliert	polished	poli	lucidato	pulido
						M	
5	28	5/39	Schließkette	hame link chain	coulant d'attelle (chaîne)	maglione a catena	gargantilla de cadena
3	19	3/7	Schließkette	hame link chain	coulant d'attelle (chaînette)	maglione a catena	gargantilla de cadena
2	15	2/7	ovaler Langring	kidney link	coulant d'attelle	maglione ovale della collana	gargantilla, sapo

cap.	pagina	num.	Deutsch Bezeichnung	English specification	Français signification	Italiano termini	Español denominación
8	50		unruhig	restless	défaut d'immobilité	mancanza di immobilità	no hay inmovilidad
6	34		Haltegriff	handhold	poignée-montoir	maniglia	asidero de manos
8	52		Marathon	marathon	marathon	maratona	maratón
6	34		Edelmetall	precious metal	métal précieux	metallo prezioso	metales preciosos
8	47		Richtverfahren	scoring method	methode de notation	metodo di giudizio	método de puntuación
8	54		Leinen ausdrehen	to straighten the reins	mettre les guides sur leur plat	mettere a piatto le redini	enderezar las riendas
7	39	7/24	Fallring	back-strap loop, Am. crupper-strap loop	chape	mezza campanella della groppiera	porta-baticola
3	19	3/16	Fallring	back-strap loop, Am. crupper-strap loop	chape de culeron	mezza campanella della groppiera	porta-baticola
2	15	2/23	Fallring	back-strap loop, Am. crupper-strap loop	chape	mezza campanella per groppiera	porta-baticola
1	11	1/22	Fallring	back-strap loop, Am. crupper-strap loop	chape de croupière	mezza campanella per groppiera	porta-baticola
5	28	5/45	Fallring	back-strap loop, Am. crupper-strap loop	chape de croupière	mezza campanella per groppiera	porta-baticola
8	55		halbe Parade	half halt	demi-parade	mezza fermata	media parada
8	46		Ausschreibungsänderung	change of schedule	changement de proposition	modifica dell'avamprogramma	cambio de programa
8	51		Handhabung der Leinen und der Peitsche	way of handling reins and whip	maniement des guides et du fouet	modo di tenere le redini e la frusta	forma de sujetar las riendas y el látigo
8	46		Nennungsformular	entry form	feuille d'inscription	modulo di iscrizione	formulario para matrículas
6	32	6/35	C-Feder	"C" spring	ressort en C	molla a "C"	muelle C sopanda
6	32	6/36	Voll-Elliptikfeder	full elliptic spring	ressort à pincettes	molla elittica	pinza
6	32	6/38	Halb-Elliptikfeder	semi-elliptic spring, Am. half-elliptic spring	ressort demi-pincette	molla semi-elittica	media pinza
6	33		Federn	springs	ressorts	molle	muelles
6	32	6/37	Parallelogramm-Feder	4-spring, telegraph spring, Am. full platform spring	ressort télégraphe	molle a telegrafo	muelle telegrafo
6	32	6/39	Dennett-Federung	dennett-spring	ressort dennett	molle Dennett	muelle Dennet
2	16	2/35	Backenstück	cheek piece	montant	montante	carrillera
5	28	5/27	Backenstück	cheek piece	montant	montante	carrillera
1	12	1/36	Backenriemen	cheek piece	montant	montante dell'imboccatura	carrillera
8	54		aufsitzen	to mount	monter en voiture	montare a cassetta	montar
7	40		Kandare	curb bit	mors	morso	bocado

cap.	pagina	num.	Deutsch Bezeichnung	English specification	Français signification	Italiano termini	Español denominación
7	41	7/78	Buxtonkandare	Buxton bit	mors Buxton	morso Buxton	bocado de buxton
7	41	7/79	Postkandare	post bit	mors de poste	morso da posta	bocado de trotador
7	41	7/77	Ellbogenkandare	elbow bit	mors coudé	morso inglese, morso a gomito	bocado de codo (bocado ashley)
2	16	2/34	Liverpoolkandare	Liverpool bit	mors Liverpool	morso Liverpool	bocado de globo
7	40		Liverpoolkandare	Liverpool bit	mors Liverpool	morso Liverpool	bocado de globo
7	41	7/80	Liverpoolkandare mit gebrochenem Gebiss	Liverpool bit with jointed mouthpiece	filet Liverpool	morso Liverpool a cannone spezzato	bocado de globo con el final de las barras unidas
7	40	7/70	Liverpoolkandare mit Pumpgebiss	Liverpool swinging bit	mors Liverpool à pompe	morso Liverpool a pompa	bocado de globo con barra móvil
6	32	6/26	Nabe	stock, nave, hub, *Am.* hub	moyeu	mozzo	maza de la rueda
						N	
1	12	1/45	Nasenriemen	nose band	muserolle	nasiera, museruola	muserola
2	16	2/43	Nasenriemen	nose band	muserolle	nasiera, museruola	muserola
3	20	3/34	Einspänner Nasenriemen	nose band for singles	muserolle pour attelage à un	nasiera per singolo	muserola simple
5	28	5/32	Einspänner Nasenriemen	nose band for singles	muserolle pour attelage à un	nasiera per singolo	muserola para limonera
2	15	2/3	Deichselbrille, feste Ringe/bewegliche Ringe	swivel pole-head with rings	crapaud de timon, fixe/mobile	nottola del timone con anelli fissi/snodati	anillas de punta de lanza rígida/flexible
1	11	1/3	feste/bewegliche Deichselbrille	rigid/flexible pole-head	crapaud de timon, fixe/mobile	nottola del timone con anelli fissi/snodati	punta de lanza rígida/flexible
8	47		Startnummer	starting number	numéro de départ	numero del concorrente	dorsal
						O	
8	47		Startzeit	starting time	heure de départ	orario di partenza	hora de comienzo
8	47		Startliste	list of competitors	liste de départs	ordine di partenza	órden de salida
6	31	6/10	Spritzbrett	dashboard, dasher, *Am.* dash	garde-crotte	orfanella, cruscotto	salpicadero
8	47		Organisator	organizer	organisateur	organizzatore	organizador
8	46		Turnierveranstalter	promoter	organisateur	organizzatore del concorso	promotor
8	52		künstliches Hindernis	artificial obstacle	obstacle artificiel	ostacoli artificiali	obstáculo artificial
8	53		L- oder U-förmiges Hindernis	L- or U-shaped obstacle	obstacle en L ou en U	ostacolo ad L o ad U	obstáculo en L y en U
8	53		Hindernis mit Durchfahrtsbegrenzung	obstacle with markers	obstacle avec limitation de largeur	ostacolo con delimitazioni	obstáculo con limitacion de atravesar
8	52		abwerfbares Hindernis	obstacle with collapsible elements	obstacle tombant	ostacolo con elementi rovesciabili	obstáculo con elemento móvil

cap.	pagina	num.	Deutsch Bezeichnung	English specification	Français signification	Italiano termini	Español denominación
8	52		Wasserhindernis	waterobstacle, water hazard	obstacle d'eau	ostacolo d'acqua	obstáculo de agua
8	53		Eckenhindernis	corner obstacle	obstacle en équerre	ostacolo d'angolo	obstáculo de esquina
8	53		Mehrfachhindernis	multiple obstacle	obstacle combiné	ostacolo multiplo	obstáculo múltiple
8	53		Einfachhindernis	single obstacle	obstacle simple	ostacolo singolo	obstáculo único
6	34		Messing, Vollmessing	heavy brass	laiton	ottone, ottone pieno	laton

P

cap.	pagina	num.	Deutsch	English	Français	Italiano	Español
7	42		Langstroh, Roggenstroh	long-straw, rye-straw	paille longue (seigle)	paglia a fibra lunga	paja larga
8	53		Hindernisball	ball	balle	pallina	pelota
6	33	6/53	Kotflügel	splashboard, *Am.* fender	garde-boue	parafango	guardabarros
1	12	1/37	Scheuklappe	blinker, winker	œillère	paraocchi	anteojeras
2	16	2/36	Scheuklappe	blinker, winker	œillère	paraocchi	anteojera
5	28	5/26	Scheuklappe	blinker, winker	œillères	paraocchi	anteojera
2	15	2/1	Zweispänner	pair, double-harness	attelage à deux	pariglia	tronco
7	38	7/10	Zweispänner	pair, double-harness	attelage à deux	pariglia	tronco
8	53		Zweispänner	pair, double-harness	attelage à deux	pariglia	tronco
8	50		anfahren	move off	se mettre en mouvement	partenza	partir
6	34		Ersatzausrüstung	spare equipment	accessoires	parti di ricambio	equipo de repuesto
7	43		Zungenfreiheit	port	passage de langue	passaggio di lingua	libralengua, desveno
8	53		Sackgasse, die Kehre	U-turn, "cul de sac"	cul de sac, demi-tour	passaggio senza uscita, inversione ad U	giro en U
7	43		Kastenschlaufe	coffer	boîte	passante a trombino	cofre
7	39	7/43	Kreuzschlaufe	rein guilet	passant de guide	passante delle redini di crociera	hebilla en las riendas
8	56		Leinenführungsschlaufe	rein guide	passant de guide	passante per redini	pasador de las riendas
1	12	1/46	Strangauge	trace-eye	œil de trait	passante proteggitirella del boucleteau	ojal del tiro
2	16	2/49	Strangauge	trace-eye	œil de trait	passante proteggitirella del boucleteau	hebilla del tiro
3	20	3/42	Strangauge	trace-eye	œil de trait	passante proteggitirella del boucleteau	pasa-tiro
7	43		Schlaufen	slide	boucles	passanti	pasador, lazo

cap.	pagina	num.	Deutsch Bezeichnung	English specification	Français signification	Italiano termini	Español denominación
5	27	5/10	Durchlässe für die Stränge	loop on leader pad for lead trace	passe de trait de volée	passanti per tirelle	lazo en el guía para el tiro del guía
8	54		Passagier	passenger	passager	passeggero	pasajero
7	42		starker Schritt	extended walk	pas allongé	passo allungato	paso largo
8	50		Schritt am Gebiss	walk on the bit	pas en main	passo in mano	paso en la mano
7	42		Mittelschritt	medium walk	pas moyen	passo medio	paso medio
7	42		versammelter Schritt	collected walk	pas rassemblé	passo riunito	paso reunido
8	47		Schirmherr	patron	président d'honneur	patrocinatore, presidente onorario	patrocinador
6	33		Trittbrett	running board	marche-pied	pedana, predella, montatoio	estribo
8	50		Abzug für Verfahren	deduction for error of course	déduction pour erreur de parcours	penalità per errore di percorso	deducción por error
8	52		Geländestrecke	cross-country course	phase d'obstacles	percorso di fondo	recorrido de campo
8	46		Starterlaubnis	permission to start	autorisation de départ	permesso di partenza	permiso para la partida
1	11	1/7	Brustblatt	breast collar	bricole	pettorale	petral, blanquilla
5	27	5/14	Brustblatt	breast collar	bricole	pettorale	petral, blanquilla
7	38	7/21	Brustblatt	breast collar	bricole	pettorale	petral, blanquilla
3	20	3/35	kurzes Brustblatt	single harness breast-collar	bricole courte	pettorale per singolo	collerón de limonera
8	48		Platzierung	line up, placement	classement	piazzamento	clasificación
8	48		platziert	placed	classé	piazzato	clasificado
8	53		Absteigen des Beifahrers	groom dismounting	pied à terre du groom	piedi a terra del groom	bajada del mozo
8	53		Absteigen des Fahrers	driver dismounting	pied à terre du meneur	piedi a terra del guidatore	bajada del cochero
8	51		Stellung	position	position	piego	posición
7	43		Pillangos (Verzierung bei den Schalanken)	pillango	pillango (papillon)	pillango	pillangos
8	49		Hufschlag	track	piste	pista	pista
6	33	6/55	Fußstütze	footrest	coquille	poggiapiedi	piso del pescante
8	53		Brückenhindernis	bridge	pont	ponte	puente
7	43		Pony, Kleinpferd	pony	poney	pony	poni
6	31	6/8	Laternenhalter	lamp socket, *Am.* lamp bracket	porte-lanterne	porta fanale	portafarol

cap.	pagina	num.	Deutsch Bezeichnung	English specification	Français signification	Italiano termini	Español denominación
6	34		Peitschenhalter	whip holder	porte-fouet	porta frusta	fustero
8	51		vorwärtstreten	forward moving	avancer	portarsi avanti	movimiento hacia delante
3	19	3/20	Ledertrageöse	open shaft tug	bracelet de brancard en cuir	portastanga a bracciale in cuoio	portavaras dos ruedas
3	19	3/21	eiserne Trageöse	french shaft tug	porte-brancard métallique	portastanga a riccio in metallo	portavaras cuatro ruedas
8	51		Haltung auf dem Bock	posture on the box	position sur le siège	posizione a cassetta	posición de cochero
8	51		Genauigkeit der Figuren	accuracy, precision of figures	précision des figures	precisione delle figure	exactitud, precisión de las figuras
7	41	7A/90	Auftritt	step	marche-pied	predella, pedile, montatoio	estribo
6	32	6/32	Auftritt	step	marche-pied	predella, pedile, montatoio	estribo
8	48		Siegerehrung	distribution of prizes, prize giving	distribution des prix	premiazione	entrega de premios
8	49		Züchterprämie	breeder´s reward	prime d'élevage	premio d'allevamento	premio para ganaderos
8	48		Ehrenpreis	trophy	prix d'honneur	premio d'onore	trofeo
8	48		Geldpreis	prize money	prix en argent	premio in denaro	premio en efectivo
8	54		Leinen aufnehmen	to take up the reins	prendre les guides en main	prendere in mano le redini	sujetar las riendas
8	55		Leinen in eine Hand nehmen	to take the reins into one hand	prendre les guides dans une main	prendere le redini in una mano	sujetar las riendas en una mano
8	46		besondere Bestimmungen	special rules	prescriptions particulières	prescrizioni particolari	reglamento particular
8	52		Herausbringen der Pferde	turn out of the horses	expression des chevaux	presentare i cavalli	aspecto de los caballos
8	51		Gespannkontrolle	presentation	présentation	presentazione	presentación
8	46		Mindestleistung	minimum performance	performance minimale	prestazione minima	rendimento mínimo
8	55		gut an der Hand gehen	to move well in hand	être bien en main	procedere bene alla mano	ir bien en la mano
8	46		Pferdebesitzer	owner of a horse	proprietaire d'un cheval	proprietario del cavallo	propietario de un caballo
8	56		Leinenschoner	coupling-rein safety billet	protège-guide	protezione della fibbia delle redini	protector para la riendas
8	53		Hindernisfahren	obstacle driving test	parcours d'obstacle, maniabilité	prova ad ostacoli mobili	prueba de manejabilidad
8	50		Dressurprüfung	dressage test	épreuve de dressage	prova di dressage	reprise de doma
8	47		Prüfung der Klasse A	novice test	concours catégorie A	prova per la categoria A (principianti)	prueba de promoción
8	47		Prüfung der Klasse L	elementary test	concours catégorie L	prova per la categoria L (facile)	prueba elemental
8	47		Prüfung der Klasse M	medium test	concours catégorie M	prova per la categoria M (media)	prueba dificultad media

Indice Italiano

cap.	pagina	num.	Deutsch Bezeichnung	English specification	Français signification	Italiano termini	Español denominación
8	56		Außenleine	draught-rein, outer rein	guide extérieure	redine esterna	rienda de exterior
7	39	7/44	Handstück	handpiece	main de guide	redine intera che va in mano	parte de las riendas para la mano
1	12	1/34	Leinen	reins	guides	redini	riendas
2	16	2/33	Leinen	reins	guides	redini	riendas
3	20	3/41	Leinen	reins	guides	redini	riendas
8	56		Leinen	reins	guides	redini	riendas
8	55		beliebige Leinenführung	holding of reins optional	tenue des guides à volonté	redini a volontà	sujetar la rienda opcional
7	39	7/38	Achenbachleinen	pair reins, Achenbach reins	guides Achenbach	redini Achenbach	riendas de tronco, riendas Achenbach
8	56		Achenbachleinen	Achenbach reins, pair reins	guides Achenbach	redini Achenbach	riendas de tronco, riendas Achenbach
5	27	5/21	Hinterleinen	wheel reins	guide de brancadier	redini del timoniere	riendas de tronco
4	23	4/8	Hinterleinen	wheel reins	guide de timonier	redini del timoniere	riendas de tronco
4	23	4/7	Vorderleinen	lead reins	guide de volée	redini della volata	riendas de guías
5	27	5/20	Vorderleinen	lead reins	guide de volée	redini della volata	riendas de guías
8	56		Kreuzleine	coupling-rein	guide croisée ou de croisière	redini di crociera	rienda cruzada (de dentro)
8	50		Leinen in einer Hand	reins in one hand	guides dans une main	redini in una mano	riendas en una mano
7	47	7/49	Ungarische Leinen	Hungarian reins	guides hongroises	redini ungheresi	riendas húngaras
8	57		Ungarische Leinen	Hungarian reins	guides hongroises	redini ungheresi	riendas húngaras
1	12	1/32	Kreuzriemen gegabelt	loin-strap, Am. hip-strap	barre de fesse/croupe fourchée	reggi braga a forchetta	caídas de riñón,caídas de grupa
1	11	1/24	Oberblattstrupfenstössel	pad-point-strap buckle	sanglon de boucle à mancelle	reggi fibbione a orecchio	hebilla de la correa de sujeción de la mantilla, hebilla portavaras
4	23	4/9	Leinenführungsring	lead rein drop	panurge	reggi guide	sujeta riendas de guía
5	27	5/16	Leinenführungsring	lead rein drop	panurge	reggi guide	sujeta riendas de guía
7	38	7/23	Leinenführungsring	rollet rein terret	anneau de longue guide	reggi guide, campanella o anello o chiave del fascione	sobrebarriguera
4	23	4/6	Strangträger	trace-bearer	porte-trait	reggi tirelle	portatiros
5	27	5/13	Kreuzriemen	loin-strap	barre de fesse/croupe	reggibraga	caídas de riñón, caídas de grupa
3	20	3/25	Kreuzriemen gegabelt	loin-strap, Am. hip-strap	barre de fesse/croupe fourchée	reggibraga a forchetta	caídas de riñón, caídas de grupa
2	16	2/31	Kreuzriemen gegabelt	loin-strap, Am. hip-strap	barre de fesse/croupe fourchée	reggibraga a forchetta	caídas de riñón, caídas de grupa

			Deutsch	English	Français	Italiano	Español
cap.	pagina	num.	Bezeichnung	specification	signification	termini	denominación
2	16	2/25	Oberblattstrupfenstössel	pad-point-strap buckle	sanglon de boucle à mancelle	reggifibbione a orecchio	hebilla de la correa de sujeción de la mantilla, hebilla portavaras
1	11	1/18	Halsriemen	neck-strap	courroie de surcou	reggipettorale	sobrecuello
3	20	3/30	Strangträger	loin-strap	porte-trait	reggitirella	portatiros
5	28	5/48	Strangträger Vorderpferd	trace-bearer, loin-strap	porte-trait de volée	reggitirella per cavallo di volata	portatiros para guía
8	46		allgemeine Bestimmungen	general rules, regulations	prescriptions générales	regolamento generale	reglamento general
8	51		Regelmäßigkeit und Freiheit der Gänge	regularity and freedom of the paces	régularité et décontraction	regolarità e libertà delle andature	regularidad y soltura de los aires
8	52		Passen des Geschirrs	fit of the harness	ajustement, réglage	regolazione dei finimenti	guarnición bien colocada
8	56		Zugausgleich	tug adjustment	ajustement de la traction	regolazione del tiro	ajustar los tiros
8	54		Grundschnallung	basic buckling	réglage de base	regolazione di base	hebillaje básico
8	49		Dressurviereck	dressage arena	carré de dressage	rettangolo di dressage	pista de doma
8	52		Umwerfen des Wagens	turning over the vehicle	renversement du véhicule	ribaltamento della vettura	volear del coche
8	46		Anforderungen	requirements	exigences	richieste	requisitos
8	48		Einspruch, Protest	protest, objection	recours, protêt	ricorso	reclamación
8	49		Transportvergütung	travel refund, refund of transport	indemnité de transport	rimborso spese di trasporto	subvencion de transporte
7	42		Rückwärtsrichten	to rein back	reculer	rinculare, indietreggiare	pasos atrás
8	50		Rückwärtsrichten	to rein back	reculer	rinculare, indietreggiare	pasos atrás
8	53		Zurücksetzen des Gespanns	to rein back	reculer	rinculare, indietreggiare	pasos atrás
5	28	5/47	Trageöse (Leder/Metall)	open shaft tug/French shaft tug	bracelet de brancard	riscontro del portastanghe	manoplillo abierto o francés
1	11	1/23	Oberblattstrupfe	pad-point-strap, tug-strap billet, *Am.* tug-bearer	contre-sanglon de boucle à mancelle	riscontro del reggifibbione a orecchio	correa de sujeción de la mantilla, portavaras
2	16	2/24	Oberblattstrupfe	tug-strap billet, pad-point-strap, *Am.* tug-bearer	contre-sanglon de boucle à mancelle	riscontro del reggifibbione a orecchio	correa de sujeción de la mantilla, portavaras
8	48		Resultat	result	résultat	risultato	resultado
8	52		Verzögerung	delay	retard	ritardo	retraso
5	28	5/30	Rosette	rosette	fleuron	rosetta	escarapela
1	12	1/43	Rosette	rosette	fleuron ou cocarde	rosetta	escarapela
2	16	2/40	Rosette	rosette	fleuron ou cocarde	rosetta	escarapela
6	32	6/52	Zahnleiste	tooth moulding	crémaillère	rotaie del sedile	posiciones para asiento movible

cap.	pagina	num.	Deutsch Bezeichnung	English specification	Français signification	Italiano termini	Español denominación
5	28	5/51	Zahnleiste	tooth moulding	crémaillère de siège	rotaie del sedile	posiciones para asiento movible
8	53		Gangartenfehler	break of pace	faute d'allure	rottura di andatura	romper el ritmo
6	33		Holzspeichenrad	wooden spokes wheel	roue à rayons de bois	ruota con raggi di legno	rueda con radios de madera
6	33		Drahtspeichenrad	wire wheel, *Am.* spokes	roue à rayons fil de fer	ruota con raggi di tondino di ferro	rueda con radios de hierro
6	33		Stahlrad	steel wheel	roue en acier	ruota di acciaio	rueda de acero
6	33		Holzrad mit Eisenreifen	wooden wheel with iron tyre	roue en bois cerclée de fer	ruota di legno con cerchione in ferro	rueda de madera con llanta de hierro
6	33		Holzrad mit Vollgummireifen	wooden wheel with rubber tyre	roue en bois à bandage plein	ruota di legno con cerchione in gomma piena	rueda de madera con llanta de goma
6	33		Scheibenrad	disc wheel	roue pleine	ruota piena	rueda tajada
						S	
8	49		Sand	sand	sable	sabbia	arena
8	50		Gruß	salute	salut	saluto	saludo
7	39	7/36	Stirnschalanken	front sallang (Hungarian harness)	sallanques	"sallang" per briglia	mosqueros húngaros
7	39	7/37	Rücken-(Seiten-) Schalanken	sallangs	sallanques	"sallang" per finimenti laterali	adornos de guarnición húngara
8	53		Einschlagen einer falschen Bahn	taking the wrong course	erreur de parcours	sbagliare percorso	equivocarse de recorrido
8	56		Kerbe	groove	encoche	scanalatura	ranura
7	40	7/65	Kerbe	groove	rainure	scanalatura	ranura
6	31	6/20	Königsbolzen	king-bolt, king-pin	cheville ouvrière	scannello, barra dello sterzo	palo del juego
3	20	3/37	Schulterblatt	bladebone, scapula	omoplate	scapola	escapula
6	32	6/47	Hemmschuh	drag-shoe (or skid) and chain	sabot d'enrayage	scarpa	zapata de freno
8	49		Protokoll	score sheet, minutes, notes	protocole	scheda dei punteggi	hoja de puntuaciones
8	55		abdeichseln	to lean away from the pole	s'écarter du timon	scostarsi dal timone	separarse de la lanza
8	48		Zweitplatzierte	runner up	deuxième	secondo classificato	segundo
6	34		Sitz	seat	siège	sedile	asiento
5	28	5/52	verschiebbarer Sitz	removable driving cushion	siège coulissant	sedile scorrevole	cojín móvil
6	33	6/51	verstellbarer Sitz	removable driving cushion	siège coulissant	sedile scorrevole	asiento movible
8	55		Fahrtrichtungsanzeige	direction signal	signe de direction	segnale di direzione	indicación de dirección

	Deutsch			English	Français	Italiano	Español
cap.	pagina	num.	Bezeichnung	specification	signification	termini	denominación
8	47		Meldestelle	office	bureau du concours	segreteria del concorso	oficina del concurso
1	11	1/20	Kammdeckel	pad	mantelet	sellino per pariglia	sobreaguja
2	15	2/21	Kammdeckel	pad	mantelet	sellino per pariglia	sobreaguja
5	28	5/42	Selett	saddle, *Am.* "skirt"	sellette	sellino per singolo	faldoncillo del sillín
5	27	5/7	Tandem-Selett	tandem leading pad	sellette de tandem	sellino per tandem	pechera para el guía
7	43		Leinsamen	linseed	graines de lin	semi di lino	semilla de lino
6	33	6/54	Bock	box seat, box	coussin de guide	serpa, cassetta	asiento cochero
8	53		Schlangenlinie	serpentine	serpentine	serpentina	serpentina
6	32	6/33	Beifahrersitz	groom seat, rumble	siège de groom	serpino del groom	asiento ayudante
3	20	3/28	Schlagriemen	kicking-strap	sangle anti-ruade	siciliana	caídas al tiro
8	56		verkehrssicher	traffic proof	sûr dans le trafic	sicuro nel traffico	caballo obediente en el tráfico
8	54		Fahrlehrgerät	practice apparatus, "dummy"	simulateur de conduite	simulatore di guida	rastra
8	53		Einspänner	horse in single harness	attelage à un	singoli	limonera
3	19	3/1	Einspänner	horse in single harness	attelage à un	singolo	limonera
7	38	7/1	Einspänner, einachsig	single horse two-wheeler	attelage à un, voiture à deux roues	singolo a due ruote	limonera, carruaje de dos ruedas
7	38	7/2	Einspänner, zweiachsig	single horse four-wheeler	attelage à un, voiture à quatre roues	singolo a quattro ruote	limonera, carruaje de cuatro ruedas
8	48		Wertnotensystem	points system	système d'appréciation aux points	sistema di assegnazione dei voti	sistema de puntos
8	48		nicht genügend 0	not performed 0	non realisé 0	non eseguito 0	no ejecutado 0
8	48		sehr schlecht 1	very bad 1	très mal 1	molto male 1	muy mal 1
8	48		schlecht 2	bad 2	mal 2	male 2	mal 2
8	48		ziemlich schlecht 3	fairly bad 3	assez mal 3	abbastanza male 3	bastante mal 3
8	48		mangelhaft 4	insufficient 4	insuffisant 4	insufficiente 4	insuficiente 4
8	48		genügend 5	sufficient 5	suffisant 5	sufficiente 5	suficiente 5
8	48		befriedigend 6	satisfactory 6	satisfaisant 6	soddisfacente 6	satisfactorio 6
8	48		ziemlich gut 7	fairly good 7	assez bien 7	abbastanza bene 7	bastante bien 7
8	48		gut 8	good 8	bien 8	bene 8	bien 8

cap.	pagina	num.	Deutsch Bezeichnung	English specification	Français signification	Italiano termini	Español denominación
8	48		sehr gut 9	very good 9	très bien 9	molto bene 9	muy bien 9
8	48		ausgezeichnet 10	excellent 10	excellent 10	eccellente 10	excelente 10
6	33		Sperrvorrichtung	locking device	système de blocage	sistema di bloccaggio	cierre
6	33		Bremsanlage	brake system	système de freins	sistema di frenaggio	sistema de freno
8	54		absitzen	to dismount	descendre de voiture	smontare dalla carrozza	desmontar
8	55		über dem Zügel	over the bit	au-dessus de la main	sopra l'imboccatura	delante de la mano
1	12	1/41	Genickstück	crown piece	têtière	sopracapo	cucarda
2	16	2/42	Genickstück	crown piece	têtière	sopracapo	testera
5	28	5/28	Genickstück	crown piece	têtière	sopracapo	testera
1	11	1/17	Halskoppel	head collar, halter	tour de cou	sopracollo	quitipon
6	33		Federaufhängung	spring suspension	suspension à ressorts	sospensioni a molla	fijación de los muelles
2	16	2/30	Schweifmetze	crupper dock	culeron	sottocoda	baticola
3	20	3/40	Schweifmetze	crupper dock	culeron	sottocoda	baticola
4	23	4/12	Schweifmetze	crupper dock	culeron	sottocoda	baticola
5	27	5/12	Schweifmetze	crupper dock	culeron	sottocoda	baticola
1	12	1/31	Schweifmetze mit Schweifträger	crupper dock, spoonform	culeron releveur	sottocoda a paletta	horcilla con elevador-baticolade
1	12	1/30	dicke Schweifmetze für Leinenfänger	crupper dock, thick	gros culeron	sottocoda doppio	horcilla de la baticola
7	39	7/29	Ganaschenriemen	jowl-piece	courroie de ganaches	sottoganasce	correa de conexión de ahogadero con muserola
1	12	1/42	Kehlriemen	throat lash	sous-gorge	sottogola	ahogadero
2	16	2/39	Kehlriemen	throat lash	sous-gorge	sottogola	ahogadero
5	28	5/31	Kehlriemen	throat lash	sous-gorge	sottogola	ahogadero
7	39	7/30	Kehlriemen	throat lash	sous-gorge	sottogola	ahogadero
8	56		leinenführig	obedient to the rein	obéissant aux guides	sottomesso alle redini	caballo obediente a las riendas
8	56		stranggehorsam	obedient to the trace	docile au trait	sottomesso alle tirelle	caballo obediente al tiro
8	50		Durchlässigkeit	submission	soumission	sottomissione	sumisión
8	51		Gehorsam und Losgelassenheit	obedience and suppleness	soumission et légèreté	sottomissione e leggerezza	obediencia y soltura

			Deutsch	English	Français	Italiano	Español
cap.	pagina	num.	Bezeichnung	specification	signification	termini	denominación
1	12	1/25	kleiner Bauchgurt	belly-band	sous-ventrière	sottopancia del boucleteau, contro sottopancia	hebilla de la correa de las campanas
2	16	2/26	kleiner Bauchgurt	belly-band	sous-ventrière	sottopancia del boucleteau, contro sottopancia	falsa barriguera
1	11	1/21	großer Bauchgurt	girth	sangle	sottopancia del sellino	cincha
2	15	2/22	großer Bauchgurt	girth	sangle	sottopancia del sellino	barriguera
3	19	3/22	Bauchgurt	girth	sangle	sottopancia del sellino	cincha
3	19	3/23	Trageriemen-Verschnallung	belly-band, *Am.* belly-band, tug-girth	boucle de sous-ventrière	sottopancia della dorsiera a doppia fibbia	cincha corta
5	27	5/8	Bauchgurt für Stangenpferd	girth for wheeler	sangle de brancardier	sottopancia per cavallo di timone	cincha para el tronco o caballo de detrás
5	27	5/9	Bauchgurt für Tandem-Selett	girth for leader	sangle de sellette	sottopancia per cavallo di volata	cincha para el guía
8	49		Sponsor	sponsor	sponsor	sponsor	patrocinador
8	54		Mannschaft	team	équipe	squadra	equipo
8	55		Peitsche abwickeln	to unwind the whip	dérouler le fouet	srotolare la frusta	desenrollar la tralla
8	54		ausspannen	to take out	dételer	staccare	quitar
6	31	6/16	Deichselschuh	pole bracket	douille de timon	staffa portatimone	abrazadera de balancín
6	31	6/12	Anze/Schere (Holz, Stahlrohr)	thills, shaft (wooden, tubular steel)	brancard	stanghe	varas
3	20	3/32	Schere/Anze	shaft, thills	brancards	stanghe (legno/acciaio)	vara
7	41	7/74	Oberbaum	over bit, over ceek	branche supérieure	stanghetta con occhio per montante	portamozo
7	42		Stiefeletten	jodhpur boots, ankle boots	bottines	stivaletti jodhpur	botines
4	24	4/27	Deichselträger (Sechsspänner)	swing pole carrier for six-horse team	support de timon intermédiaire	supporto per falso timone (tiro a sei)	sujeta balancín o lanza de seis caballos
8	54		abschirren	to unharness, to put off the harness	deharnacher, dégarnir	svestire il cavallo	desaparejar
						T	
8	47		Schwarzes Brett	score board	panneau d'affichage	tabellone	tablón de puntuaciones
5	27	5/1	Tandem	tandem	tandem	tandem	tándem
7	38	7/3	Tandem	tandem	tandem	tandem	tándem
8	53		Tandem	tandem	tandem	tandem	tándem
5	27	5/3	Tandem Cart	tandem cart	tandem cart	tandem cart	coche de tándem
7	41	7A/88	Tandem Cart	tandem cart	tandem cart	tandem cart	coche de dos ruedas alto para enganchar en tándem

cap.	pagina	num.	Deutsch Bezeichnung	English specification	Français signification	Italiano termini	Español denominación
8	49		Stallplakette	plaquette	plaque d'écurie	targa di scuderia	placa
6	34		Schmutzfänger	set-off sheet, waterproof sheet	garde-boue	telina parafango, telina paraspruzzi	guardabarros
6	34		Abdeckplane	canvas hood	housse	telo di copertura	funda
8	52		Peitschenhaltung	way of holding the whip	maniement du fouet	tenuta della frusta	forma de sujetar el látigo
8	54		Haltung der Leinen	way of holding the reins	tenue de guides	tenuta delle redini	forma de sujetar las riendas
8	55		Gebrauchshaltung	reins in "working gear"	position de travail	tenuta delle redini in posizione di aiuto	posición del trabajo
8	55		Grundhaltung	reins in "basic gear"	position de base	tenuta delle redini in posizione di base	las riendas en una mano
8	55		Dressurhaltung	reins in "dressage gear"	position de dressage	tenuta delle redini in posizione di lavoro o addestramento	las riendas en dos manos
8	49		Boden	surface	surface	terreno	superficie
8	47		Turnierplatz	show ground	place de concours	terreno del concorso	pista de competición
8	49		Boden, harter	hard surface	terrain dur	terreno duro	pista dura
8	49		Boden, tiefer	deep surface	terrain profond	terreno pesante	pista profunda
8	49		Boden, rutschiger	slippery surface	terrain glissant	terreno scivoloso	surperficie resbaladiza
8	49		Boden, unebener	unlevel surface	terrain bosselé	terreno sconnesso	pista desnivelada
8	50		Dressuraufgabe	dressage test	programme de dressage	testo del dressage	prueba de doma clásica
6	31	6/13	Deichsel	pole, shaft, *Am.* pole, tongue	timon	timone	lanza
7	28	7/17	Deichsel	pole, shaft, *Am.* pole, tongue	timon	timone	lanza
2	16	2/47	Deichsel hölzern/stählern	wooden pole, shaft/steel pole, shaft	timon en bois/en métal	timone di legno/di acciaio	lanza torpe/azerado
7	39	7/35	gerader Zug	straight pull	traction droite	tirare in linea retta	línea de tiro recta
1	11	1/8	Strang	trace	trait	tirella	tiro, tirante
2	15	2/18	Strang	trace	trait	tirella	tiro, tirante
3	19	3/12	Strang	trace	trait	tirella	tiro
6	32	6/48	Strang	trace	trait	tirella con attacco a ricciolo	tiro
5	27	5/5	Vorderstrang	lead trace	trait de volée	tirella del cavallo di volata	rienda para el guía
1	11	1/9	Außenstrang	outside trace	trait extérieur	tirella esterna	tiro exterior
1	11	1/10	Innenstrang	inside trace	trait intérieur	tirella interna	tiro interior

cap.	pagina	num.	Deutsch Bezeichnung	English specification	Français signification	Italiano termini	Español denominación
7	41	7A/91	Stränge	traces	traits	tirelle	tiros
4	23	4/23	Stangenpferdstränge	wheel trace	trait pour timonier	tirelle con attacco a ricciolo per cavalli di timone	tiro de tronco
4	23	4/22	Stränge für Vorderpferde	lead trace	trait pour cheval de volée	tirelle per cavalli di volata	tiro de guías
7	38	7/12	Fünfspänner, Juckeranspannung	five-horses team, three leaders	attelage à cinq	tiro a cinque, attacco all'ungherese	media potencia
4	23	4/1	Viererzug	four-in-hand, *Am.* team	attelage à quatre	tiro a quattro	cuarta
7	38	7/11	Vierspänner	four-in-hand, *Am.* team	attelage à quatre	tiro a quattro	cuartas
7	38	7/13	Sechsspänner	six-horses team	attelage à six	tiro a sei	tres pares de caballos
7	38	7/14	Wildgang	six-horses team with four leaders, two wheelers	attelage à six avec quatre de front	tiro a sei (4 cavalli di volata, 2 di timone)	cuatro guías con dos caballos del tronco
8	56		gleichmäßiger Zug	even tug	traction équilibrée	tiro uniforme	tirar por igual
8	55		Peitsche aufwerfen	to touch with the whip	toucher du fouet	toccare con la frusta	tocar con el látigo
8	51		Übergang	transition	transition	transizione	transición
7	42		Schleppe	sledge	traîneau de dressage	treggia	trineo
7	38	7/7	Troika	troika	troika	troika	potencia (troika)
4	23	4/13	Viererzughaken	pole-hook	trompe	tromba del timone per tiro a quattro	punta de lanza con cuello de cisne
6	31	6/15	Viererzughaken	pole-hook	trompe	tromba del timone per tiro a quattro	cuello de cisne
7	42		starker Trab	extended trot	trot allongé	trotto allungato	trote largo
8	50		starker Trab	extended trot	trot allongé	trotto allungato	trote largo
7	42		Gebrauchstrab	working trot	trot de travail	trotto di lavoro	trote de trabajo
8	50		Gebrauchstrab	working trot	trot de travail	trotto di lavoro	trote de trabajo
8	52		Arbeitstrab	working trot	trot de travail	trotto di lavoro	trote de trabajo
7	42		versammelter Trab	collected trot	trot rassemblé	trotto riunito	trote reunido
8	50		versammelter Trab	collected trot	trot rassemblé	trotto riunito	trote reunido
	49		Späne, Schnitzel	shavings	copeaux	trucioli	viruta
3	19	3/14	Sättelchen	saddle seat	troussequin	truschino	sillín
5	28	5/43	Sättelchen	saddle seat	troussequin	truschino	sillín
8	51		Arbeit aller Pferde	work load shared equally by all horses	travail de tous les chevaux	tutti i cavalli lavorano	todos vayan trabajando bien

cap.	pagina	num.	Deutsch Bezeichnung	English specification	Français signification	Italiano termini	Español denominación
8	51		Beibehaltung der Gangarten durch alle Pferde	keeping all horses in the same gait	maintien des allures par tous les chevaux	tutti i cavalli mantengono l'andatura	mantener todos los caballos en el mismo aire
						U	
7	38	7/9	Einhorn	unicorn, pick-axe, spike, *Am.* unicorn	unicorne	unicorno	tresillo
						V	
8	47		Bewertung	scoring	appréciation	valutazione	puntuaciones
6	34		Lackierung	painting, coating	peinture	verniciatura	pintura
7	42		Lackierung	painting, coating	peinture	verniciatura	pintura
8	54		aufschirren	to put on the harness, to harness	harnacher, garnir	vestire il cavallo	aparejar
6	34		Einfahrwagen	break	voiture d'entraînement	vettura da addestramento all'attacco, domatrice	coche de doma
7	42	7A/101	Kutsche	carriage	voiture	vettura, carrozza	coche
8	48		Sieger	winner	vainqueur	vincitore	ganador
1	11	1/13	feste Bracke	splinter-bar	volée	volata, bilancia	vara de guardia
2	16	2/45	feste Bracke	splinter-bar	volée	volata, bilancia	vara de guardia
8	49		Wertnote	marks, score, points	note d'appréciation	voto	puntos
8	50		Gesamtnote für Reinheit der Gänge	collective mark for paces	note d'ensemble pour les allures	voto d'insieme per correttezza delle andature	puntos de conjuntos por aires
8	49		Einzelnote	single score	note individuelle	voto singolo	puntuación unica
						W	
						X	
						Y	
						Z	
8	52		Strafzone	penalty zone	zone de pénalité	zona di penalità	zona de penalidad
8	51		Lahmheit	lameness	boiterie	zoppia	cojera

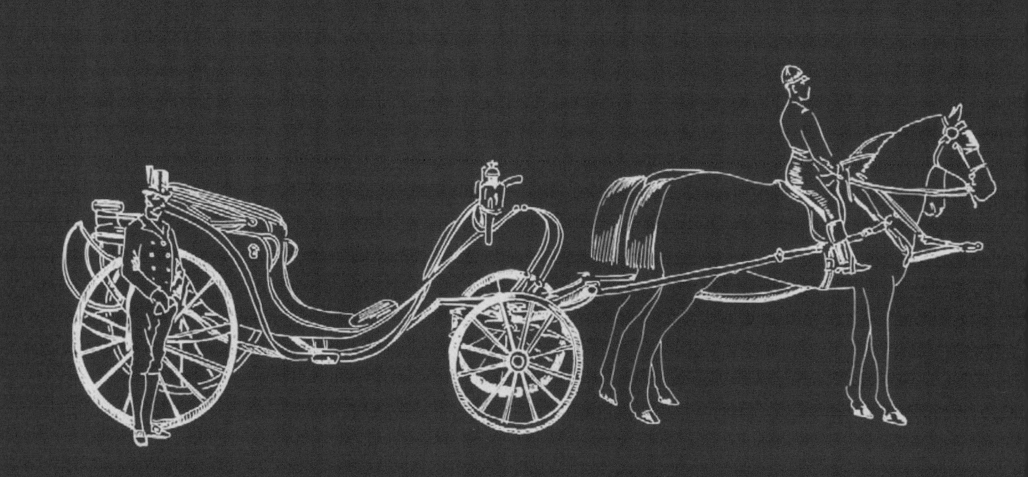

Indice Español

cap.	página	num.	Deutsch Bezeichnung	English specification	Français signification	Italiano termini	Español denominación
							A
7	41	7A/86	Anspannung à la Daumont, vierspännig	postillion four-in-hand	attelage à quatre à la Daumont	attacco alla Daumont, tiro a quattro	a la Daumont
2	15	2/2	Zweispänner-Kumtanspannung	collar harness for pairs	harnais à deux, à collier	finimento a collana per pariglia	a la inglesa (para tronco)
7	41	7A/85	Anspannung à la demi Daumont, zweispännig	postillion pair	attelage à la Daumont	attacco alla Daumont, pariglia	a la media Daumont
7	38	7/5	Curricle	curricle	carick à pompe	curricle	a la pompe
6	31	6/16	Deichselschuh	pole bracket	douille de timon	staffa portatimone	abrazadera de balancín
8	54		verschnallen	to buckle	modifier le réglage	affibbiare	abrochar
8	52		Unfall	accident	accident	incidente	accidente
8	46		Startgenehmigung	acceptance of entry, eligibility	acceptation de départ	autorizzazione a partecipare	aceptación de la matrícula
8	55		Leinen verkürzen	to shorten the reins	raccourcir les guides	accorciare le redini	acortar las riendas
7	39	7/37	Rücken-(Seiten-) Schalanken	sallangs	sallanques	"sallang" per finimenti laterali	adornos de guarnición húngara
8	56		längsovale Löcher	oval punching	trous ovales	punti o fori ovali delle redini	agujero oval
1	12	1/42	Kehlriemen	throat lash	sous-gorge	sottogola	ahogadero
2	16	2/39	Kehlriemen	throat lash	sous-gorge	sottogola	ahogadero
5	28	5/31	Kehlriemen	throat lash	sous-gorge	sottogola	ahogadero
7	39	7/30	Kehlriemen	throat lash	sous-gorge	sottogola	ahogadero
8	56		Zugausgleich	tug adjustment	ajustement de la traction	regolazione del tiro	ajustar los tiros
7	41	7/82	Kinnkettenhaken	curb chain hook	crochet de gourmette	gancio a S del barbozzale	alacrán
8	55		Leinen verlängern	to lengthen the reins	rendre les guides	allungare le redini	alargar las riendas
8	52		Höhe der Deichsel und der Ersatzausrüstung	height of the pole and spare equipment	hauteur du timon/ pièces de rechange	altezza del timone e pezzi di ricambio	altura de la lanza y del equipo de recambio
6	34		Aluminium	aluminium	aluminium	alluminio	aluminio
5	27	5/6	Schlagzugöse	cock-eye	œil de palonnier	ganci del bilancino	anclaje del valalcín para el mosqueton del tirante
8	55		Einschlagwinkel	turning angle	angle de braquage	angolo di sterzata	ángulo de la pista
8	57		Tragering	loose ring	anneau de montant	anello del montante	anilla de apoyo
7	40	7/66	Tragering	loose ring	anneau de montant	anello del montante	anilla de filete para la carrillera
7	40	7/67	Leinenring	rein ring, cutter ring	anneau de guide	anello della redine	anilla de filete para las riendas

cap.	página	num.	Deutsch Bezeichnung	English specification	Français signification	Italiano termini	Español denominación
7	38	7/22	Leinenauge	neck-strap terret	clé de surcou	chiave del reggipettorale	anilla de la caída
7	39	7/28	Trensenzaum	snaffle cheek ring	filet	filetto	anilla del filete
1	11	1/19	Leinenauge	neck-strap terret	clé de surcou	chiave passaredini del reggipettorale	anilla del sobrecuello
7	39	7/27	seitlicher Ring, feststehend	side lungeing ring	anneau latéral	campanella laterale fissa del capezzone	anilla lateral de cinchuelo para pasar la cuerda
7	38	7/18	Curricle-Schlüsselring	curricle-bearing-rein-hook	clé de pompe	bambola della barra del curricle	anilla oval de curricle
7	39	7/26	mittlerer Ring, drehbar	middel lungeing rein ring	anneau central	campanella centrale girevole del capezzone	anilla para dar cuerda
8	56		Leinenring	rein ring, cutter ring	anneau de guide	anello della redine	anilla para la rienda
4	23	4/20	Deichselbrille für Viererzug	pole-head rings for pole-chains	crapaud de timon pour attelage à quatre	anelli del timone per tiro a quattro	anillas de punta de lanza para cuarta
2	15	2/3	Deichselbrille, feste Ringe/bewegliche Ringe	swivel pole-head with rings	crapaud de timon, fixe/mobile	nottola del timone con anelli fissi/snodati	anillas de punta de lanza rígida/flexible
2	16	2/36	Scheuklappe	blinker, winker	œillère	paraocchi	anteojera
5	28	5/26	Scheuklappe	blinker, winker	œillères	paraocchi	anteojera
1	12	1/37	Scheuklappe	blinker, winker	œillère	paraocchi	anteojeras
8	54		aufschirren	to put on the harness, to harness	harnacher, garnir	vestire il cavallo	aparejar
8	57		einspannen	harness up	atteler	attaccare	aparejar
1	11	1/6	Aufhaltering	pole-strap ring	D de bricole	anello reggigiungola del pettorale	arandela de la correa de la lanza
8	54		Hilfsrichter	referee	juge auxiliaire	guidice ausiliario	árbitro
8	49		Sand	sand	sable	sabbia	arena
7	41	7A/94	Geschirr	harness	harnais	briglia da attacco	arnés
2	15	2/6	Aufhaltering	kidney link ring	anneau de coulant d'attelle	anello portagiungola	aro gargantilla
8	49		Blumenschmuck	flower arrangement	décoration florale	decorazioni floreali	arreglos florales
6	34		Haltegriff	handhold	poignée-montoir	maniglia	asidero de manos
6	34		Sitz	seat	siège	sedile	asiento
7	40	7/48	Fleischseite	flesh-side	côté chair	lato carne	asiento
8	56		Fleischseite	flesh-side	côté chair	lato carne	asiento
6	32	6/33	Beifahrersitz	groom seat, rumble	siège de groom	serpino del groom	asiento ayudante
6	33	6/54	Bock	box seat, box	coussin de guide	serpa, cassetta	asiento cochero

			Deutsch	English	Français	Italiano	Español
cap.	página	num.	Bezeichnung	specification	signification	termini	denominación
6	32	6/34	Keilsitz, Bockkissen	box seat	coussin de guide	cuneo	asiento cuña conductor
6	33	6/51	verstellbarer Sitz	removable driving cushion	siège coulissant	sedile scorrevole	asiento movible
8	52		Herausbringen der Pferde	turn out of the horses	expression des chevaux	presentare i cavalli	aspecto de los caballos
7	42		zulegen	to drive on	accélérer	allungare,accelerare	avanzar
8	47		Verwarnung	warning	avertissement	ammonimento	aviso
8	55		Zuruf	voice command	ordre vocal	comando vocale	ayuda con la voz
							B
8	53		Absteigen des Fahrers	driver dismounting	pied à terre du meneur	piedi a terra del guidatore	bajada del cochero
8	53		Absteigen des Beifahrers	groom dismounting	pied à terre du groom	piedi a terra del groom	bajada del mozo
1	11	1/11	Ortscheit	swingletree	palonnier	bilancini	balancín
2	16	2/46	Ortscheit	swingletree, *Am.* whiffletree	palonnier	bilancino	balancín
3	20	3/33	Ortscheit	swingletree, *Am.* whiffletree	palonnier	bilancino	balancín
6	31	6/22	Ortscheit	swingletree, *Am.* whiffletree	palonnier	bilancino	balancín
6	32	6/24	Spielwaage	swingletree	balance	bilancia	balancín
4	23	4/16	Postwaage	single lead-bar for four-in-hand, European pattern	balance de poste	bilancia per attacco da posta, bilancia di volata in stile continentale	balancín de una barra
5	27	5/4	Tandem-Doppelortscheit	tandem lead-bar	double palonnier de tandem	doppio bilancino per volata del tandem	balancín para el guía de tándem
4	24	4/25	Mitteldeichsel (Sechsspänner)	swing pole for six-horse team	timon intermédiaire	falso timone (tiro a sei)	balancín para seis caballos
4	23	4/19	Vorderortscheit für Einhorn	lead-bar for unicorn	palonnier de volée pour unicorne	bilancino di volata per unicorno	balancín para tresillo
6	33		Hauptortscheit	main-bar	maître palonnier	bilancia	balancín primero
6	33		Tandem-Vorderortscheit	tandem lead-bar	palonnier de volée	bilancino largo della volata del tandem	balancín segundo
4	23	4/18	Vorwaage für Fünfer-Juckerzug	lead-bar for three leaders Hungarian style	balance de volée pour attelage à cinq au style hongrois	bilancia e bilancini di volata per attacco ungherese a cinque cavalli	balancines para cinquo caballos a la húngara
4	23	4/14	Vorderwaage für Coach, Vorderbracke	lead-bar for four-in-hand with metal furniture	balance de volée	bilancia e bilancini per coach	balancines para cuarta con embellecedores
4	23	4/15	Juckervorwaage	lead-bar for four-in-hand using rope, looping leather tracet	balance de volée pour traits à étrangle-chat	bilancia e bilancini per attacco all'ungherese	balancines para cuarta rústica
4	23	4/17	Waage für 5-spännige Coach	lead-bar for three leaders of five-in-hand	balance de volée pour attelage à cinq	bilancia e bilancini per coach a cinque cavalli	balancines para media potencia
6	33		Nebenortscheit	side-bar	palonnier latéral	bilancino laterale	balancin segundo (adicional)
2	15	2/22	großer Bauchgurt	girth	sangle	sottopancia del sellino	barriguera

cap.	página	num.	**Deutsch** Bezeichnung	**English** specification	**Français** signification	**Italiano** termini	**Español** denominación
1	12	1/29	Schweifmetze	crupper dock	culeron	forcella del sottocoda normale	baticola
2	16	2/30	Schweifmetze	crupper dock	culeron	sottocoda	baticola
3	20	3/40	Schweifmetze	crupper dock	culeron	sottocoda	baticola
4	23	4/12	Schweifmetze	crupper dock	culeron	sottocoda	baticola
5	27	5/12	Schweifmetze	crupper dock	culeron	sottocoda	baticola
5	27	5/23	Gebissstück	mouthpiece	canon	cannone	bocado
7	40		Kandare	curb bit	mors	morso	bocado
7	40	7/72	Gebissstück	mouthpiece	canon	cannone	bocado de barra recta
7	41	7/78	Buxtonkandare	Buxton bit	mors Buxton	morso Buxton	bocado de buxton
7	41	7/77	Ellbogenkandare	elbow bit	mors coudé	morso inglese, morso a gomito	bocado de codo (bocado ashley)
2	16	2/34	Liverpoolkandare	Liverpool bit	mors Liverpool	morso Liverpool	bocado de globo
7	40		Liverpoolkandare	Liverpool bit	mors Liverpool	morso Liverpool	bocado de globo
7	40	7/70	Liverpoolkandare mit Pumpgebiss	Liverpool swinging bit	mors Liverpool à pompe	morso Liverpool a pompa	bocado de globo con barra móvil
7	41	7/80	Liverpoolkandare mit gebrochenem Gebiss	Liverpool bit with jointed mouthpiece	filet Liverpool	morso Liverpool a cannone spezzato	bocado de globo con el final de las barras unidas
7	41	7/79	Postkandare	post bit	mors de poste	morso da posta	bocado de trotador
6	32	6/27	Staubkappe	axel-cap, oil cap, *Am.* hub-cap	chapeau de roue	coprimozzo	bocín
7	41	7A/98	Melone	bowler hat	melon	bombetta	bombín
2	16	2/48	Docken	safe, roller-bolt	paumelle	funghi	botaril
6	31	6/11	Docken	roller-bolt, safe	paumelle	funghi	botariles
7	42		Stiefeletten	jodhpur boots, ankle boots	bottines	stivaletti jodhpur	botines

cap.	página	num.	**Deutsch**	**English**	**Français**	**Italiano**	**Español**
7	43		Vollblutpferd	thoroughbred	pur sang	cavallo purosangue	caballo de pura sangre
7	43		Pferd in Stellung	horse in flexed position	cheval en position	cavallo in piego, cavallo con incollatura flessa	caballo colocado
7	43		Wagenpferd	carriage horse, *Am.* draft horse	cheval de carrosse	cavallo carrozziere	caballo de coche
7	43		Fahrpferd	driving horse	cheval d'attelage	cavallo da attacco	caballo de enganche
7	43		Kutschpferd	coach horse	trait léger	cavallo da carrozza, cavallo da coach	caballo de enganche

			Deutsch	English	Français	Italiano	Español
cap.	página	num.	Bezeichnung	specification	signification	termini	denominación
7	41	7A/84	Sattelpferd	horse left of the pole	porteur	cavallo montato	caballo de fuera
8	56		Stangenpferd	wheeler	brancardier	cavallo di stanghe	caballo de lanza
7	41	7A/83	Handpferd	horse right of the pole	sous-verge	cavallo sottomano	caballo de mano
8	54		Ersatzpferd	reserve horse	cheval de réserve	cavallo di riserva	caballo de reserva
7	43		Warmblut	warm-blood	demi-sang	cavallo a sangue caldo, cavallo mezzosangue	caballo de sangre caliente
8	56		Sattelpferd	horse left of the pole	porteur	cavallo di sinistra, montato	caballo de silla
7	43		Arbeitspferd, Zugpferd, Kaltblut	cart horse, heavy horse, draught horse	cheval de trait	cavallo a sangue freddo, cavallo da tiro	caballo de tiro
7	43		Juckerpferd, leichtes Wagenpferd	light-weight carriage horse, roadster	cheval d'attelage léger	cavallo carrozziere leggero, cavallo da attacco leggero	caballo de tiro ligero
7	43		Pferd in Biegung	bent horse	cheval en flexion	cavallo flesso	caballo incurvado
8	56		leinenführig	obedient to the rein	obéissant aux guides	sottomesso alle redini	caballo obediente a las riendas
8	56		stranggehorsam	obedient to the trace	docile au trait	sottomesso alle tirelle	caballo obediente al tiro
8	56		verkehrssicher	traffic proof	sûr dans le trafic	sicuro nel traffico	caballo obediente en el tráfico
7	43		Karossiertyp, schweres Wagenpferd	heavy-weight carriage horse	type carrossier	cavallo carrozziere pesante	caballo pesado de enganche
8	56		Hinterpferd	wheeler	timonier	cavallo di timone	caballo por detrás
2	16	2/44	Fahrzaum	driving bridle, headpiece	bride d'attelage	briglia da attacco	cabezada
7	41	7A/95	Fahrzaum	driving bridle, headpiece	bride d'attelage	briglia da attacco	cabezada
7	39	7/25	Kappzaum	lungeing cavesson	caveçon	capezzone	cabezón
6	34		Wagenheber	lifting jack	cric, chévre	cric	cabria
1	11	1/5	Deichselkette	pole-chain	chaînette	giungola a catena, chaînette	cadena de la lanza
4	23	4/21	Aufhaltekette	pole-chain	chaînette	giungola di catena, chaînette	cadena de la lanza
7	41	7/81	Kinnkette	curb chain	gourmette	barbozzale	cadenilla
8	55		in die Wendung fallen	to fall into the turn	se coucher dans le virage	cadere sulla spalla in curva	caerse al interior del círculo
3	20	3/28	Schlagriemen	kicking-strap	sangle anti-ruade	siciliana	caídas al tiro
3	20	3/27	Scherriemen	breeching-strap, Am. hip-strap	courroie de reculement	correggia della braga	caídas a la retranca
1	12	1/32	Kreuzriemen gegabelt	loin-strap, Am. hip-strap	barre de fesse/croupe fourchée	reggi braga a forchetta	caídas de riñón,caídas de grupa
2	16	2/31	Kreuzriemen gegabelt	loin-strap, Am. hip-strap	barre de fesse/croupe fourchée	reggibraga a forchetta	caídas de riñón,caídas de grupa

			Deutsch	English	Français	Italiano	Español
cap.	página	num.	Bezeichnung	specification	signification	termini	denominación
5	27	5/13	Kreuzriemen	loin-strap	barre de fesse/croupe	reggibraga	caídas de riñón,caídas de grupa
3	20	3/25	Kreuzriemen gegabelt	loin-strap, Am. hip-strap	barre de fesse/croupe fourchée	reggibraga a forchetta	caídas de riñón,caídas de grupa
6	31	6/5	Wagenkasten	bodywork	caisse	cassa	caja
8	46		Qualifikation	qualification	qualification	qualificazione	calificación
7	39	7A/32	Wechsel durch den Zirkel	change of hand in the circle, through the circle	changement de main dans la volte	cambiamento di mano sul circolo	cambio de mano en el círculo
8	46		Ausschreibungsänderung	change of schedule	changement de proposition	modifica dell'avamprogramma	cambio de programa
8	46		Besitzerwechsel	change of ownership	changement de propriétaire	cambiamento di proprietario	cambio de propietario
1	11	1/16	große Strangschnalle	hame tug buckle, Am. trace-buckle	boucle à mancelle	fibbione a doppio orecchio	cangreja del collerón
6	31	6/6	Faltverdeck	leather head, folding head, Am. folding top	capote pliable	capote, mantice	capota
5	28	5/27	Backenstück	cheek piece	montant	montante	carrillera
1	12	1/36	Backenriemen	cheek piece	montant	montante dell'imboccatura	carrillera
2	16	2/35	Backenstück	cheek piece	montant	montante	carrillera
8	49		Richterhäuschen	judge's box	abri de juge	capannina del giudice	caseta de juez
8	46		Leistungsklassen	performance rating	catégories	categorie di livello	categoria de rendimento
2	15	2/5	Aufhaltekette	pole-chain	chaînette	giungola a catena, chaînette	cegaderos de cadena
3	20	3/39	Verschlussriemen	eyelet	arrêtoir de brancard	cinghia fermabracciale	cerrar
7	42	7A/99	Zylinder	top hat	haut de forme	cilindro	chistera
6	33		Sperrvorrichtung	locking device	système de blocage	sistema di bloccaggio	cierre
8	46		Nennungsschluss	acceptance date, closing date	délai de l'inscription	data di chiusura delle iscrizioni	cierre de la matrícula
1	11	1/21	großer Bauchgurt	girth	sangle	sottopancia del sellino	cincha
3	19	3/22	Bauchgurt	girth	sangle	sottopancia del sellino	cincha
3	19	3/23	Trageriemen-Verschnallung	belly-band, Am. belly-band, tug-girth	boucle de sous-ventrière	sottopancia della dorsiera a doppia fibbia	cincha corta
5	27	5/9	Bauchgurt für Tandem-Selett	girth for leader	sangle de sellette	sottopancia per cavallo di volata	cincha para el guía
5	27	5/8	Bauchgurt für Stangenpferd	girth for wheeler	sangle de brancardier	sottopancia per cavallo di timone	cincha para el tronco o caballo de detrás
7	38	7/19	Longiergurt	body roller, training roller	surfaix à longer	fascione per lavoro alla longia	cinchuelo de trabajo
8	50		Volte	circle	volte	circolo	círculo

			Deutsch	English	Français	Italiano	Español
cap.	página	num.	Bezeichnung	specification	signification	termini	denominación
8	48		Platzierung	line up, placement	classement	piazzamento	clasificación
8	48		platziert	placed	classé	piazzato	clasificado
6	31	6/17	Deichselnagel	pole-pin	cheville de timon	fermo per timone	clavija
6	31		Wagen	vehicle	voiture	carrozza	coche
7	42	7A/101	Kutsche	carriage	voiture	vettura, carrozza	coche
6	34		Einfahrwagen	break	voiture d'entraînement	vettura da addestramento all'attacco, domatrice	coche de doma
7	41	7A/88	Tandem Cart	tandem cart	tandem cart	tandem cart	coche de dos ruedas alto para enganchar en tándem
6	32	6/50	Cart	cart	cart	carrozza a due ruote	coche de dos ruedas para limonera
5	27	5/3	Tandem Cart	tandem cart	tandem cart	tandem cart	coche de tándem
7	41	7A/87	Gig	gig	gig	gig	coche ligero americano
6	31		Einspännerwagen	single horse carriage	voiture à un cheval	carrozza per singolo	coche limonera
6	31		Zweispännerwagen	pair-horse carriage	voiture à deux chevaux	carrozza per pariglia	coche para tronco
6	31		Mehrspännerwagen	multiplex harness	voiture à plusieurs chevaux	carrozza per attacco multiplo	coche varios caballos
7	41	7A/97	Fahrer	driver	meneur	guidatore	cochero
8	46		zugelassener Fahrer	eligible driver	meneur habilité	guidatore abilitato	cochero admitido
8	53		Niederlegen oder Verlieren der Peitsche	driver putting down his whip	déposer ou perdre le fouet	deporre o perdere la frusta	cochero que pone el látigo en el fustero
8	49		Koeffizient	coefficient	coefficient	coefficiente	coeficiente
7	43		Kastenschlaufe	coffer	boîte	passante a trombino	cofre
8	51		Lahmheit	lameness	boiterie	zoppia	cojera
5	28	5/52	verschiebbarer Sitz	removable driving cushion	siège coulissant	sedile scorrevole	cojín móvil
6	34		Polsterung	lining, *Am.* striping	rembourrage	imbottitura	cojín tapiceria
7	42		Birnenform des Kumtleibes	pear-shaped collar (pad)	forme en poire du collier	collana a forma di pera	collerón de forma pera
3	20	3/35	kurzes Brustblatt	single harness breast-collar	bricole courte	pettorale per singolo	collerón de limonera
3	20	3/36	Kumt	full collar	collier	collana	collerón
5	27	5/15	Kumt	full collar	collier	collana	collerón
7	40		scharfe Schnallung	sharp buckling	bouclage dur, sévère	affibbiatura severa	collocation del bocado dura

			Deutsch	English	Français	Italiano	Español
cap.	página	num.	Bezeichnung	specification	signification	termini	denominación
8	57		scharfe Schnallung	sharp buckling	bouclage dur, sévère	affibbiatura severa	colocación del bocado dura
7	40		weiche Schnallung	soft buckling	bouclage doux	affibbiatura dolce	colocación del bocado suave
8	57		weiche Schnallung	soft buckling	bouclage doux (en bouquet)	affibbiatura dolce	colocación del bocado suave
8	47		Gebisskontrolle	bit control	contrôle des embouchures	controllo delle imboccature	comisario de embocaduras
8	47		Aufsichtsperson am Abfahrplatz	steward at the practice area	responable carré d'entraînement	commissario al campo prova	comisario de la pista de ensayo
8	48		Schiedsgericht	appeal committee	jury d'appel	giuria di appello	comité de apelación
8	47		Turnierleitung	organizing committee	comité d'organisation	direzione del concorso	comité organizador
8	54		Teilnehmer, Fahrer	competitor, driver	participant, meneur	concorrente, guidatore	competidor, cochero
8	53		Fahrbewerb	driving event, competition	concours d'attelage	concorso di attacchi	concurso de enganches
8	51		fahren auf gerader Linie	drive on a straight line	mener en ligne droite	guidare in linea diretta	conducir en línea recta
7	40	7/55	Wirbel, Spindelgelenk	swivel-joint	émerillon	girello per fruste spezzate	conexión articulada para tralla
7	40	7/51	Schnallstössel (Brezel)	brezel	brezel	impugnatura delle redini ungheresi	conexión de las riendas de guarnición húngara
8	57		Brezel (Spezialhandgriff)	brezel	brezel	"brezel"	conexión de las riendas de guarnición húngara
8	52		Zusammenpassen der Pferde	match of the horses	ensemble des chevaux	assortimento dei cavalli	conjunto de caballos
8	53		Hinderniskegel	cone	cône	coni	cono
8	47		Dopingkontrolle	doping control	contrôle de dopage	controllo anti-doping	control de dopaje
7	39	7/29	Ganaschenriemen	jowl-piece	courroie de ganaches	sottoganasce	correa de conexión de ahogadero con muserola
1	11	1/4	Aufhalteriemen	pole-strap, pole-piece	courroie de timon/chaînette	giungola	correa de la lanza, cegadero
2	15	2/4	Aufhalteriemen	pole-strap, pole-piece	courroie de timon/chaînette	giungola	correa de la lanza, cegadero
4	24	4/26	Aufhalteriemen	pole-strap, pole-piece	courroie de timon/chaînette	giungola	correa de la lanza, cegadero
2	15	2/11	Kumtgürtel	hame-strap	courroie d'attelle	cinghia fermaferri, cinghia fermabastoni	correa de las costillas
3	19	3/5	Kumtgürtel	hame-strap	courroie d'attelle	cinghia fermaferri, cinghia fermabastoni	correa de las costillas
5	28	5/38	Kumtgürtel	hame-strap	courroie d'attelle	cinghia fermaferri, cinghia fermabastoni	correa de las costillas
1	11	1/23	Oberblattstrupfe	pad-point-strap, tug-strap billet, *Am.* tug-bearer	contre-sanglon de boucle à mancelle	riscontro del reggifibbione a orecchio	correa de sujeción de la mantilla, portavaras
2	16	2/24	Oberblattstrupfe	tug-strap billet, pad-point-strap, *Am.* tug-bearer	contre-sanglon de boucle à mancelle	riscontro del reggifibbione a orecchio	correa de sujeción de la mantilla, portavaras
8	53		korrigiertes Verfahren	corrected error of course	erreur de parcours corrigée	errore di percorso corretto	corregir un error de recorrido

cap.	página	num.	Deutsch Bezeichnung	English specification	Français signification	Italiano termini	Español denominación
3	15	3/2	Kumtbügel	hame	attelle	ferri della collana, bastoni della collana	costillas
2	19	2/8	Kumtbügel	hame	attelle	ferri della collana, bastoni della collana	costillas
5	28	5/35	Kumtbügel	hame	attelle	ferri della collana, bastoni della collana	costillas
6	34		verchromt	chromed	chromé	cromato	cromado
8	54		Zeitnehmer	time keeper	chronométreur	cronometrista	cronometrador
7	38	7/6	Quadriga	four-abreast, quadriga, Roman chariot	quatre de front, char romain	quadriga	cuádriga
4	23	4/1	Viererzug	four-in-hand, *Am.* team	attelage à quatre	tiro a quattro	cuarta
7	38	7/11	Vierspänner	four-in-hand, *Am.* team	attelage à quatre	tiro a quattro	cuarta
7	38	7/14	Wildgang	six-horses team with four leaders, two wheelers	attelage à six avec quatre de front	tiro a sei (4 cavalli di volata, 2 di timone)	cuatro guías con dos caballos del tronco
2	15	2/13	Kumtspitz	collar cap	chapeau de verge	cappellotto del naso della collana	cubre collerón
5	28	5/34	Hütchen	collar cap	chapeau de verge	cappellotto del naso della collana	cubre collerón
6	34		Deichselhülle	pole cover	housse de timon	guaina copritimone	cubre lanza
1	12	1/41	Genickstück	crown piece	têtière	sopracapo	cucarda
6	31	6/15	Viererzughaken	pole-hook	trompe	tromba del timone per tiro a quattro	cuello de cisne
7	39		Leder	leather	cuir	cuoio, pelle	cuero
7	39		Kernleder	bend leather	croupon	cuoio di schiena	cuero volteado
							D
8	50		Abzug für Verfahren	deduction for error of course	déduction pour erreur de parcours	penalità per errore di percorso	deducción por error
8	55		über dem Zügel	over the bit	au-dessus de la main	sopra l'imboccatura	delante de la mano
8	54		technischer Delegierter	technical delegate	délégué technique	delegato tecnico	delegado técnico
8	53		Abwurf eines abwerfbaren Elementes	knockdown of a dislodgeable element	faire chuter un élément tombant	abbattimento di un elemento rovesciabile	derribo de un elemento móvil
8	54		abschirren	to unharness, to put off the harness	deharnacher, dégarnir	svestire il cavallo	desaparejar
8	55		Peitsche abwickeln	to unwind the whip	dérouler le fouet	srotolare la frusta	desenrollar la tralla
8	54		absitzen	to dismount	descendre de voiture	smontare dalla carrozza	desmontar
7	43		Widersetzlichkeit	disobedience, defence	désobéissance, défense	difesa, disobbedienza	desobediencia, defensa
8	56		Widersetzlichkeit	disobedience, defence	désobéissance, défense	in difesa	desobediencia, defensa

cap.	página	num.	Deutsch Bezeichnung	English specification	Français signification	Italiano termini	Español denominación
8	47		Startgeld	starting fee	finance de départ	quota d' iscrizione	dinero para matrícula
8	53		Hindernisbreite	distance between markers, width	largeur d'obstacle	larghezza dell'ostacolo	distancia entre conos
8	47		Startnummer	starting number	numéro de départ	numero del concorrente	dorsal
							E
8	55		drängen	to lean onto the pole	s'appuyer au timon	appoggio al timone	echarse sobre la lanza
6	32	6/31	Achse, Achsschenkel	running axle	essieu	assale	eje
8	49		auswendig fahren	to drive from memory, by heart	parcours mémorisé	guidare a memoria	ejecución de memoria
8	51		Hufschlagfiguren genau einhalten	execute the figures accurately	éxécuter les figures avec précision	eseguire con precisione le figure	ejecutar las figuras con precisión
8	47		Ausschluss	elimination	élimination	eliminazione	eliminación
7	40	7/64	Gebissstück	mouthpiece	canon	cannone snodato	embocadura
8	51		Anwendung der Hilfen	application of the aids	application des aides	impiego degli aiuti	empleo de las ayudas
8	55		an das Gebiss gestellt	on the bit	en main	in appoggio	en la mano
7	43		Pferd ist gerade gerichtet	to straighten the horse spine	cheval en ligne droite	cavallo diritto	enderezar la columna vertebral del caballo
8	54		Leinen ausdrehen	to straighten the reins	mettre les guides sur leur plat	mettere a piatto le redini	enderezar las riendas
8	54		anspannen	to hitch up, to pole up	atteler	attaccare	enganchar los caballos al coche
8	55		Peitsche aufwickeln	to wind up the whip	enrouler le fouet	attorcigliare la frusta, arrotolare la frusta	enrollar la tralla
8	49		Eintritt	entrance	entrée	entrata	entrada
8	50		einfahren	enter	entrée	entrare nel rettangolo	entrada
8	48		Siegerehrung	distribution of prizes, prize giving	distribution des prix	premiazione	entrega de premios
8	46		Ausrüstung	equipment	équipement	equipaggiamento	equipo
8	54		Mannschaft	team	équipe	squadra	equipo
6	34		Ersatzausrüstung	spare equipment	accessoires	parti di ricambio	equipo de repuesto
8	53		Einschlagen einer falschen Bahn	taking the wrong course	erreur de parcours	sbagliare percorso	equivocarse de recorrido
8	49		verfahren	error of course	erreur de parcours	errore di percorso	error de recorrido
3	20	3/37	Schulterblatt	bladebone, scapula	omoplate	scapola	escápula
1	12	1/43	Rosette	rosette	fleuron ou cocarde	rosetta	escarapela

			Deutsch	English	Français	Italiano	Español
cap.	página	num.	Bezeichnung	specification	signification	termini	denominación
2	16	2/40	Rosette	rosette	fleuron ou cocarde	rosetta	escarapela
5	28	5/30	Rosette	rosette	fleuron	rosetta	escarapela
8	48		Schleife	ribbon, rosette	flot	coccarda	escarapela
8	54		Fahrausbildung	driving school	formation d'attelage	istruzione agli attacchi	escuela de enganches
7	42		Kammerfreiheit	gullet, gullet width	liberté de garrot	libertà di garrese	espacio entre la cruz
8	52		Zustand des Geschirrs/Wagens	condition of the harness/vehicle	état de l'harnachement/ de la voiture	condizioni dei finimenti/ della carrozza	estado de la guarnición/coche
8	52		Kondition der Pferde	shape, form of the horses	condition physique des chevaux	condizione dei cavalli	estado de los caballos
6	33		Trittbrett	running board	marche-pied	pedana, predella, montatoio	estribo
6	32	6/32	Auftritt	step	marche-pied	predella, pedile, montatoio	estribo
7	41	7A/90	Auftritt	step	marche-pied	predella, pedile, montatoio	estribo
8	51		Genauigkeit der Figuren	accuracy, precision of figures	précision des figures	precisione delle figure	exactitud, precisión de las figuras
							F
3	19	3/13	Selett	saddle, _Am._ "skirt"	sellette	cappellina	faldoncillo del sillín
5	28	5/42	Selett	saddle, _Am._ "skirt"	sellette	sellino per singolo	faldoncillo del sillín
2	16	2/26	kleiner Bauchgurt	belly-band	sous-ventrière	sottopancia del boucleteau, contro sottopancia	falsa barriguera
2	15	2/14	Sprungriemen	breast-plate, false martingale	fausse martingale	falsa martingala	falsa martingala, gamarra
3	20	3/31	Sperrriemen	false-breeching, Brown´s Patent Breeching	reculement fixe à la voiture	falsa braga	falsa retranca
	50		unruhig	restless	défaut d'immobilité	mancanza di immobilità	falta de inmovilidad
6	31	6/9	Laternen	carriage lamp	lanterne	fanale	faroles
8	52		Teilstrecke	section	section, phase	fase	fase
8	52		Schrittstrecke	walking section	section de pas	fase al passo	fase de paso
8	52		Schnelltrabstrecke	speed section in trot	section de trot rapide	fase al trotto veloce	fase de velocidad al trote
8	46		Nennbeginn	opening date	début de l'inscription	data di apertura delle iscrizioni	fecha de apertura
8	49		Bahnfiguren	figures	figures	figure di maneggio	figuras
6	33		Federaufhängung	spring suspension	suspension à ressorts	sospensioni a molla	fijación de los muelles
1	12	1/35	Doppelringtrense	Wilson snaffle, double-ring snaffle	filet à quatre anneaux	filetto ungherese, filetto Wilson, filetto a quattro anelli	filete de doble anilla

cap.	página	num.	Deutsch Bezeichnung	English specification	Français signification	Italiano termini	Español denominación
5	27	5/22	Doppelringtrense	Wilson snaffle, double-ring snaffle	filet à quatre anneaux	filetto ungherese, filetto Wilson, filetto a quattro anelli	filete de doble anilla
7	40	7/63	Doppelringtrense	Wilson snaffle, double-ring snaffle	filet à quatre anneaux	filetto ungherese, filetto Wilson, filetto a quattro anelli	filete Wilson, filete de doble anilla
8	56		Doppelringtrense	Wilson snaffle, double-ring snaffle	filet à quatre anneaux	filetto ungherese, filetto Wilson, filetto a quattro anelli	filete Wilson, filete de doble anilla
8	51		Handhabung der Pferde	way of handling the horses	conduite de l'attelage	controllo dei cavalli, guida dell'attacco	forma de manejar los caballos
8	52		Peitschenhaltung	way of holding the whip	maniement du fouet	tenuta della frusta	forma de sujetar el látigo
8	54		Haltung der Leinen	way of holding the reins	tenue de guides	tenuta delle redini	forma de sujetar las riendas
8	51		Handhabung der Leinen und der Peitsche	way of handling reins and whip	maniement des guides et du fouet	modo di tenere le redini e la frusta	forma de sujetar las riendas y el látigo
8	46		Nennungsformular	entry form	feuille d'inscription	modulo di iscrizione	formulario para matrículas
2	15	2/12	Kumtleib	after-awle, collar-body, *Am.* collar body	corps de collier	corpo della collana	forro para collerón
3	19	3/6	Kumtleib	after-awle, collar-body, *Am.* collar body	corps de collier	corpo della collana	forro para collerón
5	28	5/33	Kumtleib	after-awle, collar-body, *Am.* collar body	corps de collier	corpo della collana	forro para collerón
1	11	1/12	Ortscheitriemen	swingletree strap	courroie de palonnier	bracciale di cuoio reggi-bilancino	francalete del balancín
6	31	6/23	Ortscheitriemen	swingletree strap	courroie de palonnier	bracciale di cuoio reggi-bilancino	francalete del balancín
6	32	6/45	Scheibenbremse	disc brake	frein à disque	freno a disco	freno de disco
6	32	6/42	Radbremse	handwheel brake	frein à volant	freno a ruota	freno de la rueda
6	32	6/40	Feststellbremse	parking brake	frein de stationnement	freno di stazionamento	freno de mano
6	33		Trommelbremse	cylindric brake	frein à tambour	freno a tamburo	freno de tambor
6	32	6/41	Kurbelbremse	spindle brake	frein à manivelle	freno a manovella	freno manivela
1	12	1/44	Stirnriemen	brow band	frontal	frontale	frontalera
2	16	2/41	Stirnriemen	brow band	frontal	frontale	frontalera
5	28	5/29	Stirnriemen	brow band	frontal	frontale	frontalera
7	39	7/31	Stirnriemen	brow band	frontal	frontale	frontalera
6	34		Abdeckplane	canvas hood	housse	telo di copertura	funda
6	34		Aluminiumguss	cast aluminium	fonte d'aluminium	alluminio fuso	fundición de aluminio
6	34		Peitschenhalter	whip holder	porte-fouet	porta frusta	fustero

			Deutsch	English	Français	Italiano	Español
cap.	página	num.	Bezeichnung	specification	signification	termini	denominación
							G
7	42		Galopp	canter	galop	galoppo	galope
8	48		Sieger	winner	vainqueur	vincitore	ganador
3	19	3/15	Aufsatzhaken	bearing rein-hook	crochet d'enrênement	gancio dello strick	gancho engallador
4	23	4/10	Mittelschlüssel mit Aufsatzhaken	bearing rein-hook with lead rein terret	clé centrale avec crochet d'enrênement	gancio dello strick con chiave passaredini centrale	gancho engallador
1	12	1/27	Aufsatzhaken	bearing rein-hook	crochet d'enrênement	gancio dello strick	gancho engallador
2	16	2/28	Aufsatzhaken	bearing rein-hook	crochet d'enrênement	gancio dello strick	gancho engallador
5	28	5/44	Aufsatzhaken	bearing rein-hook	crochet d'enrênement	gancio dello strick	gancho engallador
2	15	2/7	ovaler Langring	kidney link	coulant d'attelle	maglione ovale della collana	gargantilla, sapo
3	19	3/7	Schließkette	hame link chain	coulant d'attelle (chaînette)	maglione a catena	gargantilla de cadena
5	28	5/39	Schließkette	hame link chain	coulant d'attelle (chaîne)	maglione a catena	gargantilla de cadena
8	46		Boxentaxe	stabling charge	finance de départ	quota di partecipazione	gastos de box
8	51		Bogen, Wendung	turn	boucle, demi-tour	curva, girata	girar
8	55		Wendung nach rechts	turn to the right, right turn	virage à droite	curva a destra	girar a mano derecha, giro a la derecha
8	55		Wendung nach links	turn to the left, left turn	virage à gauche	curva a sinistra	girar a mano izquierda, giro a la izquierda
8	53		Sackgasse, die Kehre	U-turn, "cul de sac"	cul de sac, demi-tour	passaggio senza uscita, inversione ad U	giro en U
1	12	1/28	Schweifriemen	back-strap, crupper-strap, *Am.* crupper-strap, turnback	croupière	groppiera	gruperín, tira de la baticola
2	16	2/29	Schweifriemen	back-strap, crupper-strap, *Am.* crupper-strap, turnback	croupière	groppiera	gruperín, tira de la baticola
3	20	3/24	Schweifriemen	back-strap, crupper-strap, *Am.* crupper-strap, turnback	croupière	groppiera	gruperín, tira de la baticola
5	27	5/11	Schweifriemen	back-strap, crupper-strap, *Am.* crupper-strap, turnback	croupière	groppiera	gruperín, tira de la baticola
7	42		Handschuhe	gloves	gants	guanti	guantes
6	33	6/53	Kotflügel	splashboard, *Am.* fender	garde-boue	parafango	guardabarros
6	34		Schmutzfänger	set-off sheet, waterproof sheet	garde-boue	telina parafango, telina paraspruzzi	guardabarros
8	52		Passen des Geschirrs	fit of the harness	ajustement, réglage	regolazione dei finimenti	guarnición bien colocada
1	11	1/2	Brustblattgeschirr	breast collar harness	harnais à bricole	finimento a pettorale	guarnición de pecho petral
7	41	7A/89	Amerikanisches Buggy – Brustblattgeschirr	american buggy-breast harness	buggy, harnais à bricole	buggy americano, finimenti a pettorale	guarnición limonera de petral para buggy

cap.	página	num.	Deutsch Bezeichnung	English specification	Français signification	Italiano termini	Español denominación
7	41	7A/92	Vorderpferd	leader	cheval de volée	cavallo di volata	guia
8	56		Vorderpferd	leader	cheval de volée	cavallo di volata	guía
4	23	4/3	Vorderpferd, Brustblatt	breast collar lead harness	cheval de volée, bricole	cavallo di volata, pettorale	guia, petral
4	23	4/4	Vorderpferd, Kumt	lead harness, full collar	cheval de volée, collier	cavallo di volata, collana	guia, collerón
							H
2	15	2/17	große Strangschnalle	hame tug buckle, *Am.* trace-buckle	boucle à mancelle	fibbione a doppio orecchio	hebilla de asas
1	12	1/25	kleiner Bauchgurt	belly-band	sous-ventrière	sottopancia del boucleteau, contro sottopancia	hebilla de la correa de las campanas
1	12	1/24	Oberblattstrupfenstössel	pad-point-strap buckle	sanglon de boucle à mancelle	reggi fibbione a orecchio	hebilla de la correa de sujeción de la mantilla, hebilla portavaras
2	16	2/25	Oberblattstrupfenstössel	pad-point-strap buckle	sanglon de boucle à mancelle	reggifibbione a orecchio	hebilla de la correa de sujeción de la mantilla, hebilla portavaras
3	19	3/9	Einspänner-Strangschnalle	hame tug buckle for single harness	boucle de trait pour attelage à un	fibbione delle tirelle per singolo	hebilla de la falsa martingala
3	19	3/11	Tandem-Strangschnalle	hame tug buckle for tandem	boucle de trait pour tandem	fibbione del boucleteau per tandem	hebilla de la falsa martingala para tándem
3	19	3/10	Zweispänner-Strangschnalle	hame tug buckle for pair	boucle à mancelle pour attelage à deux	fibbione a doppio orecchio per pariglia	hebilla de la falsa martingala para tronco
7	39	7/41	Leinenschoner	coupling-rein safety billet	protège-boucle	linguetta proteggiredine	hebilla de seguridad de la rienda de dentro
2	16	2/49	Strangauge	trace-eye	œil de trait	passante proteggitirella del boucleteau	hebilla del tiro
5	28	5/41	Tandem-Strangschnalle	hame tug buckle for tandem	boucle de trait pour tandem	fibbione del boucleteau per tandem	hebilla del manoplillo
1	12	1/39	Blendriemenschnalle	blinker stay buckle	boucle de support d'œillère	fibbia della forcella del paraocchi	hebilla del sujeta-anteojera
5	27	5/24	Blendriemenschnalle	blinker stay buckle	boucle de support d'œillère	fibbia della forcella del paraocchi	hebilla del sujeta-anteojera
7	39	7/42	Umschlagstück	bit billet	porte-mors	punta delle redini	hebilla en el bocado
8	56		Umschlagstück	bit billet	porte-mors	punta della redine	hebilla en el bocado
7	39	7/43	Kreuzschlaufe	rein guilet	passant de guide	passante delle redini di crociera	hebilla en las riendas
2	16	2/38	Blendriemenschnalle	blinker stay buckle	boucle de support d'œillère	fibbia della forcella del paraocchi	hebilla sujeta-anteojeras
8	54		Grundschnallung	basic buckling	réglage de base	regolazione di base	hebillaje básico
6	34		Beschläge	metal fittings	ferrure	ferramenta	herraje
8	52		Beschlag	shoeing	ferrure	ferratura	herraje
6	34		Selett-Beschläge	metal fittings of saddle	ferrures de sellette	ferramenta del sellino	herraje de sobreaguja
8	49		Gras	grass	herbe	erba	hierba

	cap.	página	num.	Deutsch	English	Français	Italiano	Español
				Bezeichnung	specification	signification	termini	denominación
	8	49		Protokoll	score sheet, minutes, notes	protocole	scheda dei punteggi	hoja de puntuaciones
	6	32	6/43	Zugbremse	pulling handbrake lever	frein à crémaillère à tirer	freno a cremagliera a trazione	hongo del freno
	8	47		Startzeit	starting time	heure de départ	orario di partenza	hora de comienzo
	1	12	1/31	Schweifmetze mit Schweifträger	crupper dock, spoonform	culeron releveur	sottocoda a paletta	horcilla con elevador-baticolade
	1	12	1/30	dicke Schweifmetze für Leinenfänger	crupper dock, thick	gros culeron	sottocoda doppio	horcilla de la baticola
								I
	8	51		Schwung	impulsion	impulsion	impulso	impulsión
	8	51		Gesamteindruck	general impression	impression générale	impressione d'insieme	impulsión general
	8	51		Biegung	bending	incurvation	flessione	incurvación
	8	55		Fahrtrichtungsanzeige	direction signal	signe de direction	segnale di direzione	indicación de dirección
	8	54		Einzelfahrer	individual	individuel	concorrente individuale	individual
	8	50		unbeweglich	immobile	immobile	immobile	inmóvil
	8	50		Unbeweglichkeit im Halten	motionless standstill	immobilité à l'arrêt	immobilità all'arresto	inmovilidad
	8	48		Unterbrechung der Prüfung	interruption of a competition	interruption du concours	interruzione di una prova	interrupción de la competición
	8	55		gut an der Hand gehen	to move well in hand	être bien en main	procedere bene alla mano	ir bien en la mano
	8	55		hinter den Zügel „kriechen"	to "hide" behind the bit	derrière la main	dietro l'imboccatura	ir detrás de la mano
	8	53		Stechen	drive off	barrage	barrage	irse de caña
								J
	8	54		Parcours-Chef	course designer	chef de parcours	costruttore del percorso	jefe de pista
	8	47		Richter	judge	juge	giudice	juez
	8	54		Hindernisrichter	obstacle judge	juge d'obstacle	commissario all'ostacolo	juez de obstáculo
	2	15	2/15	Spieler	face drop	poire	giocattolo del frontale	juguetillo
	1	12	1/40	Spieler	face drop	poire	giocattolo del frontale	juguetillo
	8	50		richten, gemeinsam	joint judgement	jugement d'ensemble	giudizio concertato	juzgar conjuntamente
	8	50		richten, getrennt	separate judgement	jugement séparé	giudizio separato	juzgar por separado

cap.	página	num.	Deutsch Bezeichnung	English specification	Français signification	Italiano termini	Español denominación
							K
							L
7	40	7/47	Haarseite	hair-side, grain-side	côté fleur	lato del fiore	lado del cuero capilar
8	56		Haarseite	grain-side, hair-side	côté fleur	lato del fiore	lado del cuero capilar
6	31	6/13	Deichsel	pole, shaft, Am. pole, tongue	timon	timone	lanza
7	38	7/17	Deichsel	pole, shaft, Am. pole, tongue	timon	timone	lanza
2	16	2/47	Deichsel hölzern/stählern	wooden pole, shaft/steel pole, shaft	timon en bois/en métal	timone di legno/di acciaio	lanza torpe/azerado
7	40	7/52	Peitsche	whip	fouet	frusta	látigo
7	40	7/53	Stockpeitsche, Zweispänner	pairs german drop-thong whip	fouet noué pour attelage à deux	frusta spezzata per pariglia	látigo alemán
7	40	7/54	Stockpeitsche, Vierspänner	four-in-hand german drop-thong whip	fouet noué pour attelage à quatre	frusta spezzata per tiro a quattro	látigo alemán de cuartas
7	40	7/57	Bogenpeitsche, Vierspänner	bow-topped four-in-hand whip	fouet col de cygne pour attelage à quatre	frusta a pioggia per tiro a quattro	látigo con tralla sin ballena para cuartas
7	40	7/56	Bogenpeitsche, Zweispänner	pairs bow-topped whip	fouet col de cygne	frusta a pioggia per pariglia	látigo con tralla sin ballena para troncos
7	40	7A/60	Fahrgerte	driving-cane	fouet américain (stick)	frusta da corsa, fouet	látigo de caña
7	40	7/59	Schlittenpeitsche	sledge-whip	fouet de traîneau	frusta per slitta	látigo para trineo
6	34		Messing, Vollmessing	heavy brass	laiton	ottone, ottone pieno	latón
1	11	1/15	Strangring	trace-loop	carré de trait	attacco della tirella a ricciolo	lazo del tiro
5	27	5/10	Durchlässe für die Stränge	loop on leader pad for lead trace	passe de trait de volée	passanti per tirelle	lazo en el guía para el tiro del guía
8	56		Kreuzleinenschnalle	coupling-rein buckle	boucle de croisée	fibbia delle redini di crociera	lebilla para las riendas
8	54		Fahrstunde, Lektion	driving lesson	leçon d'attelage	lezione di guida	lección de enganchar
8	49		Bahnpunkte	markers, points of the arena	lettres des carrés de dressage	lettere del rettangolo	leteras de la pista
7	43		Zungenfreiheit	port	passage de langue	passaggio di lingua	libralengua, desveno
7	42	7A/100	Livrèe	livery	livrée	livrea	librea
3	19	3/1	Einspänner	horse in single harness	attelage à un	singolo	limonera
8	53		Einspänner	horse in single harness	attelage à un	singoli	limonera
7	38	7/2	Einspänner, zweiachsig	single horse four-wheeler	attelage à un, voiture à quatre roues	singolo a quattro ruote	limonera, carruaje de cuatro ruedas
7	38	7/1	Einspänner, einachsig	single horse two-wheeler	attelage à un, voiture à deux roues	singolo a due ruote	limonera, carruaje de dos ruedas

cap.	página	num.	Deutsch Bezeichnung	English specification	Français signification	Italiano termini	Español denominación
8	52		Sauberkeit des Geschirrs/Wagens	cleanliness of the harness/vehicle	propreté de l'harnachement/ de la voiture	pulizia dei finimenti/della carrozza	limpieza de la guarnición/coche
8	50		Mittellinie	centerline	ligne médiane	linea mediana	línea central
7	39	7/35	gerader Zug	straight pull	traction droite	tirare in linea retta	línea de tiro recta
7	39	7/34	gebrochener Zug	broken pull	traction brisée	linea spezzata della tirella	línea de tiro rota
6	34		Beschnitt der Lackierung	lining, Am. striping	filets	filettatura	lineas de pintura
6	32	6/29	Felge	felloe	jante	gavello della ruota	llanta
6	32	6/30	Reifen	rubber casing, pneumatic tyre, Am. rubber tire	cercle/bandage	cerchione della ruota	llanta de goma
3	19	3/4	bewegliches Leinenauge	hame terret	clé d'attelle mobile	chiave passaredini snodata della collana	llave, pasa-rienda
5	28	5/37	bewegliches Leinenauge	hame terret	clé d'attelle mobile	chiave passaredini snodata della collana	llave, pasa-rienda
5	27	5/17	Schlüsselring	pad terret	clé de sellette	chiave passaredini del sellino	llave, pasa-rienda de sillín
5	27	5/18	Tandem-Schlüsselring	tandem wheeler terret	clé de tandem	chiave passaredini del sellino del tandem	llave, pasa-riendas para el tonco de tándem
5	27	5/19	Random-Schlüsselring	randem wheeler terret	clé de tridem	chiave passaredini del sellino del random	llave o pasa-riendas para tres a la larga, tridem
7	41	7/76	Gesamtbaum	cheek piece	branches	asta	longitud entera del bocado

M

cap.	página	num.	Deutsch	English	Français	Italiano	Español
7	42		Mahagoniholz	mahogany wood	mahagoni	legno di mogano	madera de caoba
7	42		Zedernholz	cedar- wood	cèdre	legno di cedro	madera de cedro
7	42		Eschenholz	ash wood	frêne	legno di frassino	madera de fresno
7	41	7A/96	Bockdecke	driving apron	tablier de meneur, plaid	copertina, grembiule	mandil
2	15	2/16	Strangstutzen	hame tug	boucleteau de trait	boucleteau	manoplillo
3	19	3/8	kurzer Strangstutzen	short hame tug	boucleteau d'attelle	boucleteau da singolo	manoplillo
5	28	5/40	kurzer Strangstutzen	short hame tug	boucleteau d'attelle	boucleteau per cavallo di stanghe	manoplillo
5	28	5/47	Trageöse (Leder/Metall)	open shaft tug/French shaft tug	bracelet de brancard	riscontro del portastanghe	manoplillo abierto o francés
1	11	1/14	Aufziehleder	trace-loop, hand piece	tirant de carré de trait	linguetta di cuoio sbloccatirella	manoplillo del tiro
2	15	2/19	Aufziehleder	trace-loop, hand piece	tirant de carré de trait	linguetta di cuoio sbloccatirella	manoplillo del tiro
4	24	4/24	Aufziehleder	trace-loop, hand piece	tirant de carré de trait	linguetta di cuoio sbloccatirella	manoplillo del tiro
7	38	7/16	Curricle-Aufhängung	curricle bar strap	support de pompe	cinghia di sospensione del curricle	manoplillo del violín

cap.	página	num.	Deutsch Bezeichnung	English specification	Français signification	Italiano termini	Español denominación
8	51		Beibehaltung der Gangarten durch alle Pferde	keeping all horses in the same gait	maintien des allures par tous les chevaux	tutti i cavalli mantengono l'andatura	mantener todos los caballos en el mismo aire
8	52		Marathon	marathon	marathon	maratona	maratón
8	46		Einsatz	entry fee	finance d'inscription	quota d' iscrizione	matrícula
8	46		nennen	to enter	inscription	iscriversi	matrícular
6	32	6/26	Nabe	stock, nave, hub, Am. hub	moyeu	mozzo	maza de la rueda
6	31	6/7	Verdeckgelenk	head joint, Am. top joint	compas de capote	compasso della capote, compasso del mantice	mecanismo plegable
8	55		halbe Parade	half halt	demi-parade	mezza fermata	media parada
6	32	6/38	Halb-Elliptikfeder	semi-elliptic spring, Am. half-elliptic spring	ressort demi-pincette	molla semi-elittica	media pinza
7	38	7/12	Fünfspänner, Juckeranspannung	five-horses team, three leaders	attelage à cinq	tiro a cinque, attacco all'ungherese	media potencia
6	34		Edelmetall	precious metal	métal précieux	metallo prezioso	metales preciosos
8	47		Richtverfahren	scoring method	methode de notation	metodo di giudizio	método de puntuación
8	54		aufsitzen	to mount	monter en voiture	montare a cassetta	montar
7	39	7/36	Stirnschalanken	front sallang (Hungarian harness)	sallanques frontales	"sallang" per briglia	mosqueros húngaros
8	51		vorwärtstreten	forward moving	avancer	portarsi avanti	movimiento hacia delante
7	42		Beifahrer	groom	aide, groom	groom, palafreniere	mozo
8	54		Beifahrer	groom	aide, groom	groom, palafreniere	mozo
6	32	6/39	Dennett-Federung	dennett-spring	ressort dennett	molle Dennett	muelle Dennet
6	32	6/37	Parallelogramm-Feder	4-spring, telegraph spring, Am. full platform spring	ressort télégraphe	molle a telegrafo	muelle telegrafo
6	33		Federn	springs	ressorts	molle	muelles
6	32	6/35	C-Feder	"C" spring	ressort en C	molla a "C"	muelle C sopanda
1	12	1/45	Nasenriemen	nose band	muserolle	nasiera, museruola	muserola
2	16	2/43	Nasenriemen	nose band	muserolle	nasiera, museruola	muserola
5	28	5/32	Einspänner Nasenriemen	nose band for singles	muserolle pour attelage à un	nasiera per singolo	muserola para limonera
3	20	3/34	Einspänner Nasenriemen	nose band for singles	muserolle pour attelage à un	nasiera per singolo	muserola simple
							N
2	15	2/9	Zugkrampe	anchor pull, hame pull, draught seye, Am. anchor draft	tirant d'attelle	ganci della collana per boucleteau	nudillo del tirante

			Deutsch	English	Français	Italiano	Español
cap.	página	num.	Bezeichnung	specification	signification	termini	denominación
3	19	3/3	Zugkrampe	anchor pull, hame pull, draught seye, *Am.* anchor draft	tirant d'attelle	gancio della collana per tirelle	nudillo del tirante
5	28	5/36	Zugkrampe	hame pull, anchor pull, draught seye, *Am.* anchor draft	tirant d'attelle	ganci della collana per boucleteau	nudillo del tirante
							O
8	51		Gehorsam und Losgelassenheit	obedience and suppleness	soumission et légèreté	sottomissione e leggerezza	obediencia y soltura
8	52		künstliches Hindernis	artificial obstacle	obstacle artificiel	ostacoli artificiali	obstáculo artificial
8	52		abwerfbares Hindernis	obstacle with collapsible elements	obstacle tombant	ostacolo con elementi rovesciabili	obstáculo con elemento móvil
8	53		Hindernis mit Durchfahrtsbegrenzung	obstacle with markers	obstacle avec limitation de largeur	ostacolo con delimitazioni	obstáculo con limitacion de atravesar
8	52		Wasserhindernis	waterobstacle, water hazard	obstacle d'eau	ostacolo d'acqua	obstáculo de agua
8	53		Eckenhindernis	corner obstacle	obstacle en équerre	ostacolo d'angolo	obstáculo de esquina
8	53		L- oder U-förmiges Hindernis	L- or U-shaped obstacle	obstacle en L ou en U	ostacolo ad L o ad U	obstáculo en L y en U
8	53		Mehrfachhindernis	multiple obstacle	obstacle combiné	ostacolo multiplo	obstáculo múltiple
8	53		Einfachhindernis	single obstacle	obstacle simple	ostacolo singolo	obstáculo único
8	47		Meldestelle	office	bureau du concours	segreteria del concorso	oficina del concurso
3	20	3/38	Öse	shaft-loop, staple, *Am.* footman-loop	crampon	cambra	ojal
1	12	1/46	Strangauge	trace-eye	œil de trait	passante proteggitirella del boucleteau	ojal del tiro
8	47		Startliste	list of competitors	liste de départs	ordine di partenza	órden de salida
8	47		Organisator	organizer	organisateur	organizzatore	organizador
6	34		Zierleiste	moulding, edging	moulure	listello decorativo	ornamento
							P
7	42		Langstroh, Roggenstroh	long-straw, rye-straw	paille longue (seigle)	paglia a fibra lunga	paja larga
6	31	6/20	Königsbolzen	king-bolt, king-pin	cheville ouvrière	scannello, barra dello sterzo	palo del juego
6	32	6/25	Querholm	top-bed, transom	lisoir	chiavarda	palo del juego
8	50		halten	halt	arrêt	arresto	parada
8	50		Stehen am Gebiss	standstill on the bit	arrêt en main	arresto in mano	parada en la mano
6	33		Bremsachse (Trommelbremse)	braking axle (drum brake)	axe de frein (frein à tambour)	assale del freno (freno a tamburo)	parte de freno de tambor
6	33		Unterbau, Chassis	undercarriage	chassis	chassis	parte de la caja inferior

cap.	página	num.	Deutsch Bezeichnung	English specification	Français signification	Italiano termini	Español denominación
7	39	7/44	Handstück	handpiece	main de guide	redine intera che va in mano	parte de las riendas para la mano
8	56		Handstück	handpiece	main de guide	redine che va in mano	parte de las riendas para la mano
6	33		Federbein	telescopic fork	fourche téléscopique	base della molla, biscottino	parte del muelle
8	50		anfahren	move off	se mettre en mouvement	partenza	partir
2	15	2/10	bewegliches Leinenauge	hame terret	clé d'attelle mobile	chiave passaredini snodata della collana	pasa-rienda, llave
1	12	1/26	Schlüsselring	pad terret	clé de mantelet	chiave passaredini del sellino	pasa-rienda de sillín, llave
2	16	2/27	Schlüsselring	pad terret	clé de mantelet	chiave passaredini del sellino	pasa-rienda del sillín, llave
3	19	3/17	Schlüsselring	pad terret	clé de sellette	chiave passaredini del sellino	pasa-rienda del sillín, llave
6	34		Leinenhalter	rein rail	porte-guide	barra portaredini	pasa-riendas
3	20	3/42	Strangauge	trace-eye	œil de trait	passante proteggitirella del boucleteau	pasa-tiro
7	43		Schlaufen	slide	boucles	passanti	pasador, lazo
8	56		Leinenführungsschlaufe	rein guide	passant de guide	passante per redini	pasador de las riendas
8	54		Passagier	passenger	passager	passeggero	pasajero
8	51		ausfahren der Ecken und Wechselpunkte	meet the corners and markers properly	marquer correctement angles et transitions	eseguire correttamente gli angoli e rispettare le lettere	pasar bien las esquinas y llegar a las entradas de los obstáculos
7	41	7/73	Leinenschlitze	rein-slot	passes de guides	chiamate	pasa-riendas del bocado
6	33	6/56	Spurbreite	track width	largeur de la trace	carreggiata	paso de rueda
7	42	7A/102	Spurbreite	track width	largeur de la trace	carreggiata	paso de rueda
8	50		Schritt am Gebiss	walk on the bit	pas en main	passo in mano	paso en la mano
7	42		starker Schritt	extended walk	pas allongé	passo allungato	paso largo
7	42		Mittelschritt	medium walk	pas moyen	passo medio	paso medio
7	42		versammelter Schritt	collected walk	pas rassemblé	passo riunito	paso reunido
7	42		Rückwärtsrichten	to rein back	reculer	rinculare, indietreggiare	pasos atrás
8	50		Rückwärtsrichten	to rein back	reculer	rinculare, indietreggiare	pasos atrás
8	53		Zurücksetzen des Gespanns	to rein back	reculer	rinculare, indietreggiare	pasos atrás
8	51		kurze, eilige Tritte	short, hurried steps	pas courts et précipités	falcate corte, affrettate	pasos cortos, precipitados
8	51		unregelmäßige Tritte	irregular steps	pas irréguliers	falcate irregolari	pasos irregulares

			Deutsch	English	Français	Italiano	Español
cap.	página	num.	Bezeichnung	specification	signification	termini	denominación
8	47		Schirmherr	patron	président d'honneur	patrocinatore, presidente onorario	patrocinador
8	49		Sponsor	sponsor	sponsor	sponsor	patrocinador
5	27	5/7	Tandem-Selett	tandem leading pad	sellette de tandem	sellino per tandem	pechera para el guía
6	32	6/46	Fußbremse	brake pedal	frein à pied	freno a pedale	pedal del freno
8	53		Hindernisball	ball	balle	pallina	pelota
8	52		Zeitfehler	time penalties	temps de pénalité	punti di penalità sul tempo	penalidad por tiempo
6	33	6/57	Radsturz	camber	cambrure	campanatura e incavallatura	peralte de la rueda
7	42	7A/103	Radsturz	camber	cambrure	campanatura, incavallatura	peralte de la rueda
8	55		auseinanderfallen	to fall apart	se désunir	l'attacco si disunisce	pérdida de reunión
8	49		Vierecksbegrenzung	enclosure of the arena	lisse	recinzione del rettangolo	perimetro de la pista
8	46		Starterlaubnis	permission to start	autorisation de départ	permesso di partenza	permiso para la partida
6	31	6/18	Splintsicherung	cotter-pin, split-pin	clavette	coppiglia	perno
1	11	1/7	Brustblatt	breast collar	bricole	pettorale	petral, blanquilla
5	27	5/14	Brustblatt	breast collar	bricole	pettorale	petral, blanquilla
7	38	7/21	Brustblatt	breast collar	bricole	pettorale	petral, blanquilla
7	41	7/75	Unterbaum	under bit, under cheek	branche inférieure	guardia	pierna
7	43		Pillangos (Verzierung bei den Schalanken)	pillango	pillango (papillon)	pillango	pillangos
6	34		Rücklicht	rear light	réflecteur	luce posteriore	piloto trasero luz
6	34		Lackierung	painting, coating	peinture	verniciatura	pintura
7	42		Lackierung	painting, coating	peinture	verniciatura	pintura
6	32	6/36	Voll-Elliptikfeder	full elliptic spring	ressort à pincettes	molla elittica	pinza
6	33	6/55	Fußstütze	footrest	coquille	poggiapiedi	piso del pescante
8	49		Hufschlag	track	piste	pista	pista
8	47		Turnierplatz	show ground	place de concours	terreno del concorso	pista de competición
8	49		Dressurviereck	dressage arena	carré de dressage	rettangolo di dressage	pista de doma
8	47		Abfahrplatz	practice area	place d'échauffement	campo prova	pista de ensayo

cap.	página	num.	Deutsch Bezeichnung	English specification	Français signification	Italiano termini	Español denominación
8	49		Boden, unebener	unlevel surface	terrain bosselé	terreno sconnesso	pista desnivelada
8	49		Boden, harter	hard surface	terrain dur	terreno duro	pista dura
8	49		Boden, tiefer	deep surface	terrain profond	terreno pesante	pista profunda
8	49		Stallplakette	plaquette	plaque d'écurie	targa di scuderia	placa
6	34		Argentan	german silver	maillechort	argentone, alpacca	plata alemana
8	56		Einfahren eines Pferdes	to school the horse to harness, breaking	débourrer à l'attelage	addestrare un cavallo ad essere attaccato	poner el caballo al enganche
7	43		Pony, Kleinpferd	pony	poney	pony	poni
1	11	1/22	Fallring	back-strap loop, Am. crupper-strap loop	chape de croupière	mezza campanella per groppiera	porta-baticola
2	15	2/23	Fallring	back-strap loop, Am. crupper-strap loop	chape	mezza campanella per groppiera	porta-baticola
3	19	3/16	Fallring	back-strap loop, Am. crupper-strap loop	chape de culeron	mezza campanella della groppiera	porta-baticola
5	28	5/45	Fallring	back-strap loop , Am. crupper-strap loop	chape de croupière	mezza campanella per groppiera	porta-baticola
7	39	7/24	Fallring	back-strap loop, Am. crupper-strap loop	chape	mezza campanella	porta-baticola
6	34		Gepäckkasten	luggage box	coffre à bagages	cassa portabagagli	porta maletas
6	31	6/8	Laternenhalter	lamp socket, Am. lamp bracket	porte-lanterne	porta fanale	portafarol
7	41	7/74	Oberbaum	over bit, over ceek	branche supérieure	stanghetta con occhio per montante	portamozo
3	20	3/30	Strangträger	loin-strap	porte-trait	reggitirella	portatiros
4	23	4/6	Strangträger	trace-bearer	porte-trait	reggi tirelle	portatiros
5	28	5/48	Strangträger Vorderpferd	trace-bearer, loin-strap	porte-trait de volée	reggitirella per cavallo di volata	portatiros para guía
3	19	3/21	eiserne Trageöse	french shaft tug	porte-brancard métallique	portastanga a riccio in metallo	portavaras cuatro ruedas
3	19	3/20	Ledertrageöse	open shaft tug	bracelet de brancard en cuir	portastanga a bracciale in cuoio	portavaras dos ruedas
8	51		Stellung	position	position	piego	posición
8	51		Haltung auf dem Bock	posture on the box	position sur le siège	posizione a cassetta	posición de cochero
8	55		Gebrauchshaltung	reins in "working gear"	position de travail	tenuta delle redini in posizione di aiuto	posición del trabajo
6	32	6/52	Zahnleiste	tooth moulding	crémaillère	rotaie del sedile	posiciones para asiento movible
5	28	5/51	Zahnleiste	tooth moulding	crémaillère de siège	rotaie del sedile	posiciones para asiento movible
7	38	7/7	Troika	troika	troika	troika	potencia (troika)

			Deutsch	English	Français	Italiano	Español
cap.	página	num.	Bezeichnung	specification	signification	termini	denominación
8	48		Geldpreis	prize money	prix en argent	premio in denaro	premio en efectivo
8	49		Züchterprämie	breeder´s reward	prime d'élevage	premio d'allevamento	premio para ganaderos
8	51		Gespannkontrolle	presentation	présentation	presentazione	presentación
6	32	6/44	Druckbremse	pushing handbrake lever	frein à crémaillère à pousser	freno a cremagliera a spinta	presión del freno
8	46		Ausschreibung	schedule, fixture	proposition de concours	avamprogramma	programa
8	46		Turnierveranstalter	promoter	organisateur	organizzatore del concorso	promotor
8	46		Pferdebesitzer	owner of a horse	proprietaire d'un cheval	proprietario del cavallo	propietario de un caballo
8	56		Leinenschoner	coupling-rein safety billet	protège-guide	protezione della fibbia delle redini	protector para la riendas
8	53		Vierspänner-Prüfung	four-in-hand class, *Am.* team class	épreuve d'attelage à quatre	categoria tiri a quattro	prueba de cuartas, prueba por equipos
8	50		Dressuraufgabe	dressage test	programme de dressage	testo del dressage	prueba de doma clásica
8	54		Vielseitigkeits-Fahrprüfung	combined driving event	épreuve combinée	concorso completo	prueba de enganches combinada
8	53		Hindernisfahren	obstacle driving test	parcours d'obstacle, maniabilité	prova ad ostacoli mobili	prueba de manejabilidad
8	47		Prüfung der Klasse A	novice test	concours catégorie A	prova per la categoria A (principianti)	prueba de promoción
8	47		Prüfung der Klasse S	advanced test	concours catégorie S	prova per la categoria S (difficile)	prueba dificultad alta
8	47		Prüfung der Klasse M	medium test	concours catégorie M	prova per la categoria M (media)	prueba dificultad media
8	47		Prüfung der Klasse L	elementary test	concours catégorie L	prova per la categoria L (facile)	prueba elemental
8	53		Brückenhindernis	bridge	pont	ponte	puente
6	34		poliert	polished	poli	lucidato	pulido
4	23	4/13	Viererzughaken	pole-hook	trompe	tromba del timone per tiro a quattro	punta de lanza con cuello de cisne
1	11	1/3	feste/bewegliche Deichselbrille	rigid/flexible pole-head	crapaud de timon, fixe/mobile	nottola del timone con anelli fissi/snodati	punta de lanza rígida/flexible
6	31	6/14	feste/bewegliche Deichselbrille	rigid/flexible pole-head	crapaud de timon	anelli fissi/snodati della nottola del timone	punta de lanza rígida/flexible
3	19	3/19	Trageriemen fest/beweglich	back-band, *Am.* back-band, tug-strap	dossière fixe/coulissante	dorsiera fissa/scorrevole	punta del portavaras
6	32	6/49	Aufziehleder	trace-loop	tirant de carré de trait	linguetta di cuoio sbloccatirella	punta final del tiro en el lazo
8	49		Wertnote	marks, score, points	note d'appréciation	voto	puntos
8	50		Gesamtnote für Reinheit der Gänge	collective mark for paces	note d'ensemble pour les allures	voto d'insieme per correttezza delle andature	puntos de conjuntos por aires
8	52		Strafpunkte	penalty points	points de pénalité	punti di penalità	puntos de penalidad

cap.	página	num.	Deutsch Bezeichnung	English specification	Français signification	Italiano termini	Español denominación
8	49		Einzelnote	single score	note individuelle	voto singolo	puntuación unica
8	47		Bewertung	scoring	appréciation	valutazione	Puntuación
							Q
8	54		ausspannen	to take out	dételer	staccare	quitar
1	11	1/17	Halskoppel	head collar, halter	tour de cou	sopracollo	quitipon
							R
6	32	6/28	Speiche	spoke	rais	raggio	radio
7	42	7A/104	Speichen	spokes	rayons	raggi	radios
7	40	7/50	Fröschl	frog	grenouille	fermaglio di regolazione delle redini ungheresi	ranilla
8	57		Fröschl	frog	grenouille	fermaglio delle redini	ranilla
7	40	7/65	Kerbe	groove	rainure	scanalatura	ranura
8	56		Kerbe	groove	encoche	scanalatura	ranura
8	51		übereilt	hurried	précipité	affrettato	rápido
8	54		Fahrlehrgerät	practice apparatus, "dummy"	simulateur de conduite	simulatore di guida	rastra
8	48		Einspruch, Protest	protest, objection	recours, protêt	ricorso	reclamación
8	52		Geländestrecke	cross-country course	phase d'obstacles	percorso di fondo	recorrido de campo
8	52		Gelände- und Streckenfahren	cross-country and long distance driving	épreuve de terrain et de distance	guidare in campagna e su lunghe distanze	recorrido en el campo
8	46		Eintragung des Pferdes als Turnierpferd	registration of a horse as a competition horse	enregistrement du cheval comme cheval de sport	iscrizione dei cavalli nel registro cavalli da concorso	registrar un caballo para competición
8	46		allgemeine Bestimmungen	general rules, regulations	prescriptions générales	regolamento generale	reglamento general
8	46		besondere Bestimmungen	special rules	prescriptions particulières	prescrizioni particolari	reglamento particular
8	51		Regelmäßigkeit und Freiheit der Gänge	regularity and freedom of the paces	régularité et décontraction	regolarità e libertà delle andature	regularidad y soltura de los aires
8	46		Mindestleistung	minimum performance	performance minimale	prestazione minima	rendimento mínimo
8	50		Dressurprüfung	dressage test	épreuve de dressage	prova di dressage	reprise de doma
7	43		Prägung	stamping	impression	punzonatura, cuoio stampato	repujado
8	46		Anforderungen	requirements	exigences	richieste	requisitos
8	48		Resultat	result	résultat	risultato	resultado

			Deutsch	English	Français	Italiano	Español
cap.	página	num.	Bezeichnung	specification	signification	termini	denominación
8	48		Mannschaftswertung	team result	classement des équipes	classifica a squadre	resultado por equipos
8	48		Ergebnisliste	list of results	classement	classifica	resultados
1	12	1/33	Umgang	breeching	avaloire	braga	retranca
2	16	2/32	Umgang	breeching	avaloire	braga	retranca
3	20	3/26	Umgang	breeching	avaloire	braga	retranca
5	28	5/49	Umgang	breeching	avaloire	braga	retranca
8	52		Verzögerung	delay	retard	ritardo	retraso
8	56		Kreuzleine	coupling-rein, cross-over rein	guide croisée ou de croisière	redini di crociera	rienda cruzada (de dentro)
7	39	7/40	Kreuzleine	cross-over rein, coupling-rein	guide croisée	redine di crociera	rienda de dentro
7	39	7/39	Außenleine	draught-rein, outer rein	guide extérieure	redine esterna	rienda de exterior
	56		Außenleine	draught-rein, outer rein	guide extérieure	redine esterna	rienda de exterior
5	27	5/5	Vorderstrang	lead trace	trait de volée	tirella del cavallo di volata	rienda para el guía
1	12	1/34	Leinen	reins	guides	redini	riendas
2	16	2/33	Leinen	reins	guides	redini	riendas
3	20	3/41	Leinen	reins	guides	redini	riendas
8	56		Leinen	reins	guides	redini	riendas
4	23	4/5	Koppelriemen	coupling-rein, couple-rein	alliance	guinzaglio	riendas de dentro
4	23	4/7	Vorderleinen	lead reins	guide de volée	redini della volata	riendas de guías
5	27	5/20	Vorderleinen	lead reins	guide de volée	redini della volata	riendas de guías
4	23	4/8	Hinterleinen	wheel reins	guide de timonier	redini del timoniere	riendas de tronco
5	27	5/21	Hinterleinen	wheel reins	guide de brancadier	redini del timoniere	riendas de tronco
7	39	7/38	Achenbachleinen	pair reins, Achenbach reins	guides Achenbach	redini Achenbach	riendas de tronco, riendas Achenbach
8	56		Achenbachleinen	Achenbach reins, pair reins	guides Achenbach	redini Achenbach	riendas de tronco, riendas Achenbach
8	55		Dressurhaltung	reins in "dressage gear"	position de dressage	tenuta delle redini in posizione di lavoro o addestramento	riendas en dos manos
8	50		Leinen in einer Hand	reins in one hand	guides dans une main	redini in una mano	riendas en una mano
8	55		Grundhaltung	reins in "basic gear"	position de base	tenuta delle redini in posizione di base	riendas en una mano

cap.	página	num.	Deutsch Bezeichnung	English specification	Français signification	Italiano termini	Español denominación
7	47	7/49	Ungarische Leinen	Hungarian reins	guides hongroises	redini ungheresi	riendas húngaras
8	57		Ungarische Leinen	Hungarian reins	guides hongroises	redini ungheresi	riendas húngaras
7	38	7/20	Doppellonge	long reins	longues guides	doppia longia	riendas para el trabajo de pie a tierra
7	43		Pferd ist steif	stiffness	cheval raide	cavallo rigido	rigidez del caballo
6	31	6/19	Drehkranz	wheel plate, *Am.* fifth wheel	rond de sellette	ralla	rodete
8	53		Gangartenfehler	break of pace	faute d'allure	rottura di andatura	romper el ritmo
7	40	7/71	Schaumring	foam ring	banquet	banco	rostea
6	33		Drahtspeichenrad	wire wheel, *Am.* spokes	roue à rayons fil de fer	ruota con raggi di tondino di ferro	rueda con radios de hierro
6	33		Holzspeichenrad	wooden spokes wheel	roue à rayons de bois	ruota con raggi di legno	rueda con radios de madera
6	33		Stahlrad	steel wheel	roue en acier	ruota di acciaio	rueda de acero
6	33		Holzrad mit Vollgummireifen	wooden wheel with rubber tyre	roue en bois à bandage plein	ruota di legno con cerchione in gomma piena	rueda de madera con llanta de goma
6	33		Holzrad mit Eisenreifen	wooden wheel with iron tyre	roue en bois cerclée de fer	ruota di legno con cerchione in ferro	rueda de madera con llanta de hierro
6	33		Scheibenrad	disc wheel	roue pleine	ruota piena	rueda tajada
							S
8	52		Verlassen der Strafzone	leaving the penalty zone	quitter la zone de pénalité	lasciare la zona di penalità	salir de la zona de penalidad
7	39	7A/33	Wechsel aus dem Zirkel	leave the circle	changement hors de la volte	cambiamento di circolo	salir del círculo
6	31	6/10	Spritzbrett	dashboard, dasher, *Am.* dash	garde-crotte	orfanella, cruscotto	salpicadero
8	50		Gruß	salute	salut	saluto	saludo
7	43		Kleie	bran	son	crusca	salvado
8	51		schleppend, träge	sluggish, shuffling	lent, se traîne	rade il tappeto	se arrastra
8	48		Zweitplatzierte	runner up	deuxième	secondo classificato	segundo
7	43		Leinsamen	linseed	graines de lin	semi di lino	semilla de lino
8	55		abdeichseln	to lean away from the pole	s'écarter du timon	scostarsi dal timone	separarse de la lanza
8	53		Schlangenlinie	serpentine	serpentine	serpentina	serpentina
6	33		Bremsanlage	brake system	système de freins	sistema di frenaggio	sistema de freno
3	19	3/14	Sättelchen	saddle seat	trousse—quin	truschino	sillín

cap.	página	num.	Deutsch Bezeichnung	English specification	Français signification	Italiano termini	Español denominación
5	28	5/43	Sättelchen	saddle seat	troussequin	truschino	sillín
3	19	3/18	Polsterung	panel, *Am.* pad	matelassure	imbottitura della collana	sillín parte baja
8	48		Wertnotensystem	points system	système d'appréciation aux points	sistema di assegnazione dei voti	sistema de puntos
8	48		nicht genügend 0	not performed 0	non realisé 0	non eseguito 0	no ejecutado 0
8	48		sehr schlecht 1	very bad 1	très mal 1	molto male 1	muy mal 1
8	48		schlecht 2	bad 2	mal 2	male 2	mal 2
8	48		ziemlich schlecht 3	fairly bad 3	assez mal 3	abbastanza male 3	bastante mal 3
8	48		mangelhaft 4	insufficient 4	insuffisant 4	insufficiente 4	insuficiente 4
8	48		genügend 5	sufficient 5	suffisant 5	sufficiente 5	suficiente 5
8	48		befriedigend 6	satisfactory 6	satisfaisant 6	soddisfacente 6	satisfactorio 6
8	48		ziemlich gut 7	fairly good 7	assez bien 7	abbastanza bene 7	bastante bien 7
8	48		gut 8	good 8	bien 8	bene 8	bien 8
8	48		sehr gut 9	very good 9	très bien 9	molto bene 9	muy bien 9
8	48		ausgezeichnet 10	excellent 10	excellent 10	eccellente 10	excelente 10
1	11	1/20	Kammdeckel	pad	mantelet	sellino per pariglia	sobreaguja
2	15	2/21	Kammdeckel	pad	mantelet	sellino per pariglia	sobreaguja
7	38	7/23	Leinenführungsring	rollet rein terret	anneau de longue guide	reggi guide, campanella o anello o chiave del fascione	sobrebarriguera
1	11	1/18	Halsriemen	neck-strap	courroie de surcou	reggipettorale	sobrecuello
8	46		Losverfahren	ballot	tirage au sort	estrazione a sorte	sorteo
6	34		Nabenring	hub ring	frette	ghiera del coprimozzo	sortija de maza
8	49		Transportvergütung	travel refund, refund of transport	indemnité de transport	rimborso spese di trasporto	subvención de transporte
5	28	5/25	Blendriemen	blinker stay	support d'œillère	forcella del paraocchi	sujeta-anteojera
1	12	1/38	Blendriemen	blinker stay	support d'œillère	forcella del paraocchi	sujeta-anteojeras
2	16	2/37	Blendriemen	blinker stay	support d'œillère	forcella del paraocchi	sujeta-anteojeras
4	24	4/27	Deichselträger (Sechsspänner)	swing pole carrier for six-horse team	support de timon intermédiaire	supporto per falso timone (tiro a sei)	sujeta-balancín, lanza de seis caballos
3	20	3/29	Schlagriemenstössel	kicking-strap tug, *Am.* kicking-strap shaft loop	bracelet de sangle anti-ruade	ciappa della siciliana	sujeta-caídas al tiro

cap.	página	num.	Deutsch Bezeichnung	English specification	Français signification	Italiano termini	Español denominación
5	28	5/46	Trageriemen	sliding back-band, Am. tug-strap, back-strap	dossière	dorsiera	sujeta-manoplillo
5	28	5/50	Scherriemen	breeching-strap, Am. hip-strap	courroie de reculement	correggia della braga	sujeta-retranca
4	23	4/9	Leinenführungsring	lead rein drop	panurge	reggi guide	sujeta-riendas de guía
5	27	5/16	Leinenführungsring	lead rein drop	panurge	reggi guide	sujeta-riendas de guía
8	55		beliebige Leinenführung	holding of reins optional	tenue des guides à volonté	redini a volontà	sujetar la rienda opcional
8	54		Leinen aufnehmen	to take up the reins	prendre les guides en main	prendere in mano le redini	sujetar las riendas
8	55		Leinen in eine Hand nehmen	to take the reins into one hand	prendre les guides dans une main	prendere le redini in una mano	sujetar las riendas en una mano
8	50		Losgelassenheit, Durchlässigkeit	submission	soumission, légèreté	leggerezza e sottomissione	sumisión
8	50		Durchlässigkeit	submission	soumission	sottomissione	sumisión
8	49		Boden	surface	surface	terreno	superficie
8	49		Boden, rutschiger	slippery surface	terrain glissant	terreno scivoloso	surperficie resbaladiza
						T	
8	47		Schwarzes Brett	score board	panneau d'affichage	tabellone	tablón de puntuaciones
6	33		Bremsklotz	brake block	sabot de frein	ceppo di frenaggio	taco del freno
5	27	5/1	Tandem	tandem	Tandem	tandem	tándem
7	38	7/3	Tandem	tandem	Tandem	tandem	tándem
8	53		Tandem	tandem	tandem	tandem	tándem
8	50		Raumgriff	ground cover, length of stride	Amplitude	ampiezza della falcata	terreno que cubren, longitud del tranco
2	16	2/42	Genickstück	crown piece	Têtière	sopracapo	testera
5	28	5/28	Genickstück	crown piece	Têtière	sopracapo	testera
4	23	4/11	Schweifriemen	back-strap, crupper-strap,	croupière	groppiera	tira de la baticola, gruperín
8	56		gleichmäßiger Zug	Am. crupper-strap, turnback even tug	traction équilibrée	tiro uniforme	tirar por igual
1	11	1/8	Strang	trace	trait	tirella	tiro, tirante
2	15	2/18	Strang	trace	trait	tirella	tiro, tirante
3	19	3/12	Strang	trace	trait	tirella	tiro, tirante
6	32	6/48	Strang	trace	trait	tirella con attacco a ricciolo	tiro, tirante

			Deutsch	English	Français	Italiano	Español
cap.	página	num.	Bezeichnung	specification	signification	termini	denominación
4	23	4/22	Stränge für Vorderpferde	lead trace	trait pour cheval de volée	tirelle per cavalli di volata	tiro de guías
4	23	4/23	Stangenpferdstränge	wheel trace	trait pour timonier	tirelle con attacco a ricciolo per cavalli di timone	tiro de tronco
1	11	1/9	Außenstrang	outside trace	trait extérieur	tirella esterna	tiro exterior
1	11	1/10	Innenstrang	inside trace	trait intérieur	tirella interna	tiro interior
7	41	7A/91	Stränge	traces	traits	tirelle	tiros
8	55		Peitsche aufwerfen	to touch with the whip	toucher du fouet	toccare con la frusta	tocar con el látigo
8	51		Arbeit aller Pferde	work load shared equally by all horses	travail de tous les chevaux	tutti i cavalli lavorano	todos vayan trabajando bien
8	50		Gesamtnote	total score	note totale	punteggio totale	total de puntos
8	51		Anzug/Hut/Handschuhe des Fahrers	suit/hat/gloves of the driver	habits/coiffure/gants du meneur	abbigliamento/copricapo/guanti del guidatore	traje/sombrero/guantes del cochero
7	40	7/58	Peitschenschlag	whip thong, lash	mèche	battuta, mozzone	tralla
8	51		Übergang	transition	transition	transizione	transición
5	27	5/2	Random	randem	tridem	random	tres a la larga, tridem
7	38	7/4	Random	randem	tridem	random	tres a la larga, tridem
7	38	7/13	Sechsspänner	six-horses team	attelage à six	tiro a sei	tres pares de caballos
7	38	7/8	Einspänner mit zwei Vorderpferden, zweiachsig	three-horses team with two leaders	arbalète	arbalète	tresillo
7	38	7/9	Einhorn	unicorn, pick-axe, spike, Am. unicorn	unicorne	unicorno	tresillo
7	42		Schleppe	sledge	traîneau de dressage	treggia	trineo
8	48		Ehrenpreis	trophy	prix d'honneur	premio d'onore	trofeo
2	15	2/1	Zweispänner	pair, double-harness	attelage à deux	pariglia	tronco
4	23	4/2	Stangenpferd	wheeler	timonier	cavallo di timone	tronco
7	38	7/10	Zweispänner	pair, double-harness	attelage à deux	pariglia	tronco
7	41	7A/93	Stangenpferd	wheeler	brancardier	cavallo di timone	tronco
8	53		Zweispänner	pair, double-harness	attelage à deux	pariglie	tronco
7	42		Gebrauchstrab	working trot	trot de travail	trotto di lavoro	trote de trabajo
8	50		Gebrauchstrab	working trot	trot de travail	trotto di lavoro	trote de trabajo
8	52		Arbeitstrab	working trot	trot de travail	trotto di lavoro	trote de trabajo

cap.	página	num.	Deutsch Bezeichnung	English specification	Français signification	Italiano termini	Español denominación
7	42		starker Trab	extended trot	trot allongé	trotto allungato	trote largo
8	50		starker Trab	extended trot	trot allongé	trotto allungato	trote largo
7	42		versammelter Trab	collected trot	trot rassemblé	trotto riunito	trote reunido
8	50		versammelter Trab	collected trot	trot rassemblé	trotto riunito	trote reunido
							U
							V
3	20	3/32	Schere/Anze	shaft, thills	brancards	stanghe (legno/acciaio)	vara
1	11	1/13	feste Bracke	splinter-bar	volée	volata, bilancia	vara de guardia
2	16	2/45	feste Bracke	splinter-bar	volée	volata, bilancia	vara de guardia
6	31	6/21	feste Bracke	splinter-bar	volée	bilancia fissa, volata	vara de guardia
7	43		Langbaum	reach	flèche	codone	vara de unión entre los ejes
6	33		Vorderbracke	lead-bar	avant-train	bilancino stretto della volata del tandem	vara primera
6	31	6/12	Anze/Schere (Holz, Stahlrohr)	thills, shaft (wooden, tubular steel)	brancard	stanghe	varas
7	38	7/15	Curricle-Stange	curricle bar	pompe de carick	barra trasversale del curricle	violín
8	49		Späne, Schnitzel	shavings	copeaux	trucioli	viruta
8	52		Umwerfen des Wagens	turning over the vehicle	renversement du véhicule	ribaltamento della vettura	volear del coche
8	55		Rechtskehrtwendung	about turn right	demi-tour à droite	inversione di marcia a destra	vuelta a la derecha
8	55		Linkskehrtwendung	about turn left	demi-tour à gauche	inversione di marcia a sinistra	vuelta a la izquierda
2	15	2/20	Strangring	trace-loop	carré de trait	attacco delle tirelle a ricciolo	vuelta del tiro
							W
							X
							Y
							Z
6	32	6/47	Hemmschuh	drag-shoe (or skid) and chain	sabot d'enrayage	scarpa	zapata de freno
8	52		Strafzone	penalty zone	zone de pénalité	zona di penalità	zona de penalidad

Mein Dank

Dieses Buch entstand über einen Zeitraum von fast 20 Jahren und konnte nur durch die Mithilfe zahlreicher Freunde und Mitarbeiter realisiert werden. Sie alle aufzuzählen würde den Rahmen dieser Zeilen sprengen. Die direkt Beteiligten seien aber festgehalten und gleichzeitig herzlich bedankt, für die vielen Anregungen und die Bereitstellung ihres Wissens:

Oberst Friedrich Schuster Präsident des Landesfachverbandes für Reiten und Fahren in Niederösterreich
Wolfgang Csar Bundesfahrreferent im Bundesfachverband für Reiten und Fahren in Österreich (FN)
Rudolf Mrstik Leiter der Pferderegionen im Landesfachverband für Reiten und Fahren in Niederösterreich
Rudolf Schatzmann Stv. Generalsekretär des Schweizer Verbandes für Pferdesport, Bern
Landstallmeister **Dipl. Ing. Bernd Petersen Dillenburg**, Deutschland
Gustav Kühnle Kühnle Kutschenmanufaktur GmbH & Co. KG, Haiterbach-Beibingen, Deutschland
Hans Meislinger Achenbach Sattlerei HAMA, Lochen
Ing. Karl Semper und **Wolfgang Steindl** Landwirtschaftliche Fachschule Edelhof, Zwettl
Dipl. Ing. Walter und **Ulrike Deckardt** Rappoltenkirchen, Nierderösterreich

Bei der Graphikerin **Sandra Rust** bedanke ich mich für ihre eindrucksvollen Illustrationen.

Ein besonderes Dankeschön muss **Brigitte Millán-Ruiz** ausgesprochen werden. Sie war diejenige, welche es ermöglicht hat, dass dieses Buch erscheinen konnte. Sie hat das Werden dieses Werkes von Anfang an begleitet und alle Unvereinbarkeiten, die mir unterlaufen sind ausgeräumt. Vielen herzlichen Dank für die grandiose Zusammenarbeit.